民國歷史與文化研究

初 編

第 2 冊

國家、社會及第三領域：
近代江蘇各級地方自治研究（1905～1937）（下）

陳 明 勝 著

花木蘭文化出版社

國家圖書館出版品預行編目資料

國家、社會及第三領域：近代江蘇各級地方自治研究（1905
～1937）（下）／陳明勝 著 — 初版 — 新北市：花木蘭文化出
版社，2015〔民 104〕
目 6+208 面；19×26 公分
（民國歷史與文化研究　初編；第 2 冊）
ISBN 978-986-404-140-4（精裝）
1. 地方自治　2. 現代史　3. 江蘇省
628.08　　　　　　　　　　　　　　　　103027656

ISBN-978-986-404-140-4

9 789864 041404

民國歷史與文化研究
初 編 第 二 冊
ISBN：978-986-404-140-4

國家、社會及第三領域：
近代江蘇各級地方自治研究（1905 ～ 1937）（下）

作　　者　陳明勝
總 編 輯　杜潔祥
副總編輯　楊嘉樂
編　　輯　許郁翎
出　　版　花木蘭文化出版社
社　　長　高小娟
聯絡地址　235 新北市中和區中安街七二號十三樓
　　　　　電話：02-2923-1455／傳眞：02-2923-1452
網　　址　http://www.huamulan.tw 信箱 hml810518@gmail.com
印　　刷　普羅文化出版廣告事業
初　　版　2015 年 3 月
定　　價　初編 32 冊（精裝）台幣 56,000 元

國家、社會及第三領域：
近代江蘇各級地方自治研究（1905～1937）（下）

陳明勝　著

目

次

上 冊

第一章 導 論 …………………………………………………… 1

　第一節 選題緣由 …………………………………………… 1

　第二節 研究現狀 …………………………………………… 3

　第三節 資料來源、研究方法與創新之處 ……………… 19

第二章 大變局下的近代江蘇社會 …………………… 25

　第一節 江蘇傳統社會之概述 …………………………… 25

　　一、自然環境與區域形成 ……………………………… 25

　　二、人文因素與區域認同 ……………………………… 30

　第二節 近代江蘇社會的新生因素 ……………………… 37

　　一、商品經濟的發達 …………………………………… 37

　　二、政治觀念的更新 …………………………………… 42

　　三、士紳階層的分化 …………………………………… 50

第三章 清末江蘇各級地方自治與君主專制政體
　　　　的沒落 ……………………………………………… 59

　第一節 新政：清廷自救與自滅的矛盾 ……………… 59

　　一、廢科舉、興新學與地方士紳 …………………… 61

　　　（一）廢除科舉與傳統地方正紳的「失勢」
　　　………………………………………………………… 61

（二）興辦新學與新式地方士紳的崛起 ⋯⋯ 64

二、預備立憲與江蘇立憲派的自治訴求 ⋯⋯⋯⋯ 68

（一）民權、立憲、自治思潮 ⋯⋯⋯ 69

（二）江蘇省立憲派與地方自治 ⋯⋯ 73

第二節　江蘇民間地方自治的創辦 ⋯⋯⋯⋯⋯ 76

一、上海縣城廂內外總工程局及其他 ⋯⋯⋯ 76

二、地方自治之官督紳辦性質的確定及成效 ⋯⋯ 80

第三節　政府主導下江蘇各級地方自治的籌辦 ⋯⋯ 86

一、江蘇各級地方自治的籌辦 ⋯⋯⋯⋯⋯ 86

（一）蘇省諮議局與地方自治 ⋯⋯⋯ 86

（二）省城會議廳——蘇屬地方自治籌辦
處與蘇屬各級地方自治 ⋯⋯⋯⋯ 88

（三）籌辦地方自治總局與寧屬各級地方
自治 ⋯⋯⋯⋯⋯⋯⋯⋯⋯⋯ 93

（四）民間自治團體——市民公社 ⋯⋯⋯ 96

二、各級自治選舉中的不法及訴訟 ⋯⋯⋯⋯ 98

三、反自治民變及自治區域劃分中的爭端 ⋯⋯ 105

（一）清末反自治民變 ⋯⋯⋯⋯⋯ 105

（二）自治區域劃分中的爭端 ⋯⋯⋯ 116

第四節　江蘇各級地方自治的官治化趨勢 ⋯⋯⋯ 120

一、控制與整合：清廷自治章程的官治色彩
⋯⋯⋯⋯⋯⋯⋯⋯⋯⋯⋯⋯⋯⋯⋯ 120

二、江蘇各級地方自治的官治化傾向 ⋯⋯⋯ 126

（一）各級自治籌備公所 ⋯⋯⋯⋯⋯ 126

（二）各級自治機關 ⋯⋯⋯⋯⋯⋯⋯ 128

（三）地方自治經費 ⋯⋯⋯⋯⋯⋯⋯ 131

下　冊

第四章　民初江蘇各級地方自治與共和政體的
嬗變 ⋯⋯⋯⋯⋯⋯⋯⋯⋯⋯⋯⋯⋯ 133

第一節　民初江蘇各級地方自治的延續與發展 ⋯⋯ 133

一、省議會與暫行縣市鄉制 ⋯⋯⋯⋯⋯⋯ 133

二、暫行縣市鄉制的推行 ⋯⋯⋯⋯⋯⋯⋯ 141

第二節　江蘇各級地方自治的沉浮與地方精英的
　　　　應對　　　　　　　　　　　　　　　　147
　一、袁世凱政府停辦地方自治　　　　　　　148
　二、黎、徐時期江蘇各級地方自治的復活　152
　三、新制與舊制之爭　　　　　　　　　　　164
　四、江蘇各級地方自治的「黃金時期」　　　170
　五、一個特例：南通地方自治　　　　　　　178
　　（一）徘徊於中央、地方之間　　　　　　178
　　（二）南通自治會與「眾紳」自治　　　　185
第三節　聯省自治下的江蘇省自治　　　　　　　192
　一、聯省自治思潮的發展與演變　　　　　　192
　二、聯省自治在江蘇省的三個階段　　　　　195
　　（一）驅齊廢督以達蘇人治蘇階段　　　　195
　　（二）制憲廢督以求自保階段　　　　　　201
　　（三）制憲弭兵以達自保階段　　　　　　206
第四節　軍事強權下的國家與地方精英　　　　　212
　一、進退失據的江蘇地方精英　　　　　　　212
　　（一）體制內與體制外的尷尬　　　　　　212
　　（二）省自治中的江蘇地方精英　　　　　213
　二、軍事強權下的國家、社會、第三領域　　216
第五章　南京國民政府時期江蘇省各級地方自治
　　　　與一黨專制的形成　　　　　　　　　　219
第一節　大革命時期江蘇基層社會秩序的重建　　219
　一、黨部、接收與新建制　　　　　　　　　220
　二、1927 年清黨前後的打倒土豪劣紳　　　226
　三、江蘇基層政權的黨化傾向　　　　　　　232
第二節　訓政綱領與江蘇各級地方自治的推行　　236
　一、訓政綱領與地方自治法令　　　　　　　236
　　（一）孫中山訓政思想中的地方自治理論　236
　　（二）訓政綱領及地方自治法令　　　　　239
　二、江蘇各級地方自治的推行與反思　　　　246
　　（一）江蘇各級地方自治的籌備及推行　246

（二）縣區實驗設計下的江蘇各級地方
自治 …………………………………… 253
三、江蘇各級地方自治推行不佳的原因 ……… 258
第三節　江蘇各級地方自治與保甲制的融合 ……… 263
一、新保甲制的由來 ……………………………… 263
二、江蘇各級地方自治與保甲制的融合 ……… 267
三、新保甲制的成敗得失 ……………………… 274
第四節　地方自治的質變與第三領域的國家化 … 284
一、縣級政權權力結構分析 …………………… 284
（一）裁局改科之前的縣級權力結構 … 285
（二）裁局改科之後的縣級權力結構 … 287
二、地方自治的黨化與軍事化 ………………… 289
二、新、舊地方精英在基層政權中的此消彼長
………………………………………………… 295
（一）自治、保甲人員的產生及其成分
分析 ……………………………………… 295
（二）考試、培訓以及公民宣誓登記的
意義 ……………………………………… 306

第六章　地方自治與近代中國政制轉型關係之
檢討 ………………………………………… 315
第一節　近代中國政制轉型的動力因素分析 ……… 316
一、國家的干預與滲透 ………………………… 316
二、士紳階層的分化與紳權功能的異化 ……… 318
三、民眾對地方自治的態度以及民智未開的
現實 ……………………………………………… 321
第二節　實現國家與社會關係良性互動的條件 … 323
一、分權制衡是實現國家與社會良性互動的
基本保障 ……………………………………… 323
二、培養中間階層是實現國家與社會良性互動
的必要之舉 …………………………………… 325
三、以民主教育開啟民智是實現國家與社會良
性互動的根本之策 …………………………… 327

參考文獻 ………………………………………………… 329

圖表目錄

1-1-1：國家、社會、第三領域示意圖 ⋯⋯⋯⋯⋯ 22

2-1-1：明代至清道光年間江蘇水旱災害統計表 ⋯⋯ 28

2-2-1：近代江蘇政治性社團統計表 ⋯⋯⋯⋯⋯⋯ 47

2-2-2：《時務報》、《清議報》、《新民叢報》、《國風報》國內發售點統計 ⋯⋯⋯⋯⋯⋯⋯ 49

3-1-1：江蘇著名立憲派人士統計表 ⋯⋯⋯⋯⋯⋯ 73

3-1-2：清末江蘇地方自治團體 ⋯⋯⋯⋯⋯⋯⋯ 75

3-2-1：上海縣城廂內外總工程局董事出身統計表 ⋯ 82

3-2-2：上海縣城廂內外總工程局議董議員出身統計表 ⋯⋯⋯⋯⋯⋯⋯⋯⋯⋯⋯⋯⋯⋯⋯ 82

3-3-1：蘇屬各級自治籌備中部分選舉訴訟事件列表 ⋯⋯⋯⋯⋯⋯⋯⋯⋯⋯⋯⋯⋯⋯⋯ 101

3-4-1：城鎮鄉地方自治結構圖 ⋯⋯⋯⋯⋯⋯⋯ 121

3-4-2：府廳州縣地方自治結構圖 ⋯⋯⋯⋯⋯⋯ 123

3-4-3：清末青浦城自治機關的組成 ⋯⋯⋯⋯⋯ 129

3-4-4：清末青浦縣自治機關的組成 ⋯⋯⋯⋯⋯ 131

4-1-1：江蘇省暫行縣制示意圖 ⋯⋯⋯⋯⋯⋯⋯ 136

4-1-2：江蘇省暫行市鄉制示意圖 ⋯⋯⋯⋯⋯⋯ 139

4-2-1：1923 年松江市二十四市鄉議董聯席會議決案統計表 ⋯⋯⋯⋯⋯⋯⋯⋯⋯⋯⋯⋯⋯ 172

4-2-2：1924 年松江市議會臨時會議決案統計表 ⋯ 173

4-2-3：1924 年松江縣議事會部分議決案統計表 ⋯ 174

4-2-4：民初江蘇省主要軍政長官一覽表 ⋯⋯⋯⋯ 183

5-1-1：吳縣臨時行政委員會會議部分議決案 ⋯⋯ 232

5-2-1：訓政時期國民政府施政綱領內政部主管事務進行程序表（十七年七月至二十年六月）⋯⋯⋯⋯⋯⋯⋯⋯⋯⋯⋯⋯⋯⋯⋯ 240

5-2-2：縣組織結構示意圖 ⋯⋯⋯⋯⋯⋯⋯⋯⋯ 244

5-2-3：阜寧區長工作成績考覈表 ⋯⋯⋯⋯⋯⋯ 248

5-2-4：江蘇省各縣區長動態調查表（二十三年三月起至二十四年十一月止）⋯⋯⋯⋯⋯ 259

5-2-5：江蘇省各縣區鄉鎮長獎懲情形統計表
（二十三年三月份起至二十四年十二月份
止）.. 260

5-3-1：全國保甲統計總表 274

5-3-2：江蘇省保甲長的受訓情況 275

5-3-3：1934 年 9 月～1935 年 8 月武進縣發生及破
獲盜案統計表 278

5-3-4：1935 年四月至七月底武進縣查擠煙犯毒犯
統計表 279

5-4-1：江蘇省現任縣長學歷暨黨籍統計圖 295

5-4-2：江蘇省現任縣長年齡分配圖 296

5-4-3：江蘇省各縣現任區長學歷比較圖 297

5-4-4：江蘇省各縣現任區長年齡統計圖 298

5-4-5：江蘇省各縣現任區長經歷比較圖 298

5-4-6：無錫六個區的鄉鎮長副的性質（1933）
統計表 300

5-4-7：1935 年江蘇省各縣鄉鎮長年齡統計表 301

5-4-8：1935 年江蘇省各縣鄉鎮長職業統計表 301

5-4-9：儀徵縣全縣鄉鎮長年齡統計圖表 301

5-4-10：儀徵縣全縣鄉鎮長資格統計圖表 302

5-4-11：1935 年江蘇省各縣甲長教育程度統計表 ... 303

5-4-12：1935 年江蘇省各縣保長年齡統計表 303

5-4-13：1935 年江蘇省各縣甲長年齡統計表 303

5-4-14：1935 年江蘇省各縣保長職業統計表 303

5-4-15：1935 年江蘇省各縣甲長職業統計表 304

5-4-16：南通受訓保長年齡統計表 304

5-4-17：南通受訓保長職業統計表 305

5-4-18：句容縣鄉鎮長副訓練所上課時間表
（中華民國十八年十月一日訂）...... 308

6-1-1：1935 年江蘇省各縣識字人口統計表 322

6-2-1：清末民初國家與地方費分割比例比較表 ... 323

第四章　民初江蘇各級地方自治
與共和政體的嬗變

　　辛亥革命之後，君主專制讓位於民主共和，但是，這種民主共和的體制形式多於實質，並且，還有很多不確定因素在左右著中國政制的轉型，總之，時代的過渡性更加明顯。南京臨時政府與北洋北京政府在共和旗幟下，繼續推行地方自治，然而，隨著軍閥混戰、黨同伐異時代的到來，江蘇省地方自治也進入跌宕起伏的階段，在此一時期，國家、地方精英以及廣大基層民眾對地方自治的反應如何呢？其對近代中國政制轉型又產生什麼樣的影響？筆者將在本章集中討論這些問題。

第一節　民初江蘇各級地方自治的延續與發展

一、省議會與暫行縣市鄉制

　　1911 年 11 月 5 日，江蘇巡撫程德全響應國民革命軍的號召，在蘇州宣佈獨立，成立中華民國軍政府蘇軍都督府，自任都督。11 月 13 日，蘇軍都督府擬訂並公佈《江蘇臨時議會章程》。11 月 21 日，由程德全在蘇州拙政園召集會議，宣告江蘇臨時省議會成立。江蘇臨時省議會設議長、副議長各一人，會議期間，設財政、法律、請議三個審查會，由議長分別委任若干議員為三個審查委員會委員，每個審查會設股長、理事各一人。臨時省議會還設辦事處，辦理議會文牘、會計及其他庶務，辦事處設書記長一人，書記一人，由議長委任。在臨時省議會存續期間，共召開兩次大會，第一次由程德全召集；第二次為臨時會，由張謇召集。以江蘇臨時省議會的議案觀之，其主要分為

三種：都督交議、議員提議和人民陳請，而主要工作則是爲光復後的江蘇省之各項事業立法。因此，臨時省議會實際上是江蘇諮議局之後，蘇省的臨時立法機關〔註1〕。

因爲江蘇臨時省議會是由蘇省諮議局更名而來，議員並未進行改選，其身份的合法性始終讓蘇人質疑，「查臨時省議會爲從前諮議局變相，已經大不正當」；〔註2〕另外，光復後部分議員參與新政府的組織工作，違背了議行分離的原則；加之在實際工作中更是窒礙重重，「自十月閉會後，既無常任委員會，又無一定地點，忽而蘇州，忽而南京，江蘇一省重要之事，亟需議會解決者，均未能解決，是江蘇六十縣既無府之聯絡，又無省會之聯絡，然成各個獨立，此非江蘇人之幸也。」〔註3〕這種情形促使臨時省議會向正式省議會轉變。

1912 年 5 月，北京政府通電各省，令飭早定省議會及議員選舉法，完成從臨時省議會向正式省議會的過渡，以解決省議會的合法性問題。〔註4〕1912 年 8 月，省議會即將屆開會之期，但省議會法及選舉法尚未頒佈，江蘇都督程德全致電北京政府，請示是繼續召開臨時省議會，還是等省議會法及選舉法頒佈後再行籌備召開。〔註5〕國務院指示，國會選舉辦理在即，必省議會先期成立，參議院議員才能舉出，政府現已草定法案，各省正式議會，限於本年十月內必須召集。議員選舉法同時提交參議院，不日議決公佈，各省臨時議會，屆時即應消滅等。〔註6〕一面是法令未布，一面是限期十月召集省議會的命令，江蘇省不得不催促參議院「從速議決」。〔註7〕但是這種從速卻因省制問題的爭論而陷入延宕。〔註8〕最終袁世凱政府以自行頒佈地方制度，解決

〔註1〕江蘇省地方志編纂委員會：《江蘇省志》，南京：江蘇人民出版社 1999 年版，第 25～30 頁。

〔註2〕《蘇省公民函請控告省議會》，《申報》，1912 年 4 月 24 日。

〔註3〕《江蘇縣議事會聯合會記事》，《申報》，1912 年 3 月 8 日。

〔註4〕《黎副總統電》，《申報》，1912 年 5 月 4 日。

〔註5〕《江蘇召集省議會之前提》，《申報》，1912 年 8 月 11 日。

〔註6〕《展限兩個月正式省議會限期召開先聲》，《申報》，1912 年 8 月 20 日。

〔註7〕《南京去電》，《申報》，1912 年 8 月 21 日。

〔註8〕省制問題的改革源於清末，辛亥革命爆發後，各省形成實際上的獨立狀態，爲了進一步整理中央與地方的關係，省制問題再次成爲焦點。1912 年 7 月至 12 月，北洋北京政府就省制問題展開大討論，其中主要提出三個方案，第一個方案是將省與中央關係事權關係進行劃分，省設總監，監理自治行政與官治行政，後因在省總監與省議會權力的規定上產生重大分歧，而不得不將原

此一省制問題。〔註9〕省制改革草草結束。

　　1913 年 1 月 10 日，北京政府通令各省長官，發佈省議會議員召集令，其中規定：凡復選已竣各省，限於 1913 年 2 月 10 日前召集。至於復選延期各省，限該省省議會議員復舉完成後，由該省行政長官約定日期召集。就江蘇省來看，其第一屆會議於 1913 年 2 月 22 日由都督程德全召集，會址設於原諮議局會所。省議會設議長一人，副議長二人，由議員分次以無記名單記法互選產生。其規定議員改選時，議長、副議長一併改選。省議會設秘書若干，由議長任免。秘書按照議長的規定，管理文牘、會計及其他庶務。〔註10〕

　　臨時省議會與省議會是一省之立法機關，在二者存續期間，其曾爲江蘇省設計一套地方制度——江蘇省暫行縣市鄉制。臨時省議會爲創始者，正式省議會成立之後，則做了進一步的修訂，但仍以江蘇省暫行縣市鄉制命名。修訂後的縣市鄉制又被時人稱爲「民二自治制」。爲了方便起見，我們把這兩個文本分別稱之爲，1912 年文本（臨時省議會制訂）與 1913 年文本（省議會制訂）。

　　（一）江蘇省暫行縣制（結構如下圖所示）：〔註11〕

　　把 1912 年文本與 1913 年文本相比較，江蘇省暫行縣制最大不同之處有二：

　　案撤回。第二個方案是仿普魯士將省總監與省議會二分，前者權限在推行官治行政，並監督自治行政，後者權限在致力於自治行政，但因爲事權難以釐清必然導致兩者矛盾的激化，此草案再次被否定；第三個草案則是虛三級制的提出，在省——道——縣三個級別中，省純屬國家行政區域，道、縣則自治行政與官治行政分立，並逐漸廢除省之一級，但此方案亦因北京政府的消極態度而陷於停頓。（參考《民國初年的省制改革》，《華東師範大學學報》2007 年第 5 期，第 39～40 頁。）

〔註 9〕　「暫行劃一地方各級行政官廳組織辦法，規定地方上爲省、道、縣三級，事權仍舊，各級行政長官皆須經中央任命，且在各省設立中央直轄特別行政官廳，將外交、司法、鹽、關、稅、捐等項事權皆收歸中央，實現國家行政在一定程度上的統一」。《民國初年的省制改革》，《華東師範大學學報》2007 年第 5 期，第 40 頁。

〔註 10〕　江蘇省地方志編纂委員會：《江蘇省志》，南京：江蘇人民出版社 1999 年版，第 30～45 頁。

〔註 11〕　《江蘇暫行縣制》，《申報》，1911 年 12 月 8 日、12 月 9 日、12 月 10 日、12 月 11 日。

第一、確定縣議事會議員名額的標準不同。1912 年文本以納稅額爲標準，「納稅總數在二十萬以下者，以二十五名爲定額，自此以上，每加稅額三萬元，得增設議員一名，至多以六十五名爲限。」〔註12〕1913 年文本以人口爲標準，「人口總數在三十萬以下者，以二十五名爲定額，自此以上，每加人口三萬，得增設議員一名，至多以六十五名爲限。」〔註13〕（後者之標準與市鄉公所議事會議員名額之標準是一致的）。因此，各縣議員額數分配所屬各選舉區之方法，也由「以各選舉區納稅之額多寡」轉變爲「以各選舉區人口之多寡」爲準。

第二、行政官廳名稱上的變化。如 1913 年文本將民政長改稱縣知事，都督則改稱民政長（或行政公署）等，這一變化源於省官制的變革。〔註14〕除此之外，兩個文本再無本質區別。

4-1-1：江蘇省暫行縣制示意圖

江蘇省暫行縣制示意圖
- 民政長：由縣議會選舉產生。
- 議事會
  - 議長、副議長：由議員記名單記法互選
  - 議員：由選民選舉產生
  - 文牘、庶務：由議長遴選派充
- 參事會
  - 會長：民政長兼任
  - 參事員：由議事會互選，以議事會議員十分之二爲額，但不得兼任
  - 文牘、庶務：會長遴員派充

下面以 1912 年文本爲依據，從選舉與被選舉權、縣市鄉各部分之職任權限、經費來源等方面做進一步的比較分析：

1、關於選舉權與被選舉權的規定。

根據《江蘇暫行縣制》規定，各縣所屬市鄉公民〔註15〕，除現任本地方

〔註12〕《江蘇暫行縣制》，《申報》，1911 年 12 月 8 日。
〔註13〕《江蘇暫行縣市鄉制並選舉章程》，《申報》，1923 年 7 月 21 日。
〔註14〕江蘇都督府成立之後，頒佈暫行地方制十四條，其中規定：「凡地方舊稱爲州者曰州，舊稱爲縣者曰縣，舊稱爲廳者該曰縣，所有民政事宜統於州縣民政長，從前之道府直隸廳均裁，知州知縣均改易名稱，同城州縣均裁併爲一。」（《蘇省地方官制之大改革》，《申報》，1911 年 11 月 18 號。）不久民政長改稱縣知事。
〔註15〕對於公民的規定，出現在《江蘇暫行市鄉制》中，其資格如下：一、有本國

官吏者，現充軍人或巡警者，現為僧道及其他宗教師者之外，均有選舉縣議事會議員之權；同時規定「凡居民合市鄉制第十六條第一、第二、及第四款之資格，而在本縣接續居住至三年以上者亦同」。為了防止當選者逃避責任，該條文同時規定：凡被選舉為縣議員者，非有正當事由，不得謝絕當選，亦不得於任期內告退。所謂正當事由，即確有疾病，不能常任職務者；確有職業，不能常居境內者；年滿六十歲以上者；連任至三次以上者；其他事由，特經縣議會允許者等。對於那些無故謝絕和告退者，經過縣議事會議決，於一年以上三年以下，停止其公民權。〔註16〕與清末《府廳州縣地方自治章程》相比，除了選民之年齡資格從二十五歲降低到二十一歲之外，其又增加了對謝絕當選的限制，此大概是對清末地方自治中，正紳退避、地痞篡位的一種反思與補救。

2、縣議事會、參事會、縣民政長的權限。

縣議事會之職任權限主要有：議決關於全縣應興應革之事件，議決本縣歲出入預算及決算事件，議決本縣經費籌集及處理方法，公斷和解市鄉爭執事件，五、其餘依據法令，屬於議事會權限內之事件。〔註17〕參事會應辦事件主要有：議決議事會議決事件之執行方法及其次第，議決議事會委託本會代議事件，議決縣知事交本會代議事會議決之事件，審查民政長提交議事會之議案，議決本縣全體訴訟及其和解事件，公斷和解市鄉之權限爭議事件，查核各項經費收支項目，其餘依據法令，屬於參事會權限內之事件。民政長應辦事件主要有：執行縣議事會或參事會議決之事件，提交議案於縣議事會或參事會，掌管一切公牘文件，其餘依據法令，屬於該縣知事職權內之事件。根據條文之規定可以看到，縣議事會、參事會、縣

國籍者，二、男子年滿二十一歲者，三、居本市鄉接續至三年以上者，四、年納直接稅（合國納省稅地方稅而言）二元以上者。居民內有素行公正，眾望允孚者，雖不備前項第四款之資格，亦得以市鄉議事會之議決，作為公民。若有納稅額較本地公民內納稅最多之人所納尤多者，雖不備第二第三款之資格亦得作為公民。但是，如果有下列各條規定之範圍者，仍當取消其公民資格：一、品行悖謬，營私武斷，確有實據者，二、曾處徒以上之刑者（政治犯不在此列），三、營業不正者（其範圍以規約定之），四、失財產上之信用，被人控實，尚未清結者，五、吸食鴉片者，六、有心疾者，七、不識文字者。《江蘇省議會議決市鄉制》，《申報》，1912 年 12 月 1 日。

〔註16〕《江蘇暫行縣制》，《申報》，1911 年 12 月 8 日。

〔註17〕《江蘇暫行縣制》，《申報》，1911 年 12 月 9 日。

民政長三者之間存在相互制約的關係，如其規定議事會或參事會之議決案，如民政長認為妨害公益或違背法令者，得說明原委事由，交令議覆。若議事會或參事會仍執前議者，由民政長請省議會公斷。當民政長提交議案於議事會時，應先將議案交參事會審查，若參事會與民政長意見不同，應將其意見附列議案之後，提交議事會等。〔註 18〕其最明顯的進步之處在於規定民政長的選舉制度，而最大的不足在於議事會、參事會存在明顯的權限重疊現象，另外，參事會之會長由縣民政長兼任，同時履行決議與執行兩種職能，不免有悖於議行分離的原則。

3、關於縣經費來源。縣經費以下列各款之收入充之：縣公款公產，縣地方稅，公費及使用費，因重要事故臨時募集之公債。當各縣遇有下列各項事由時，得募集公債：為全縣永遠利益，為救濟災變，為償還負債等。〔註 19〕

（二）江蘇省暫行市鄉制（結構如下圖所示）〔註 20〕

根據《江蘇省暫行市鄉制》，其對市鄉公所職員的選舉與被選舉、市鄉議事會，董事會（或鄉董）之權限，以及市鄉經費來源等方面都與暫行縣制有極為類似的規定。兩者最大的不同在於：與《江蘇省暫行縣制》相比，暫行市鄉制嚴格地執行了議行分離的原則，這種明確的橫向分權更加符合地方自治的精神。如其明文規定：議事會議決事件，由議長呈報該管民政長查核後，移交市董事會或鄉董按章執行。議事會有選舉市董事會職員，或鄉董、鄉佐、及監察其執行事務之權，並得檢閱其各項文牘及收支賬目。議事會於市董事會或鄉董所定執行方法，視為違背法令或妨礙公益者，得聲明緣由，止其執行，若市董事會或鄉董堅持不改，得移交縣議事會公斷，若於縣議事會之公斷有不服時，得呈由本管民政長請省議會公斷。〔註 21〕

〔註18〕 《江蘇暫行縣制》，《申報》，1911 年 12 月 10 日。
〔註19〕 《江蘇暫行縣制》，《申報》，1911 年 12 月 11 日。
〔註20〕 《江蘇省議會議決市鄉制》，《申報》，1912 年 12 月 12 日、12 月 15 日、12 月 16 日、12 月 19 日、12 月 21 日、12 月 28 日。
〔註21〕 《江蘇省議會議決市鄉制》，《申報》，1912 年 12 月 21 日。

4-1-2：江蘇省暫行市鄉制示意圖

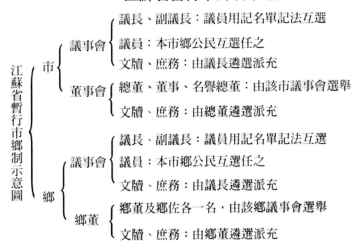

注：1. 總董以本市公民，由該市議事會選舉，呈由該管縣知事申請民政委任。董
　　　事以本市公民，由該市議事會選舉，呈請該管縣知事委任。名譽董事，以
　　　本市民由該市議事會選任之。
　　2. 鄉還設鄉公民會議，以本鄉公民全數充之，鄉公民會議長副議長，均由
　　　會員互選。

　　另外，與清末地方自治制相比，江蘇暫行縣市鄉制亦體現出更加明顯的自治精神，其主要表現有二：

　　第一、民政長的選舉制度。根據《江蘇省議會議決縣民政長選舉章程》之規定，「縣民政長，由各本縣公民用復選舉法選舉之，先由公民選出初選當選人，再由初選當選人選定民政長」。〔註22〕此一規定更加有利於地方上的自治行為，蘇人亦十分珍視此一權利。如奉賢光復後，民政長一席是由蘇滬委派的，這引起奉賢紳民的不滿，該邑一城四鄉紳民特於舊曆十二月十八日開聯合大會，決定嗣後民政長仍由地方公舉。〔註23〕最終改換公舉之楊蔭安接任。〔註24〕高郵縣議事會嚴格按照此一規定，於1月24日選舉民政長，當日到會議員二十二人，吳輔勳得票最多，遂當選為民政長。〔註25〕在此一制度實施過程中，往往受到行政官廳的干擾。蘇軍都督府即曾建議實行選舉委任

〔註22〕蔡鴻源主編：《民國法規集成》，第1冊，合肥：黃山書社1999年版，第180頁。

〔註23〕《奉賢遷治後之議案》，《申報》，1912年2月8日。

〔註24〕《奉賢遷治問題之解決》，《申報》，1912年3月11日。

〔註25〕《高郵兩受虛驚》，《申報》，1912年1月25日。

折中制，即「各縣照章選舉合於民政長資格者三人，由都督擇任一人。至民政長之罷免，經議事會指實糾舉或由人民控告得實或由都督考查，實係不稱職者，均由都督罷免，照章另選」。並且，「變通民政長選舉施行之期，凡縣議事會、參事會、市鄉各職均已成立之縣，照章選舉，在未成立以前，暫由都督委任。」〔註26〕可見蘇軍政府都督仍欲把縣級行政人員的任免權把持在自己手中。但其最終還是遵循了暫行縣制，當江浦公民陳士沂等具呈都督府公舉民政長請委任辦理時，都督莊蘊寬認為，該公民呈請核定委任民政長一事與民政長選舉章程不符。〔註27〕有人專門撰文對選舉與委任之利弊進行論述，結論則是選舉、委任皆有利弊，但兩害相權取其輕，選舉更加有利於伸張民權。〔註28〕

第二、行政官廳與地方自治機關之間行文程序的變化。在清末地方自治章程中，「府廳州縣議事會或參事會行文府廳州縣長官及監督官府，用呈；府廳州縣長官行文議事會或參事會，用照會，監督官府用箚；議事會及參事會互相行文及與諮議局互相行文，用知會。」〔註29〕「城鎮鄉議事會、城鎮鄉董事會及鄉董，行文該管地方官，用呈；彼此行文，及與府廳州縣議事會、董事會互相行文，均用知會；地方官行文城鎮鄉議事會、城鎮董事會及鄉董，用諭；城鎮鄉議事會、城鎮鄉董事會及鄉董，行文本省諮議局，用呈；本省諮議局行文，用知會。」〔註30〕清末江蘇金山縣張堰鎮自治職員認為地方官對自治團體用諭，是降其地位於保甲胥吏之列，導致地方之人都輕視自治而不屑顧問，而一般刁生劣監得以乘機竊取其權，危害百姓，等等，因此建議一律改稱照會。〔註31〕這一願望在《暫行市鄉制》中得以實現，其明確規定民政長行文市鄉議事會，市董事會，及鄉董用照會。另外，在江蘇暫行縣市鄉制中還有其他變化，「縣議事會或參事會行文民政長，用移；行文都督，用呈；都督、民政長行文議事會或參事會，用照會；議事會及參事會互相行文，

〔註26〕《蘇都督咨臨時議會文》，《申報》，1912年3月25日。

〔註27〕《蘇都督令示一束》，《申報》，1912年4月22日。

〔註28〕《中國用人制度宜從選舉不宜從委任》，《申報》，1912年6月28日、6月30日。

〔註29〕《國風報》，第一年第5號，第11頁。

〔註30〕故宮博物院明清檔案部編：《清末籌備立憲檔案史料》，北京：中華書局出版1979年版，第740頁。

〔註31〕《江蘇金山縣張堰鎮自治職員呈請改正文書程序文》，《申報》，1911年8月13日。

及與省議會互相行文，用移。」〔註32〕「市鄉議事會、董事會及鄉董，行文
該管民政長，用呈；彼此相互行文，及與縣議事會、董事會、省議會互相行
文均，用移」等。〔註33〕雖然只是行文程序上的變化，但卻進一步彰顯平等
精神。當然，我們也不能無限誇大這種進步精神，時人曾有如此公允的評價：

> 江蘇暫行縣制及市鄉制，其大部分固多採自治章程，然市鄉權
> 限，新制（指江蘇暫行制）與舊章（指前清自治章程）所差者，惟
> 市總董選舉正陪一事，其他雖稍有出入，無甚重要。想縣會權限，
> 則新舊比較相差甚巨，舊制府廳州縣長官，對於議事會與參事會之
> 議決有逕行撤銷之權（見五十六條），有停止議會之權（見五十八
> 條），監督官署對於縣會議決之預算有消減之權（見九十七條），有
> 更正及批駁議案之權（見九十八條），至行文程序，議事會參事會對
> 於府廳州縣長官須用呈，是議參兩會直生活於縣行政官廳權力之
> 下，一任其指揮監督。〔註34〕

在專制盛行的氛圍下，制度的理性並不代表行為的理性。江蘇都督即認為
新的地方機構是官治與自治的結合體，「各縣之地方行政，官治自治雖未顯
然劃分，而暫行之地方制近似地方官制，實仍含有官治性質；暫行之縣制
本於前清縣自治章程，實仍含有自治性質。民政長之列入縣制，係以參事
會會長之資格為監督自治起見，而委員即為自治中之一人，應受民政長之
監督，故亦列入縣制。若佐治職，既辦署中公務，有官治性質，純由民政
長進退監督，自不待言」。〔註35〕此一認定將對此後蘇省地方自治的推行產
生重大影響。

二、暫行縣市鄉制的推行

　　隨著江蘇各地的次第光復，一個極為尷尬的局面出現了：清末地方自治
剛剛起步，但馬上就面臨著被取消的命運。在新制度未頒佈之前，各地不免
陷入迷茫狀態。如新成立之蘇州公權研究會〔註36〕即呈請都督設立參事會，
而瓜州鎮自治公所則呈請設立民政支部處理各項地方事宜。對此，程德全皆

〔註32〕　《江蘇暫行縣制》，《申報》，1911 年 12 月 11 日。
〔註33〕　《江蘇省議會議決市鄉制》，《申報》，1912 年 12 月 28 日。
〔註34〕　《商量恢復地方自治之制度》，《申報》，1916 年 9 月 8 日。
〔註35〕　《江蘇都督府令彙錄》，《申報》，1912 年 4 月 1 日。
〔註36〕　由前出使奧國參贊汪鍾霖等號召多人組織成立。

答以等新的地方制度法令頒佈之後再行辦理。〔註37〕

南京臨時政府成立之後，基層政權的第一個變化是把知府、知縣更名為民政長，如蘇州光復之後，新任民政長江紹傑馬上發表示諭一道：

奉都督府筍飭，將蘇州府長元吳三縣裁撤，並除去知府、知縣等名目，設立蘇州民政長一員，駐紮蘇城，管理三縣民政事宜等。因查府治原領九縣，長元吳三縣附廓轄境較廣，今既設州，凡州境民政事宜，均歸本州管理，不兼領各縣。其餘各縣均歸都督府管領，所有州境，除詞訟、監獄、警察各事應歸提法司、審判廳、巡警總監直接管理外，其餘民政事宜，如租稅、學務、實業等項，均在本民政長職權以內之事，茲於十月初四日開始辦事，合行示諭，闔屬紳民人等一體知悉，凡地方應辦事宜，仰即逕行來州呈請辦理。〔註38〕

此一更名預示著地方制度將發生新的變革。但在新制度未頒佈之前，舊有之地方自治機構繼續履行職責。1911年12月1日下午，蘇州州議事會在元妙方丈開臨時州議會，城鎮鄉自治職員到者六十人，議長周祖培主持會議，討論關於五潨涇鄉自治提議該鄉汛防裁撤等案。〔註39〕在州議事會召開的同時，蘇省臨時議會亦進入緊張的工作中，其相繼審查並通過新的縣制、〔註40〕民政長選舉章程、市鄉制等。〔註41〕這些規章制度成為未來相當一段時間內江蘇地方自治立法的基礎。

暫行縣市鄉制章程（1912年文本）頒佈之後，蘇州城自治公所即呈請都督要求更名為市公所，此舉得到程德全的認可，並批示不必另行選舉，並可暫用舊時圖記，如果該公所已屆自治職員改選之期，可照新章程如期改選。〔註42〕不久，蘇州城將「城自治公所改為市公所」，〔註43〕這種只更名稱的方式表明民初對清末制度的繼承性。

更名之後的市公所，很快便進入工作狀態。1912年1月2日，蘇城市公所召開議董兩會聯合談話會，會員到者三十餘，主要議決議、董兩會的人事

〔註37〕《蘇州新記事》，《申報》，1911年11月30日。
〔註38〕《蘇州新記事》，《申報》，1911年11月30日。
〔註39〕《蘇闊言論機關之近狀》，《申報》，1911年12月3日。
〔註40〕《新蘇州紀事》，《申報》，1911年12月4日。
〔註41〕《蘇闊新氣象》，《申報》，1911年12月6日。
〔註42〕《自治公所之改名》，《申報》，1911年12月31日。
〔註43〕《新蘇州咫聞尺見》，《申報》，1912年1月15日。

變動問題。〔註44〕市董事會則根據市鄉制暫行選舉章程進行改選。〔註45〕前任總董劉雅賓因遷居鄉間,具書辭職,該市議事會特於二十四日召集議員,用記名投票法重行補選,並聞將即日定期補開冬季議會。〔註46〕另外,市公所還積極接收屬於職權範圍內的各種公款公產,如育嬰堂、男女普濟堂、保嬰局、仁濟堂、洗心局等。其議案主要來自民政長交議、董事會交議。〔註47〕

隨著基層改革的不斷深入,江蘇都督程德全,批准江蘇省臨時省議會的議決,根據暫行縣市鄉制將舊時州廳縣一律改為縣,縣設民政長。同城州縣均裁併為一,府及直隸州均行裁撤。〔註48〕此一指令的下達,促進江蘇地方省縣二級制的確立,但是進程比較緩慢。1912 年,江蘇省民政司在給江蘇都督莊蘊寬的呈報中稱:暫行市鄉制、暫行縣制及辦理市鄉選舉事宜期限表、辦理縣選舉事宜期限表已頒發多日,而各縣呈報者,大半是臨時機構,且其組織方法互有異同。亟應釐訂辦法,統一縣級建制,並督促各縣迅速設立市鄉職及縣議事會、參事會,准縣議事會議員額數由清末之以人口為準變為以稅額為準,以盡快完成基層組織從臨時機關向正式機關轉變,此一建議得到莊的支持。〔註49〕

在省署的一再督促之下,江蘇省市鄉公所在部分地區陸續成立並開展工作。如蘇州城自治公所在改為市公所之後,於 1912 年 4 月 7 日,召開議事會臨時會議。〔註50〕因為從城鎮鄉自治公所向市鄉公所過渡時,未屆選舉日期,為了方便起見,只是更名而已。等市鄉選舉屆期,各地市鄉公所才按照《江蘇暫行市鄉制》進行改選。蘇州城市公所在 1912 年 4 月 17 日、20 日才相繼選出市之乙級、甲級議員。〔註51〕松江市公所則遲至 7 月 29 日、30 日才相繼選出乙級、甲級議員。〔註52〕議員選出之後,則是議長、副議長、董事會成員的互選事宜。

〔註44〕　《金閶新氣象》,《申報》,1912 年 1 月 5 日。
〔註45〕　《蘇州通信》,《申報》,1912 年 2 月 23 日。
〔註46〕　《新蘇州咫聞尺見》,《申報》,1912 年 1 月 15 日。
〔註47〕　《蘇州通信》,《申報》,1912 年 2 月 22 日。
〔註48〕　《江蘇都督府指令一束》,《申報》,1912 年 1 月 19 日。江蘇省地方志編纂委員會:《江蘇省志》,南京:江蘇人民出版社 1999 年版,第 29 頁。
〔註49〕　《江蘇都督府令彙錄》,《申報》,1912 年 4 月 1 日。
〔註50〕　《市公所記事》,《申報》,1912 年 4 月 9 日。
〔註51〕　《蘇市公所乙級議員揭曉》,《申報》,1912 年 4 月 19 日、4 月 21 日。
〔註52〕　《松江甲級選舉揭曉》,《申報》,1912 年 8 月 1 日。

改選之初的市公所，顯示出更加積極的精神。在 6 月 20 日蘇城市公所召開的夏季議會中，議員到者共五十人左右，一片熱心為從前城自治公所所未有。〔註53〕但是這種熱情並未堅持多久，在 11 月 16 日召開的蘇州市議事會冬季常會中，自「開會以後，連日議員到者不過數人或十餘人，均未達半數之額，從未開議一次」。最終市議會汪議長不得已特別通告各議員，請自 28 日起，連開全日會三天，以期將各議案草草議決，並且不再拘三讀之例，「務乞準時早到」。〔註54〕這種類似乞求的做法並未打動各議員，以致「到會者終不及法定人數，故提議要件每多因循，雖經催促，到會者仍不及半數，無法開會」。〔註55〕

更為不理想的是，部分地方市鄉公所遲遲不能成立，導致縣級與省級選舉窒礙叢生。6 月，蘇都督即令飭該省各縣民政長督促各縣市鄉按照既定時間表加快自治職員的選舉；〔註56〕9 月，其再批評說：「查照辦理市鄉選舉事宜期限表，將屆乙、甲兩級公民投票之期。除市鄉公所已經成立各縣甚屬寥寥外，其餘呈報辦過調查資格、編造名冊等事宜者，尚不多見。如此因循，市鄉各鎮未能成立，縣議事、參事二會無從組織，自治前途，其將奚賴？凡我公民須知，縣市鄉制所定之選舉、被選舉權，在個人固視為權利，在地方則視為義務，長此放棄公權，莫明責任，必至市鄉公益事宜，欲求地方自辦，轉成一事不辦。影響所及，即國家行政亦將無所措施，民國前途，何堪設想！地方行政官廳負責督促之責任，試問能當此重咎否耶？因此令催各民政長再次督促辦理」。〔註57〕從市鄉公所之成立及運行狀況來看，當時人們公權思想尚不發達。

與市鄉公所的成立及運行相比，縣級議事會、參事會之籌辦更顯拖沓。以吳縣議事、參事二會為例。

1911 年 12 月 1 日下午，蘇州州臨時議事會開會，重點討論當前州臨時自治機關之地位問題。城自治職員吳本善等認為，以城鎮鄉自治職員組織臨時州議會，互選正副議長，而議員無從確定名額，究竟非正式機關。在州縣制未頒佈之前，先準備案，等州縣制公佈，再行重新組織。都督程德全指示，

〔註53〕《蘇市公所議事會記事》，《申報》，1912 年 6 月 22 日。
〔註54〕《市會暮氣》，《申報》，1912 年 11 月 30 日。
〔註55〕《市會議案》，《申報》，1912 年 12 月 5 日。
〔註56〕《蘇都督府通令一斑》，《時報》，1912 年 6 月 12 日。
〔註57〕《蘇都督催辦市鄉選舉之通令》，《申報》，1912 年 9 月 21 日。

應等省議會議決公布新制後再行遵辦，但可以暫時備案，等正式州議會組織成立後，再行刊發鈐記。州臨時議會認為，既然承認本會會員確係公民資格，應繼續議事，以為臨時言論機關，於是照章投票選舉審查員。〔註58〕12 月 2 日下午，繼續開州議會，議決提交各案。〔註59〕12 月 3 日下午，再開臨時州議會，又對州議會及議員名額問題進行了爭論。議員汪炳臺所提重行組織州議會案被否決；而王宗保所提暫行臨時州議會議員名額案卻得到與會人員的積極響應。〔註60〕

　　根據江蘇暫行縣制，長、元合併於吳縣，原臨時州議會應向縣議事會過渡，而實際情況是，在新的縣市鄉制頒佈之後，臨時州議事會繼續執行職權，並且有向正式州議事會發展的可能，「副議長孔康侯君仍於二十一日開會集議補選議長。是日，市鄉自治職員代表到會者僅有三十餘人，不過三分之一，當推孔君為正議長，補選汪綱之為副議長。」〔註61〕舊有自治職員的戀棧行為由此可見一斑。

　　為了督促縣議事會早日成立，5 月 28 日，吳縣葉德澍、汪炳臺二議員，邀集當選之縣議員，暫借城市公所開會集議，督促進行事宜。並由汪君具呈都督請速撤臨時州議會，以促使正式縣議會組織完全。〔註62〕葉、汪之建議得到都督的支持，而吳縣民政長卻持一再拖延的態度。因此，蘇州城區縣議員不得不再次發出通告，召集市鄉被選議員，並於 7 月 21 日在元妙觀方丈城市公所開談話會，集議進行方法，公推代表謁都督，懇其限催民政長趕速召集議員，正式開會。〔註63〕在上、下雙重的壓力之下，蘇州民政長才有所行動，對於「尚未選舉之各鄉，亦一律限催選舉，以便彙齊知會，定期召集」。7 月 12 日，縣議員葉、汪等通知各市鄉當選縣議員，在元妙觀方丈內開談話會，預備組織開會一切事宜。〔註64〕民政長並委託葉小峰主持預備開會前的一切事宜。〔註65〕

　　通過以上種種努力，吳縣縣議事會於 9 月 11 日在元妙觀方丈內開成立大

〔註58〕　《蘇閣言論機關之近狀》，《申報》，1911 年 12 月 3 日。
〔註59〕　《新蘇州紀事》，《申報》，1911 年 12 月 4 日。
〔註60〕　《新蘇州紀事》，《申報》，1911 年 12 月 5 日。
〔註61〕　《蘇市議會補選議長》，《申報》，1912 年 4 月 23 日。
〔註62〕　《蘇州市縣兩議會之近況》，《申報》，1912 年 5 月 29 日。
〔註63〕　《蘇州縣議員之熱心》，《申報》，1912 年 7 月 23 日。
〔註64〕　《吳縣議會成立先聲》，《申報》，1912 年 8 月 26 日。
〔註65〕　《議會將成》，《申報》，1912 年 9 月 9 日。

會，〔註66〕縣議事會在千呼萬喚之下，終於誕生。但很快又陷入另外一個困境，因縣議員缺額太多，不能召開。〔註67〕在補選議員時，吳縣又陷入無窮盡的選舉訴訟中。〔註68〕直到12月23日，吳縣議事會才正式開會議事，並於24日、25日、27日、相繼召開會議。〔註69〕逐漸步入正軌。從章程頒佈到正式開議，吳縣縣議事會經歷了一年之久，可見動作之遲緩。

吳縣議事會之所以長久遷延不決，原因主要有三：其一是因為縣自治籌備公所籌備工作遲緩；其二是臨時州議會從中梗阻；〔註70〕其三則是因為民政長的動作遲緩。臨時州議會從中阻梗有地方精英害怕權力交割會失去舊日社會地位的因素，而民政長之所以遲遲不肯執行定章，大概與暫行縣制規定民政長由縣議事會選舉產生有關。只要縣議事會不成立，舊有各員都可以安坐其位，一旦縣議事會成立，則前途未卜。「迄今各縣議事、參事兩會及市鄉各職，遵照現行定制及迭頒通令正式成立者，尚屬無多，緣此，縣民政長選舉章程能施行者實鮮。本年時屆十月，核諸選舉章程所定四月選舉日期，將逾半載，所有縣民政長初選復選事宜，統限於本年內遵照法令正式組成，縣市鄉各職俟呈侯核准。」〔註71〕從這個通令中，略可以猜測民政長的一般心理。

與縣議事會的遷延相比，參事會之行動效率略高。參事會員一旦選出，便積極開展工作。吳縣參事會於11月2號在民政長署開成立會，參事員十三人，全數均到。共同議決多件議案。〔註72〕並均能按章辦事。〔註73〕

以上並非個別現象，在蘇軍都督府的一則飭令中，其對江蘇各縣議事會、參事會的成立速度極為不滿：「各縣應設市鄉職及縣議會，參事會，迭經府令通告，並刊發暫行市鄉制縣制各在案，迄今為日已久，而各縣呈報成立者尚屬寥寥，且多臨時機關，未盡正式組織，亟應督促進行。」〔註74〕由此可見各縣行動之遲緩。

〔註66〕 《吳縣縣議會開幕紀事》，《申報》，1912年9月13日。

〔註67〕 《縣會先聲》，《申報》，1912年11月30日。

〔註68〕 《吳縣又定期改選縣議員》，《申報》，1912年12月3日。

〔註69〕 《續開縣議會》，《申報》，1912年12月29日、12月30日。

〔註70〕 《蘇州縣議會之遷延》，《申報》，1912年7月8日。

〔註71〕 《蘇都督催辦自治機關之通令》，《申報》，1912年10月8日。

〔註72〕 《吳縣參事會成立》，《申報》，1912年11月5日。

〔註73〕 《續開參事會》，《申報》，1912年11月7日。

〔註74〕 《江蘇都督府令彙述》，《申報》，1912年3月21日。

　　但是，這並不能抹殺前此一階段江蘇在地方自治推行過程中所取得的成績，據統計，江蘇自治至民國初年已規模大備，「全省市鄉議事會、董事會有一千數十所，議員有一萬五千四百人，鄉市董事三千三百餘人；經費合附加七成，徵收特稅約百萬元。」〔註75〕

　　總之，在暫行縣市鄉制推行之初，江蘇都督程德全曾命令各自治機關在未屆選之前，其人員可以補選而不必改選，直至屆選之期。因此，在地方自治職員改選之前，清末之自治職員仍然在新的自治機關中佔據著主導地位，地方精英的成分併未發生大的變化。改選之後，自治機關中地方精英的成分才發生進一步的變化。以青浦縣爲例，據《申報》記載，按照縣市鄉制，青浦縣重行選舉自治職員，新當選的自治職員，「新多舊少，如內閣制推翻重建者然。」〔註76〕在新的青浦縣自治機關中，只有錢靜方一人具有科舉背景，占總數的 5%。與清末青浦縣自治機關的 8.70%相比較，其比例進一步下降。並且，錢靜方的特殊身份更讓人能感覺到時代的變化。錢靜方原名錢學坤，青浦鎮人，幼習舉子業，清宣統元年（1909 年）爲歲貢生。後赴日本留學，入士官學校專攻警務。在日期間，接觸民主思想。辛亥革命青浦光復，錢充《青浦報》主編。縣民政署成立後，錢與章漢秋等人發起組織青浦政論會，效法西方民主，協助民政長，辦理縣政事務，錢任副會長。〔註77〕根據錢靜方的經歷，可以肯定，其雖然具有貢生的身份，但此時更屬典型的新式士紳。作爲此次重組自治機關中的核心人物，其勢必對青浦縣地方自治的發展產生重大影響。

第二節　江蘇各級地方自治的沉浮與地方精英的應對

　　1914 年 2 月，袁世凱政府下令停廢地方自治，至此之後，江蘇地方自治一度陷入沉寂狀態。此後之中央政府既使作出某種恢復地方自治的姿態，而能夠貫徹執行者甚是寥寥，此種局面之形成有諸多因素的影響：其一，是中國政局之動蕩嚴重阻礙了地方自治的恢復；其二，行政官廳缺乏恢復地方自治的誠意與決心；第三，地方精英在地方事務中始終處於弱勢地位。而此一階段南通地方自治的一枝獨秀，則進一步彰顯了在與國家博弈過程中，地方

〔註75〕　《江蘇要聞》，《申報》，1916 年 7 月 20 日。
〔註76〕　《青浦城自治之新議員》，《申報》，1912 年 7 月 6 日。
〔註77〕　《青浦縣志》，卷十四，第 785～786 頁。

精英的弱勢地位。

一、袁世凱政府停辦地方自治

1914 年 2 月，袁世凱根據各省民政長呈文，以各屬自治機關「良莠不齊，平時把持稅捐，干涉詞訟，妨礙行政」〔註78〕為藉口，下令停辦地方自治。2 月 3 日，袁世凱下令停辦各級自治機關，2 月 6 日，停辦京師自治會，2 月 28 日，下令解散各省省議會。

時任江蘇省長韓國鈞於 2 月 9 日通令江蘇省各縣知事，停辦各縣市鄉自治機關。2 月 12 日，韓再通電各縣知事，為了順利完成自治機關之交接事宜，訂定執行細則九條，〔註79〕要求「各該縣知事迅即參酌習慣，慎選本縣市鄉公正士紳，分別委任接收保管地方財產款項，並責成維持現狀，保留舊有精神，以為將來設施基礎」。

根據停辦地方自治九條細則，江蘇各縣次第停辦地方自治。鎮江丹徒縣遵照省長訓令，一律停止進行各自治機關。但為防止議案、文牘散失，由縣劉知事派委王某等四人為接收自治機關委員，所有自治學務、慈善、公款公產收支各委員亦於一月末日撤銷，其執行諸事務由縣知事所委派四人接手。

〔註78〕《政府公報》，民國三年二月四日，第 627 號。
〔註79〕《南京政聞紀要》，《申報》，1914 年 2 月 13 日。細則九條的具體內容：第一條、本省各級自治機關應遵令一律停辦，所有各該機關經理事項及所管財務，限三月三十一日以前完全結束，悉數移交，並將鈐記圖記繳銷，勿得逾限。第二條、縣議事會、參事會所有文卷、房屋、文件及用餘銀款，由各該主管人造冊，移交縣知事收保管之。第三條、凡縣公署之公款公產及其收入款項，現由地方士紳以自治委員名義經理者，改由縣知事委任經理之。前項經理士紳受縣知事之委任，須將不動產或存典公款生息之收入及開支各款，細數按月造具四柱清冊，呈請縣知事查核。第四條、凡向為市鄉不能擔任經費，認歸縣辦之學務公益各項事宜，由縣知事委任本縣士紳分別繼續辦理。第五條、凡各市鄉自治公所所有文卷房屋對象及用餘銀數，由各該主管人造冊呈送縣知事驗收，由縣知事委任本市鄉士紳保管之。第六條、市鄉公款公產及其收入款項現由市總董或鄉董經理者，改由縣知事委任各該市鄉士紳經理之，前項經理，士紳按月造報，準第三條第二項辦理。第七條、市鄉現已舉辦之各項公益事宜，由縣知事委任各該市鄉士紳繼續辦理，委任員數得由縣知事酌量事務繁簡委任之。第八條、凡現充自治委員或市董事會職員及鄉董鄉佐，管理公款公產而未得縣知事繼續委任經管者，非交代清楚，不可擅離職守，如有侵蝕情事，即予按律追辦。第九條、全縣地方現設之自治機關一律停辦後，由縣知事將接收日期彙報省公署查考。《蘇省停辦自治之執行細則》，《申報》，1914 年 2 月 14 日。

〔註80〕上海縣洪知事亦派委人員對上海縣各級自治機關進行接收。〔註81〕吳縣宗知事電陳該縣縣市鄉，定三月底為自治停止之期。〔註82〕但是，此次停辦地方自治所帶來的影響是深遠的。上海縣在自治停辦之後，還出現了索還公款的事情，原來在上海縣自治機關存在期間，曾向地方商人與團體借款，現在自治機構取消，引起債權人的擔憂。泉漳會館在致前市政廳董事會的函件中寫到：「敝會館所借與市政廳之公債，一為地方自治因公益而需款，一為諸公曆年以來熱心任事，為眾商所信仰，故允為借款。今既停止自治機關改為官辦，以前公債即應清還，以昭信用，蓋所借之款乃借與自治機關，非官治機關也。」在華成總公司致前市政廳董事會的函件中，亦如是說：「尊處市政廳另改名稱，已歸官辦，所有上年底尊處向敝公司押款規元二萬五千兩，現在既歸公家辦理，此款應得釐楚，因清界限。」〔註83〕

雖然江蘇省在下令停辦自治機關的同時，還就某些地方必辦事項做了補充說明，〔註84〕但是，並非所有的地方事業均能賡續辦理，特別是在附加稅通歸省財政廳支撥之後，地方事業陷入困頓。如揚州江都縣農務分會因開辦無資，因請縣署在自治機關附加稅之中撥給部分經費，而省令是，附加稅已撥充行政經費，不能撥用。〔註85〕因此，地方人士為爭取辦理地方事業的主動權，把爭取附加稅的支配權作為一項重要目標。吳縣教育會以附稅名目取消，入款提歸省庫，地方教育公益事業恐致停滯，亟應研究維持方法為由，特定於 7 月 9 日下午三時邀集各市鄉教育會會長、學務委員及學款紳董並縣

〔註80〕《接收自治機關辦法》，《申報》，1914 年 2 月 13 日。
〔註81〕《接收自治機關之手續》，《申報》，1914 年 2 月 14 日。
〔註82〕《南京政聞錄》，《申報》，1914 年 2 月 16 日。
〔註83〕《停辦自治機關之餘聞》，《申報》，1914 年 3 月 4 日。
〔註84〕在地方教育事業方面，韓國鈞函電各縣知事說，自治機關雖奉令停止，但地方教育仍應積極進行，該縣市鄉設立各學校，務照地方行政預算支撥經費，毋稍停滯。（《南京政聞紀要》，《申報》，1914 年 2 月 12 日。）鎮江在市鄉自治機關取消後，就對學務與善舉兩項做了較好的善後工作，該地善舉原來向由同善、安仁各善堂經辦，學務則由市鄉自治記機關向公署領取附加稅提撥，自治機關停辦之後，學款由知事署支配，按期分撥，所節省之自治機關用費則仍歸公益之需。（《自治取消後之辦法》，《申報》，1914 年 2 月 16 日。）又如，在瓜州東岸至揚子橋一帶圩岸的修築問題上，因前瓜州市總董沈廷銘，善里市議長劉世廉等曾經呈請縣知事轉懇省長撥款興修，自治機關雖然停止，韓國鈞仍飭令縣知事在解省附加稅內如數支撥。《瓜州修圩費有著》，《申報》，1914 年 4 月 25 日。
〔註85〕《附加稅不能撥用》，《申報》，1914 年 3 月 21 日。

立各校校長，在舊學前該會事務所開特別大會。〔註86〕太倉縣公款公產經理稽核士紳陳某等則具稟縣知事請轉詳省署，認爲「地方附稅一項係人民自行擔負，以爲地方教育、慈善、積穀、河工各項善舉之用」，理應歸諸地方管理。〔註87〕亦有人借助輿論，發表意見，「前此自治名目取消，政府曾聲明地方教育及公益各事照常進行，省長亦力任維持，此自治之所以不盡消滅也。今因地方稅名目取消，而飭將地方收入，由省支配，將來之支配如何，誠不敢事前逆料。收縮與否且緩論，惟當此通盤籌劃之際，支配決非一時所能了如，必俟其確定而後支用，則事業之停滯已多。……當道既有維持之宏願，又有通飭照常進行之誓言，其必能鑒此苦衷也乎！」〔註88〕

縣市鄉制被取消，地方精英再一次被排除到體制之外，地方事業之創辦撤掉了一股重要的力量。沒有自治制這一合法渠道，地方精英馬上感受到一種前所未有的壓抑。

當袁世凱政府停辦地方自治時，並不見江蘇地方人士的反對之聲，此種局面之出現，大概與前此一段時間自治職員選舉過程中層出不窮的舞弊與不法行爲有關。既然政府是暫停地方自治，人們寄希望於新的自治制。然而實際情況卻是，舊制已廢，新制未立。因爲袁政府遲遲不頒布新的自治法令，人們則開始懷念已經停辦的縣市鄉制了。「各縣辦地方自治，誠不敢謂其處處得力，然其利賴地方亦自不少。今撤銷將及一年矣，據各地報告，因自治廢而停閉學校者有之，因自治廢而農田水利道路工程無人顧問者有之，因自治廢而地方秩序蕩然，傷風敗俗之事公行鄉曲，而無人爲之董正者有之，夫不欲授人以權，亦宜盡力行使官權，以彌其闕，今則因不自治而遂不治矣。恢復！恢復！改良！改良！遲之久，遲之又久，杳乎！未有聞民未享自治之福，先受不治之苦，民怨氣有所歸哉！」〔註89〕

在自治機關停辦的同時，政府透露出此次停辦只是暫停，而非終止的信息。當湖南民政長擬將自治經費提請省用時，遭到內務部的拒絕，「今自治雖奉令停辦，其機關僅一時中斷，並非永久廢止，本部正在釐訂新章，自治機關轉瞬即將重組」。〔註90〕袁世凱在召見某國駐京公使時亦說：「中國國體已

〔註86〕《蘇垣教育會定期開會》，《申報》，1914 年 7 月 8 日。
〔註87〕《江蘇又有力爭附稅者》，《申報》，1914 年 7 月 8 日。
〔註88〕《市鄉用款可停滯耶》，《申報》，1914 年 6 月 26 日。
〔註89〕《地方自治之去思》，《申報》，1914 年 7 月 21 日。
〔註90〕《內務部保存自治經費之堅決》，《申報》，1914 年 3 月 3 日。

永決爲共和，自不能無立法機關，惟各舊機關既不良善，自不能（不）捨舊謀新云云。」〔註91〕此爲袁氏之自治制出臺埋下了伏筆。

因爲前此一段時間辦理地方自治效果不佳，對於將來推行什麼樣的地方自治，官方進行了一次討論，《地方自治之最近主張者》一文對各省意見作了如下總結：

嚴格監督：湖南民政長對於自治制度，主張採嚴格的官督自治制。其理由謂我國自治制度發生五載，於茲未見自治之效，首蒙自擾之害。官廳發一布告，自治會每以有礙商民，不便施行爲詞，不知受人指揮，甘心反對。收稅則從中漁利，辦事則朋比爲奸，尤其小者。今若改訂，非嚴格監督不能收效監督之責，縣知事負之，縣知事對於該會有指令改革及懲戒議員之權，冀清流弊而收實效云。

折中干涉：陝西內務司長楊開甲來電，對於自治主張採用折中之干涉。略謂近來民氣大開，法律智識亦其進化，倘採嚴行監督，非共和原意；若採放棄主義，非目前所能，捨折中干涉外，別無良法。惟應注意者，即擴張縣知事之權限。民國成立，凡縣知事應有之權，如判詞訟、徵收錢糧，捕拿盜賊，均放棄責任，甚至匪勢危迫，棄城而逸。現既重訂，非使知事有監督之權，斷難見效云。

變通辦理：聞某司員上書內務部，廢棄自治制度，規復舊時保甲。所陳利害，切中時局，故日前考試縣知事時，朱總長以之命題，……〔註92〕

總體上來看，輿論較傾向於保守地對待地方自治。另外，古德諾亦宣揚中國當前應該師法古代的鄉官制，由富人、大地主、儒士及曾任高等文官的人組織地方參事會（省參事會、道參事會、縣參事會），輔助官治之不足。「夫然後使民知所以參與政事之方，以漸擴充於地方自治之組織也，夫然後直接由民選舉之參事會，或得免於凌雜也。吾竊謂中國改革，事事取法歐美，而失其自然之正治修事也。」〔註93〕此亦爲袁氏自治制的出臺提供了鋪墊。

縱觀官方之態度，實以對地方自治實施限制爲主，如此以來，地方自治既使恢復，必將陷入官治的泥淖。

〔註91〕《民國近今兩要題》，《申報》，1914 年 2 月 20 日。
〔註92〕《地方自治之最近主張者》，《申報》，1914 年 3 月 7 日。
〔註93〕《古德諾氏之中國地方官制說》，《申報》，1914 年 4 月 17 日。

　　1914 年 12 月 29 日，在地方自治停辦將近一年之後，袁世凱政府頒佈《地方自治試行條例》，該條例因濃厚的官治味道，而倍受後人訾議，「地方政權，一切操諸縣知事」，〔註94〕既便如此，仍是拖延不行。1915 年 4 月 19 日，袁政府再頒佈《地方自治條例施行細則》，把地方自治分為調查、整理、倡導與實行幾個時期，實則是把地方自治的推行延宕到遙不可及的未來。

　　事實證明，袁政府所頒佈的自治條例並未付諸實施，而是成為袁世凱政府的陪葬品，「自治停輟後，續訂施行條例，不久隨袁政府以俱廢」。〔註95〕袁世凱死後，黎元洪遞補為大總統，地方自治有再次復活的跡象。

二、黎、徐時期江蘇各級地方自治的復活

　　袁世凱死後，黎元洪繼大總統位，國會、省會相繼恢復，此舉激起了地方紳民重新推行地方自治的熱情。江蘇士紳亦奔走呼號，在各地縣市鄉掀起恢復原有之自治機關的運動，顯示出民氣的高漲，對此，《申報》如此記載：「共和再造，民意大伸，省會已著手預備開會手續，市鄉議員已有為一區域之運動者，惟事關全省，似應聯合為組織之預備，有志者正在進行中。」〔註96〕

　　袁世凱時代的結束，被江蘇人民視為行政官署帝制時代的結束，雖然有人認為縣市鄉會員額數眾多，三年以來，人事變遷，必然難以組織，應徐緩進行。〔註97〕但是這種顧慮並未削弱人們要求恢復基層自治機關的熱情。在恢復地方自治機關的運動中，鎮江丹徒縣議會走在了時代的前列，其認為自治機關在「癸丑年奉令取消，即行停辦，今舊約法已奉明令恢復，則縣議會自然有效，本縣各議員已會議恢復之法，會議後即經楊議長將辦事處仍設於萬壽宮內，並將該會從前一應案牘及未完事件逐項清理，以資籌備。」〔註98〕丹陽縣緊隨其後，該縣議員王某，特具函縣市鄉各議員，請開臨時會議，共同要求恢復。〔註99〕揚州之江都縣公民張某等認為舊約法已經恢復，縣議會有連帶之效力，因請積極籌備縣議會之恢復。〔註100〕

〔註94〕　《蘇社社員整理省政之意見書》，《申報》，1923 年 3 月 30 日。
〔註95〕　《贊復地方自治意見書》，《申報》，1922 年 3 月 20 日。
〔註96〕　《江蘇要聞》，《申報》，1916 年 7 月 20 日。
〔註97〕　《江蘇要聞》，《申報》，1916 年 7 月 8 日。
〔註98〕　《恢復自治之籌備》，《申報》，1916 年 7 月 10 日。
〔註99〕　《縣議員請求開會》，《申報》，1916 年 7 月 14 日。
〔註100〕　《函請籌備縣議會》，《申報》，1916 年 7 月 18 日。

松江縣議會亦積極呼應，籌備縣議會恢復事宜。〔註101〕南通縣會議長於振聲則在有斐旅館延請議會議員及官紳，討論議會召集辦法。〔註102〕上海市議會在也是園開談話會，商討恢復自治的問題。〔註103〕由此可見人們要求恢復地方自治的強烈心聲。

　　爲了推動地方自治盡快恢復，江蘇省各團體還建立起聯合組織，準備協同進行。爲此，丹徒縣議會函請江蘇各縣市鄉議會發起江蘇縣議會通訊處（又稱江蘇縣議員通訊處）。丹徒縣的號召首先得到松江縣五庫鄉議會的積極響應，在其致丹徒縣市議會的函件中如此寫到：

> 讀七月十日申報載貴會通告，具證諸公偉見，無任贊同。敝議會自奉令取消，即行停辦，三年以來，深受官廳壓制，有甚於清之季世者。所有鄉公所卷牘公件，均被縣署接去，自治兩字早成風流雲散。現約法業已規復，縣市鄉議會爲約法之一部分，當然繼續有效，急□進行。若待官廳召集，則自治會固不便於官吏之行爲，必至延三約四，開會無期。此事全在吾民，以一致之行動，爲積極之籌備。一面依法請求縣署，發還公件。貴會擬設自治聯合會，務希急起直追。……〔註104〕

除此之外，江蘇各縣市鄉議會紛紛致函表示贊同。如泗涇鄉議員共表贊同，並建議地點設於上海。〔註105〕太倉縣議會公推陸元華、張文華爲赴申代表，共商縣市鄉議會恢復問題。崑山縣對於江蘇縣議會通訊處之設立深表贊同。〔註106〕吳江縣議會推舉費玄韞、周維新爲駐滬縣議員通訊處代表。儀徵縣臨時縣議會公推周恩均、歐陽洛書爲赴滬代表。沛縣議會對縣議會通訊處之行爲甚表支持，並表示將派員前往。〔註107〕此外，還有寶應縣議會、興化縣議會、江陰縣議會、〔註108〕金山縣議會、〔註109〕松江縣議會、〔註110〕

〔註101〕《縣會預備之動議》，《申報》，1916 年 7 月 30 日。
〔註102〕《議會長□賓》，《申報》，1916 年 7 月 31 日。
〔註103〕《恢復自治之談話會》，《申報》，1916 年 8 月 14 日。
〔註104〕《五庫鄉議會答丹徒縣市議會書》，《申報》，1916 年 7 月 15 日。
〔註105〕《泗涇鄉議員覆丹徒議員函》，《申報》，1916 年 8 月 1 日。
〔註106〕《江蘇縣議會通訊處之函牘》，《申報》，1916 年 8 月 12 日。
〔註107〕《江蘇縣議會通訊處之函牘》，《申報》，1916 年 8 月 14 日。
〔註108〕《江蘇縣議會通訊處紀事》，《申報》，1916 年 8 月 15 日。
〔註109〕《江蘇縣議會通訊處之函稿》，《申報》，1916 年 8 月 16 日。
〔註110〕《縣會推定代表》，《申報》，1916 年 8 月 20 日。

南匯縣議會、靖江縣議會、江都縣議會、鹽城縣議會、〔註111〕宜興縣議會、碭山縣議會、無錫縣議會等等，均次第函覆表示贊同。〔註112〕

　　1916年8月26日，江蘇省議會通訊處在上海也是園召開聯合大會，蒞會者共計上海、吳江、金山、常熟、東海、如皋、丹徒、江陰、青浦、松江、吳縣、崑山、嘉定、寶山、泰縣、阜寧、泰興、沛縣、宜興、寶應、江都、太倉、川沙、奉賢、丹陽、武進、儀徵、碭山、豐縣、崇明、金壇、無錫等三十二縣代表。有部分縣雖未派代表參加，但致函深表贊同。會上通過聯合會臨時規約：一、定名：江蘇縣議員聯合會，以江蘇各縣縣議員代表組織之；二、宗旨：聯絡感情，交換意見，取共同促進，恢復縣會之志趣；三、職員：選舉幹事員若干人主持會務；四、權限：幹事員權限於促進恢復縣會範圍以內之事件，得有完全行使之職權；五、經費：由承認各縣先行籌墊，俟縣會恢復後，平均攤還等。〔註113〕

　　江蘇縣議員聯合會一成立便積極開展活動，其首先致電北京大總統、國務院總理、內務部總長，北京參眾兩院，江蘇齊省長，以求得到行政官廳的支持，現將電稿三件摘錄如下：

　　　　北京大總統國務院總理內務部總長鈞鑒：國省會先後召集，縣
　　　　會及市鄉自治自應連帶回覆，應請明頒明令，剋日恢復，以繼法治
　　　　而饜人望。江蘇縣議員聯合會叩

　　　　北京參眾兩院公鑒：省縣議會同時停止，今省會已奉明令召
　　　　集，縣會尚未同時回覆，自治停頓，民意不宣，應請主持提議縣市
　　　　鄉自治機關一律回覆，迅咨政府明頒命令，以遵約法而順輿情。江
　　　　蘇縣議員聯合會叩

　　　　江蘇齊省長鈞鑒：地方自治為憲政基礎，省議會已奉明令召
　　　　集，縣會及市鄉自治尚未回覆，法無偏廢，眾望喁喁，乞公主持電
　　　　呈中央，迅復各級自治機關，以振法治精神，而饜人望。江蘇縣議
　　　　員聯合會叩〔註114〕

同時，其還致函參眾兩院江蘇省參眾議員，請他們立即提出緊急動議，咨請

〔註111〕《縣議會通訊處之函稿》，《申報》，1916年8月20日。
〔註112〕《縣議會通訊處之函稿》，《申報》，1916年8月24日。
〔註113〕《縣議員聯合大會旁聽錄》，《申報》，1916年8月27日。
〔註114〕《縣議員聯合大會旁聽錄》，《申報》，1916年8月27日。

政府命令各縣市鄉自治機關一律回覆。在致江蘇省議會函中，則請求其對縣市鄉自治的恢復予以主持。〔註115〕另外，縣議員聯合會還委託幹事員楊左熙赴京請願；通函各省縣議會正副議長協力進行；通告各縣議員通訊處調查各該縣議員額數、姓氏及現在有無缺額，是否需要補選等情；對於縣議會有未經成立者，函請各該縣教育會、農會略告情形，協謀進行之法，等等。〔註116〕

　　而聯合其他省的縣議會一致進行，則是該組織進一步發展的表現。1917年，江蘇縣議員聯合會擬聯合各省縣議會所舉代表進京請願，是年2月11日下午二時各省代表在京開會，到者有福建、湖北、江蘇等三省代表，並得十二省表示贊同之覆函。會議提出議案四條：一、函請各省縣會速推全省代表於3月1日以前來京請願，二、具呈國會請願，迅速恢復自治原狀，以饜民望，三、設立請願恢復地方自治代表通訊處，四、北京通訊處費用暫由江蘇、福建兩省代表籌墊，下次開會議決公攤，等等。〔註117〕

　　就整體情形看，恢復自治運動主要是蘇南各縣，蘇北地區熱情不高。如通海地區各縣就沒有派代表參加全省各縣議員聯合大會。爲此，通海旅滬公民張吉丞、沈邦楨等致函本籍各級自治機關，極表遺憾與鞭策：「吾通海素號開化之區，距滬咫尺，交通之便利，消息之靈通，實爲全省各縣冠。且轄地不廣，可朝呼而夕應，召集同人計議進行，事甚易易。諸公之對於滬縣議員通信處，毫無表示，懾於前此之積威耶，抑別有原因歟？誠百思而莫得其故也。然亡羊補牢，猶未爲晚，茲屆地方自治將行回覆之時（得確息與省會同日召集），一切籌備宜著手進行。若再優游林下，置若罔聞，必待令始動，不特於組織上之手續，至多倉卒不及之虞，而天職上之責任，恐亦難免。群情之詰難，且向日號爲開化之名譽，亦即與之俱墮。」〔註118〕但是，蘇北之情形亦不能一言以蔽之，如淮安縣，在地方自治被停辦之前，其自治機關尚未建立，此次面臨復活，則能積極接受蘇省縣議員聯合會的建議，由淮安縣教育會、農會協助組織。〔註119〕而豐縣則被稱爲自治恢復的好模範，原來豐縣縣議會在取消期間，得到縣知事孫君的維護，根基得以保存，值恢復之際，

〔註115〕《江蘇縣議員聯合會要函》，《申報》，1916年8月28日。
〔註116〕《縣議員聯合會第一次幹事會記》，《申報》，1916年8月29日。
〔註117〕《自治請願代表函告在京會議情形》，《申報》，1917年2月15日。
〔註118〕《通海旅滬公民張吉丞沈邦楨等致本籍各級自治機關書》，《申報》，1916年9月3日。
〔註119〕《淮安縣籌備自治之報告》，《申報》，1916年9月20日。

積極而迅速。〔註120〕「訥」還專門著文對此一模范進行讚揚。〔註121〕

在這次聲勢浩大的恢復運動中，除了江蘇縣議員聯合會的努力外，還有上海地方自治研究會、上海策進地方自治會等組織。

上海地方自治研究會由上海縣公民沈潤挹、賈季英等發起，其宗旨在於「爲地方謀公益，爲自治求進步」。該會草章如下：

> 一、定名：上海地方自治研究會，集合全縣公民組織之。二、宗旨：聯絡感情交換意見，研究地方自治事宜，以促進改良爲志趣。三、權限：凡關於地方應興應革事宜，有共同討論，隨時陳請之權。四、會費：由發起人擔任，暫不收費。五、會員：凡有公民資格者，由會員二人以上之介紹，均可入會。六、職員：先選舉幹事員若干人主持會務，其各項職員暫不設置。七、會期：每年開大會一次，每月開常會一次，如有發生特別事件，由會員若干人以上之請求，得開臨時會。八、會所：假定也是園。〔註122〕

與縣議員聯合會相比，該組織規模較小，會員主要來自上海縣，提議也相對緩和，以研究自治爲主，故而比較容易得到政府的認可，「今上海自治研究會已膺政府之認可，或者政府以人民程度爲不足，故許其研究而未許其回覆，然而上海人得此，亦聊勝於無矣。」〔註123〕但是該組織因爲得到上海士紳的支持，能量並不小。

1917年3月2日，上海自治研究會開會，並邀請前內務總長孫洪尹、國貨維持會會長王文典演說。〔註124〕政府的認可及孫洪尹等人的演說進一步激發人們對地方自治研究的熱情，各地紛紛設立自治研究會或分會，如蘇州、〔註125〕無錫、〔註126〕丹陽、〔註127〕溧陽〔註128〕等縣，皆有自治研究組織的出現。

策進地方自治會亦是上海一地的組織，係由該縣公民謝強公發起，以聯

〔註120〕《恢復地方自治之好模範》，《申報》，1916年9月26日。
〔註121〕《豐縣之自治》，《申報》，1916年9月26日。
〔註122〕《發起地方自治研究會》，《申報》，1916年9月5日。
〔註123〕《自治研究會立案》，《申報》，1917年2月28日。
〔註124〕《自治研究會開會記》，《申報》，1917年3月3日。
〔註125〕《自治研究會成立》，《申報》，1917年3月7日。
〔註126〕《自治分會成立》，《申報》，1917年3月11日。
〔註127〕《自治研究會開會記》，《申報》，1917年3月14日。
〔註128〕《自治研究會成立》，《申報》，1917年3月27日。

絡客民，對地方自治共策進行，以期實行地方自治之實爲宗旨。〔註129〕因此，該會亦可視爲地方自治研究會的姊妹會，有相互補充之妙。在開會時，謝強公曾進一步闡述此一組織的宗旨：「現今共和復活，國民責任繁重，對於地方皆有應盡之義務，欲食共和幸福，須從自治做起來，欲求完全自治，須從剃弊著手，鄙人發起是會，即本斯意。」〔註130〕由此可見，策進自治會的主要目的在於探究以往地方自治之弊端，以策進美好制度之恢復。策進地方自治會不但關注本地方自治事業，對國內外局勢亦倍加關注，1917年3月11日，上海策進地方自治會邀請地方各團體討論當前外交問題，會後致電北京大總統國務院參眾兩院：「外交危迫，本日特開大會討論利害，加入協約國實背民意，國民誓不承認，電請遵從民意，勿徇私利，以固國本。」〔註131〕這表明，該組織已經超越了區域限制，力圖成爲更廣範圍內之民意的代表。

在蘇南要求恢復自治運動的影響下，蘇北亦有聯合組織之成立。如地方自治促進會，該會發起人即前番反對選舉金錢運動之徐淮海松四屬省議員，該會會址設在龍王廟堂子巷。去冬省議會閉會後，曾借金陵春開成立會一次，駐會幹事爲許蘇民、劉伯昌、楊友熙等。「據聞該會徐淮海松四屬議員仍抱定打破金錢運動選舉之弊，以達人才選舉之目的」。〔註132〕

總之，在此一階段，地方精英無疑成爲自治恢復運動的主角，他們在各地方紛紛建立聯合組織，或以恢復舊自治制爲目標，或以研究地方自治爲宗旨，總體上表明人們對地方自治制認識的加深。

受民間自治恢復運動的感染，江蘇地方行政官廳亦有所表示，但是顯得顧慮重重。在省行政官廳看來，地方自治復行舉辦，在今日已刻不容緩，只是停辦時久，一切經費挪用殆罄，一時回覆，恐怕不易。但是聽說中央將有明令恢復自治，爲防止臨時措辦不及，齊省長在1916年7月29日通飭各縣知事，先期預備，「各縣知事，迅即查明各該縣，自地方自治停辦後，每年收入自治經費若干，支用於地方公益事宜者若干，抵作他用者若干，現有存款若干，限十日內分別詳列細冊，報明核辦，毋稍漏延。」〔註133〕接命令後，松江縣李知事請各自治委員，在十日之內，將市鄉自治經費年來收入支出及

〔註129〕《發起策進地方自治會》，《申報》，1916年9月10日。
〔註130〕《發起策進自治會續紀》，《申報》，1916年9月12日。
〔註131〕《策進自治會討論外交問題》，《申報》，1917年3月12日。
〔註132〕《地方自治促進會》，《申報》，1917年2月10日。
〔註133〕《蘇省地方自治之籌備》，《申報》，1916年7月30日。

現存數目詳細開報，爲改組市鄉議會之預備。〔註134〕無錫縣公署則調查自治停辦後之餘款。〔註135〕鎮江丹徒縣公署則規定所有丹徒縣地方自治經費不得挪爲他用。〔註136〕

但是，從中央政府一再拖延的態度看，其對於縣級自治機關的恢復似乎並無興趣。在地方不斷籲請之下，中央最初的反應是恢復前清舊制。〔註137〕這引起江蘇紳民的強烈不滿，江蘇縣議員聯合會赴京代表楊靜山認爲，縣議會恢復前清舊制有阻本省自治之進行。〔註138〕並致函江蘇縣議員聯合會，將此情況加以通報。當接到楊靜山的信函後，江蘇縣議員聯合會馬上召開談話會討論此事。〔註139〕結果一致反對當局此一行爲，認爲「諮議局章程之不能適用於省議會，猶府廳州縣自治章程不能適用於縣議會也」。〔註140〕時人對此一事件評論是：「前清地方自治之舊制，不能適用於今日，此顯而易見之事也。蓋前清爲專制時代，前清之地方自治集權於縣行政官，雖曰自治，仍專制之自治也。以專制之時代而欲行自治，不得不計如此之自治制。今則爲共和時代，而非專制時代矣，如謂共和時代之自治，仍可沿用專制時代之舊制，其將來何以解於共和之眞義乎？此而曰可，則共和二字，亦可以專制二字易之矣，其如世界僅有共和民國，而無專制民國何？」〔註141〕在另一篇文章中，他還對贊成恢復前清舊制的人進行了嚴厲的批判。〔註142〕在這種官紳博弈過程中，實質上是把自治恢復一事擱置下來。最終，中央政府認爲，以往地方自治之所以「成效未彰，非自治之不良，實由於立法未周，易滋誤會，廢止不舉」等故，〔註143〕因而「擬將各項自治法案從速編訂，提交國會，議決施行。」〔註144〕這不啻於又一拖延之法。

在反對恢復前清舊制的同時，江蘇省縣議員聯合會提案爭取民元暫行縣市

〔註134〕《規復自治之預備》，《申報》，1916 年 8 月 3 日。

〔註135〕《飭查地方自治停辦後餘款》，《申報》，1916 年 8 月 5 日。

〔註136〕《通令禁挪自治經費》，《申報》，1916 年 8 月 26 日。

〔註137〕《恢復各級自治之京訊》，《申報》，1916 年 8 月 30 日。

〔註138〕《縣議員聯合會之要函》，《申報》，1916 年 9 月 2 日。

〔註139〕《縣議員聯合會定期集議》，《申報》，1916 年 9 月 7 日。

〔註140〕《商量恢復地方自治之制度》，《申報》，1916 年 9 月 8 日。

〔註141〕宇：《舊制之不適用》，《申報》，1916 年 9 月 14 日。

〔註142〕宇：《專制之臭味》，《申報》，1916 年 9 月 15 日。

〔註143〕《大總統地方自治法令》，《政府公報》，1917 年 1 月 20 日。

〔註144〕《恢復自治案又交復議》，《申報》，1917 年 2 月 9 日。

鄉制的恢復，但是該提案需要經過參眾兩院、國務員、內務部等複雜程序，在政府對此並不感興趣的情況下，結果必然導致拖延現象。當省議會向江蘇省公署轉請恢復自治機關時，省公署的回覆是：「查恢復各級自治機關一案，業經國務會議，議決緩議。」〔註145〕鎮江縣議會先遵省電，進行籌備，已布置就緒，後因部令暫緩召集，所以並未正式開議。〔註146〕在《自治延宕之眞因》一文中，有人如此評價：「參議院恢復自治議決案之提交復議也，政府固謂擬將各項自治法案從速編訂，然是項法案今方經由國務院會議，退回內（務）部修正，既使內務部迅速辦理，而修正後之程序，既須經過國務會議提出兩院，而議決而公佈而著手籌備，其施行之期，正不知何日，而況內務部之修正，尚未聞有所進行耶！政府之處理此事務，取紆徐爲奸，已辜國民之望矣！」〔註147〕

　　不久，內務部致電各省，命令各省分三期切實調查各地現在情形：在第一期內，調查地方原有公益事業辦理情形及公款公產之管理方法；在第二期內，調查自治事業因革興廢及自治經費之籌辦方法，並收入成數；在第三期內，調查自治事業停止、繼續及自治經費保存移撥情況等。並將「利弊得失之所在，比較指陳，造具清冊，隨時承轉咨部，以資考鑒」。〔註148〕當內務部要求各省對地方自治發表意見時，江蘇省長齊耀林在覆內務部電中說：「自治制度，各國不同，要在體察國情，方能導揚民氣。前清自治章制，取法東臨，行之數年，不無扞格。弊在分區過多，資格過寬，員額過繁冗，監督過於放任，成事不說，來軫方遒。及此釐訂之初，應有折中之論，擬請規定辦法，以組織縣地方自治爲第一期，俟完全成立，再就其縣酌劃第三四或五六區，定名爲區自治，不必再標爲城鎮鄉名稱，以杜爭議。至資格、員額、監督三者，皆爲重要問題，因噎廢食，固屬不宜，得魚忘筌，尤非眞諦，深望權衡至當，制定良規，自治前途庶其有豸！」〔註149〕齊之言論對江蘇省恢復民元縣市鄉制的運動無疑是一種打擊。

　　因此，就行政官廳之態度來看，其對地方自治之恢復並無誠心。僅無窮盡的討論就把地方自治陷入長期的延宕之中。怪不得江陰縣參事代表費洪聲痛陳到：

〔註145〕《恢復各級自治機關之失望》，《申報》，1916 年 10 月 31 日。
〔註146〕《會議回覆自治問題》，《申報》，1917 年 1 月 26 日。
〔註147〕庸：《自治延宕之眞因》，《申報》，1917 年 2 月 22 日。
〔註148〕《內部分期調查各省自治》，《申報》，1917 年 3 月 29 日。
〔註149〕《蘇鄂滇三省長之自治意見》，《申報》，1917 年 5 月 4 日。

> 吾江蘇之縣自治，繼省自治而組織通訊處，而成立聯合會，茲
> 一年於茲矣。期間請願於省會，省會非不介紹也，而省長則以未奉
> 命令爲辭！請願於國會，國會非不建議也，而開議又以重行組織爲
> 辭！千呼萬喚，尚未產出，……今幸矣，齊省長上意見於内務部，
> 對於自治以組織縣自治爲第一期；五月八日之閣議，又以縣市鄉制
> 決交國會；吾知一轉瞬間，其範圍自治當然產出，吾於未回覆之前，
> 爲自治之舊議員勉急起直追，踵省自治而發起縣自治之研究會，省
> 政既需研究，縣治轉付闕如，可乎哉？〔註150〕

1917年之後，中國政局進入更加動蕩時期，府院之爭餘波未平，又有張勳借
調停府院之爭復辟帝制事件。大總統黎元洪被迫躲進外國使館，江蘇督軍、
副總統馮國璋代理總統職務，聯合段祺瑞聲討張勳。張勳戰敗，馮國璋出任
總統，段祺瑞出任國務院總理和陸總總長，中央政府處於皖、直兩派軍閥的
共同控制之下。兩派實力軍閥共掌政權，爲爭權奪利而勾心鬥角。在此種情
況之下，把地方自治之恢復寄希望於中央政府，無異於癡人說夢。

就江蘇省來看，其仍然把自治恢復建立在呼籲當局認可的基礎之上。有
人在《說江蘇人》一文中，如此批評到：「江蘇人者，事事後於人者也，證之
前例，已不少矣，人皆謂宜急，而江蘇人則曰需之，人皆謂宜急抗，江蘇人
則曰待之，至需之無可需則稍舉焉，至待之無可待，則稍抗焉，此江蘇人之
習性也。雖然江蘇人之習性即中國人習性之代表也，特江蘇人爲中國人中之
尤甚者。」〔註151〕

1918年2月，江蘇省議員李國銓、馬駿「以地方自治恢復在即，此項經
費應長款存儲，以免臨渴掘井」爲由特別提出議案，「咨請省署重申前令，通
飭各縣知事一體遵照」。齊省長根據其請，通令各縣不准挪用。〔註152〕但是，
並不見有恢復自治的跡象。

1918年9月，蘇省長再頒發地方自治編制大綱六條，内容如下：一、上
級自治縣會提前辦理，其選舉應擇限制主義。二、下級自治市鄉會應採取直
接選舉主義。三、應以省議會選舉之資格爲限，以免濫竽。四、權限及公費
均爲限制的，監督機關爲積極的。五、議員均爲名譽職，不准額外增加公費。

〔註150〕《費鴻聲之縣自治感言》，《申報》，1917年5月13日。
〔註151〕訥：《說江蘇人》，《申報》，1918年8月24日。
〔註152〕《自治費不准動用》，《申報》，1918年2月28日。

六、其預算制須經上級官廳照會計法核准。〔註153〕在此一大綱中，可以看到其限制頗多，進一步突出官廳監督的作用。然而，在無實際行動的情況下，此仍不啻於一張空頭支票。

1918 年，在民國政府第二屆總統選舉中，馮、段矛盾尖銳，徐世昌漁翁得利，於是年 10 月出掌中央權柄。以非軍閥背景的徐世昌出任總統，給人以自治恢復的新的希望。江蘇省議會對地方自治的關心也增加了不少，在是年江蘇省第五號議事日程中，即有多項議案涉及地方自治問題，如徐瀛提議請願政府先行恢復縣自治緊急動議案；顧希曾提出請咨電部速定地方自治制度建議案；屠宜厚提議恢複本省縣市鄉自治並聯合各省請求中央速頒地方自治法制案；宋銘勳等提議恢復縣市鄉自治案；盛元音提議各縣應宣佈自治經費案；朱積祺等提議各縣帶徵附稅雜捐，均應切實公佈以維地方公益經費案；顧作賓等提議清查各縣自治經費案，等等。〔註154〕姑且不論議決結果如何，但就如此集中提出議案的情形，即可見地方自治與政潮之間的密切關係。

徐世昌繼位後，首先忙於調停軍閥之間的矛盾，其希圖通過南北議和達到偃武修文的目的，對於地方自治則持暫時擱置的態度。直到 1919 年 9 月，徐世昌政府才頒佈《縣自治法》，地方自治又有復興的勢頭。但是《縣自治法》頒佈後，地方自治並未立即推行。中央政府認爲，當前之急務在於培養自治人才，其方式則是由「內務部擬於中央設一地方自治模範講習所，俟畢業後送回各道以次推行」。對於這一方式，蘇省會議員盧瀚蔭提出異議，其提議江蘇六十縣應自行組織地方自治講習所，無俟中央爲之代謀。又有高議員等提議，「地方自治講習所應由人民組織，以發揮民主之精神」，並在其提案中詳細地分析由中央統一培養自治人才之弊，以及由各地自行培養自治人才的益處。〔註155〕比較中央與蘇議員所提兩者方式，後者更加適合於蘇省，既然自治爲當前之急務，輾轉傳授不如就地辦理爲宜。由此亦可以揣度中央政府的誠意。果不其然，蘇省建議並未被採納，中央仍堅持設地方自治模範講習所，各省選派人員進京培訓。實際情況正如所預料的那樣，自治人才培養的速度明顯降低了。就江蘇來看，1921 年 1 月，方有江蘇金陵、滬海、蘇常、淮揚、

〔註153〕《奉到地方自治大綱》，《申報》，1918 年 9 月 17 日。
〔註154〕《蘇議會之第二次大活動》，《申報》，1918 年 10 月 10 日。
〔註155〕《蘇議會對地方自治之提議》，《申報》，1919 年 12 月 13 日。

徐海五道籌設自治講習分所之說。〔註156〕1921 年 4 月，才有蘇常道自治講習分所之設立。〔註157〕如此培養自治人才，真不知何時才能普及。但是，既然中央有所表示，蘇省紳民也就未放棄恢復縣制的希望，並在此後一個階段又有進一步的活動：

第一、蘇社及其他地方自治組織的成立。

1920 年 4 月 1 日，江蘇地方人士，鑒於本省各項事業，漸落後於他省，遂由張季直、韓紫石、黃伯雨等十八人籌商，分函各地同志，共同發起蘇社。其宗旨在於謀江蘇地方自治之發展，並以實業、教育、水利、交通四者為應，且鄭重聲明，「不涉政黨，不為私人利用，不與官治為敵」。後經各地同志覆函加入，定於 5 月 11 日在南通開成立大會。

松江縣為此建立地方自治籌備會。其宗旨為：甲、促成地方自治，乙、廢除障礙地方自治之制度，丙、研究地方自治學，丁、喚起全縣公民注意地方自治。〔註158〕上海市公民姚文枬請恢復上海南市地方自治，公民吳履平等則要求收還上海閘北兩市自治款產，〔註159〕等等。

第二、江蘇省會議員亦主張恢復地方自治。

江蘇省議會部分議員認為，本年為恢復地方自治的最佳時機，「近段徐失敗，安部逃亡，刷新政治，此其時也。然以武力剷除武力，吾民若不乘此時機，自悟自決，從嚴監督，難保有武力者不再受此客播弄，釀成二次軍閥之爭。」因而提出四點主張：一、裁減軍隊；二、取消軍閥傀儡之舊國會——安福國會；三、恢復縣市鄉自治；四、省縣行政長官，概由民選。對於地方自治的恢復，其表現出更大的熱情，「吾國縣市鄉自治，自被袁逆非法取消後，萬惡官僚，視此為愚弄吾民壓抑吾民之良好時機。故七八年來，從無提及恢復者。共和其名，專制其實，騰笑外人，貽禍蒼生，莫此為甚。宜從速恢復縣市鄉自治，以符共和之實。」〔註160〕

1920 年 10 月，又有關於政府制定自治推行時間表的說法，「政府決定於下月實行地方自治，以本年七月一日起，至本年十二月三十日止，為籌備時期，明年一月起，為試辦時期，明年七月起，為實行時期，至民國十二年十

〔註156〕《籌設道自治講習分所之省批》，《申報》，1921 年 1 月 5 日。
〔註157〕《道自治講習所開學》，《申報》，1921 年 4 月 17 日。
〔註158〕《松江地方自治籌備會章程草案》，《申報》，1921 年 1 月 13 日。
〔註159〕《電請恢復自治》，《申報》，1921 年 1 月 15 日。
〔註160〕《蘇省議員之四主張電》，《申報》，1920 年 8 月 8 日。

二月，爲普及時期，內務部已預備順序，施行計劃，並於九年度預算，增加
地方自治之經費」，等等。〔註161〕不久，內務部又咨行各省，「籌備自治，爲
現在緊要之舉，對於潮流所趨，自須積極進行。各地方所原有之自治經費，
應飭所屬妥爲保存，以待舉辦自治之用。茲定十年一月起，先將縣自治提前
恢復，至十年七月，則各地自治機關，須依次成立，務期恢復二年時自治之
狀況云」。〔註162〕另有電報說：「內部訂明年元旦起，先將省自治恢復，七月
朔起，各地方自治機關，依次成立。」〔註163〕總之，蘇省紳民關於恢復自治
的呼聲在此一段時間充斥文末報端，對當局產生極大影響。

　　在地方自治恢復的聲浪之下，中央擬召開地方行政會議，由各省派代表
討議自治恢復事宜。但對此一行爲人們並不買賬，有人揭露說：

　　　　自治必先有辦法，今日之辦法，中央方召開地方行政會議，待
　　　各省派員赴京，而後會議，會議之後，又須經若干手續，則辦法之
　　　公佈，遙遙不知何日也。

　　　　自治必先有經費，然從前之經費，各地早已挪用罄盡，欲另籌
　　　的款，而各省財政之窮，又如出一轍，則欲經費之有著，又遙遙不
　　　知何日也。

　　　　如此情勢，而欲待官力以希望自治，則自治之恢復，安有希
　　　望！故今日地方人士果熱心自治者，惟有就已成之辦法，固有之款
　　　產，而盡力自謀之，嚮之辦有基礎者，就其基礎而擴張之自治，乃
　　　得早日實現。……〔註164〕

此文進一步揭露中央政府拖延恢復地方自治的行徑。

　　對此，張內長的解釋是，政府對於地方自治並無阻撓之心，主要是因爲
各省對地方自治之範圍要求各有不同，難以制訂一部讓各省都滿意的法令，
因此延宕至今。〔註165〕既然制訂讓各省都滿意的法令被政府視爲當前復活地
方自治的主要障礙，人們的目光開始集中到地方自治法的制訂上。根據中央
命令，負擔此一任務的機構是地方行政會議。1921 年 5 月 6 日，中央地方行

〔註161〕《實行地方自治先聲》，《申報》，1920 年 10 月 23 日。
〔註162〕《政府籌備自治消息》，《申報》，1920 年 11 月 8 日。
〔註163〕《北京電》，《申報》，1920 年 11 月 29 日。
〔註164〕《上海之自治》，《申報》，1921 年 1 月 15 日。
〔註165〕《張內長之選舉自治談》，《申報》，1921 年 2 月 19 日。

政會議召開，第一議案即爲內部提出之《縣自治施行細則》。〔註166〕該條例共21條，對縣自治法的施行做了詳細的規定。〔註167〕同時該會還制訂《縣議會議員選舉規則》、《市自治制》，《鄉自治制》等。但是這些條例很快便引起人們的質疑，江蘇省議員徐瀛於5月28日致電北京內務部地方行政會議，詰問市鄉自治爲什麼反不如前清城鎮鄉自治制。〔註168〕

一個署名「默」的人在《申報》上撰文寫道：「中央新公佈之自治制，在人民視之爲非法，不過一種緩和自治潮流之作用而已，無研究內容之價值也。然即寬一步以論，政府縱有實行自治之誠意，此次行政會議縱爲合法之會議，所議決之自治制縱爲依據民意之自治制。而以自治之原理言之，市之組織各地情形不同，各有個性之存在，非普通市與特別市兩種所能包盡，若必欲強立一法，以範圍一切，表面上非不整齊劃一，然究其實際，則終不能強使一律執行，既行亦足以阻礙其個性之發展。故與其立一有名無實之法，徒供人指摘，則毋寧聽任民自謀之，爲愈蓋欲以自治制緩和自治潮流，用意故非，即欲以自治制迎合自治潮流，亦未爲得也。」〔註169〕

可以說，中央地方行政會議召開並頒布新制，是自治被停止後，中央政府又一次恢復自治的表示，但是因爲新制中官廳因素過於濃厚，因而遭到地方人士的強烈反對，並由此捲入了一場是執行新制還是恢復舊制的爭論之中。

三、新制與舊制之爭

在新市鄉自治制制訂的過程中，蘇議會認爲內政部所召集地方行政會議幾乎被各省省長代表所控制，省議會代表幾無發揮作用之餘地，爲防止被官方利用，蘇省議會首先撤回代表。〔註170〕這實際表明，蘇人對此次會議所制訂新自治制度並不認可，這一點爲此後之新制與舊制之爭埋下了伏筆。事實上，在新自治制頒佈之後，並未馬上付諸實施，就上海縣來看，「今歲九月，始奉縣知事訓令飭調查，如有可以施行自治者，先行認定，切實聲敍呈覆，以憑核轉。當將可以施行自治情形，切實聲覆在案，事隔數月，尚未奉到指

〔註166〕《北京電》，《申報》，1921年5月7日。
〔註167〕吹萬：《北京通信》，《申報》，1921年5月15日。
〔註168〕《南京快電》，《申報》，1921年5月29日。
〔註169〕默：《新自治制》，《申報》，1921年7月8日。
〔註170〕《蘇省會議撤行政會議代表》，《申報》，1921年5月26日。

令施行之期，故尚未著手籌備，合即奉覆。」〔註171〕

　　1922 年 1 月，開始有人在報紙上揭露政府自治言論之虛假。〔註172〕更有人警告，慎勿爲非驢非馬之官僚式的自治所迷惑。〔註173〕根據內政部八月元電，蘇省長對蘇省恢復地方自治的條件及籌備情形作了一個大致的概述：

　　　　查蘇省濱江界海，本爲文化之區，民智開通，多數傾心於自治。
　　惟各縣原有自治經費，前經令飭查覆，均以民國三年自治停辦後，
　　移作他項用途，現圖自治恢復，亟待設法籌還。適值上年各屬水災，
　　地方凋敝，求饑拯溺之不遑，更難別有所籌集，雖同抱依法程功之
　　願，寓多懷無米爲炊之憂。迭經令催各道尹，調查所屬各縣，凡可
　　以施行自治者，均令切實認定具報，其實係被災經費難籌各縣，姑
　　準暫從緩辦，仍隨時籌備進行。茲據各該道尹先後分別呈報前來，
　　本省長覆核無疑。除將未能施行自治之縣，令准暫緩一年爲限外，
　　相應分別開單咨送。所有認定施行自治縣分，即希查照縣自治議員
　　選舉法所定程序，以本年四月一日爲施行日期，轉呈公佈，俾資籌
　　備，實紉公誼。調查表冊，俟另案咨送，合併聲明。〔註174〕

　　經調查，認定之各縣有江寧、六合、句容、溧陽、金壇、上海、松江、崇明、青浦、南匯、金山、川沙、太倉、嘉定、寶山、奉賢、吳縣、常熟、崑山、吳江、武進、無錫、宜興、江陰、靖江、南通、如皋、泰興、淮陰、江都、儀徵、東臺、泰縣、寶應、銅山、蕭縣、碭山等三十七縣，擬請轉呈大總統教令，以本年四月一日爲自治施行日期。展緩之各縣有：溧水、高淳、江浦、丹徒、丹陽、揚中、海門、淮安、泗陽、漣水、阜寧、鹽城、興化、高郵、豐縣、沛縣、邳縣、宿遷、睢寧、東海、沭陽、灌雲、贛榆等二十三縣，擬准暫緩一年施行自治。〔註175〕非常明顯，暫緩者以蘇北各縣爲主，蘇南基本上能夠按時籌辦。

　　根據以上江蘇省長的呈文，其意圖按照內政部所頒新制在江蘇推行地方

〔註171〕《市經董答覆詢問自治函》，《申報》，1921 年 12 月 25 日。
〔註172〕訥：《元旦自治令》，《申報》，1922 年 1 月 4 日。
〔註173〕《恢復自治與市政督辦》，《申報》，1922 年 1 月 17 日。
〔註174〕「以地方自治，所有施行區域及施行日期，亟應呈請公佈實行，囑爲迅速調
　　　　查，將可以施行自治之縣分，先行認定電達，並照調查冊式造具表冊，另案
　　　　送部，其餘暫時未能施行縣分，可俟具有施行之資格時，隨時咨部，呈請公
　　　　佈」。《蘇省施行自治之籌備》，《申報》，1922 年 3 月 3 日。
〔註175〕《蘇省施行自治之籌備》，《申報》，1922 年 3 月 3 日。

自治，這與蘇人要求恢復暫行縣市鄉制（舊制）的呼聲產生衝突。

先是江蘇各縣議會及團體紛紛響應恢復舊制。1922 年 3 月，上海縣議會通函全省各縣議會，呼籲恢復民三被袁氏解散之縣議事會。〔註176〕不久，常熟縣第一屆縣議會議員狄恩霖等致上海縣議會，主張沿用元年制：「緣我國自癸丑以還，地方自治，本由中央以命令停辦，即今日無難以命令回覆，正不必捨舊謀新，強人民以未完善之法制，使各級自治團體，亦如國會之發生新舊疑問也。……翌年（1921）六月，始由部召集地方行政會議，惟於根本法並未遵令修正，謹將縣自治法施行細則，及縣議員選舉規則，省參事會條例，鄉自治與市自治法等草案，提交會議。我江蘇省議會，以所議各法不完不備，當開議省參事會條例時，即電部反對，撤回代表。第三屆省議會成立，復一致否認省參事會預算案，咨還省長，是我蘇對於中央，實無民意公認之地方法案。施行自治，與其強制更張，轉爲省憲期成之口實，孰若暫行舊制，可免另案籌備之紛歧，況停辦之與復活，原爲對待。則主張沿用元年制，似較有充分理由」。〔註177〕吳縣各社團集議，號召恢復舊縣議會。〔註178〕松江、青浦、泰縣、金山、〔註179〕寶山、太倉、〔註180〕阜寧、常熟、〔註181〕沭陽、灌雲、〔註182〕嘉定、太倉〔註183〕等縣，紛紛響應，主張恢復舊制。

江蘇縣議員聯合會的提倡，增加了恢復舊制的砝碼。在 4 月 22 日的會議上，該會提議各縣應取一致態度，方家珍認爲，「地方自治，以議會爲主體，但亦有良否？官治分子多，民治分子少，諸君請注意組織善良之團體，乘此機會，盡力做去」。梁鴻卓則道，「本會主張恢復，不是反對中央命令，只因中央所布之令，不適用於現在。故主張恢復舊會，本會不是命令取消的，是無形解散的，最要之點，在主張恢復自治之決心，積極進行，咨請省長，恐未必違背民意。」陳傳德說：「各省比較起來，以江蘇自治爲最善，現在遵照命令做事，從前是停頓，現在是繼續，並無違反命令之處，以本人地位論，

〔註176〕《江蘇自治之鼓吹聲》，《申報》，1922 年 3 月 16 日。
〔註177〕《贊復地方自治意見書》，《申報》，1922 年 3 月 20 日。
〔註178〕《恢復舊縣議會之運動》，《申報》，1922 年 3 月 30 日。
〔註179〕《又有四縣主張恢復縣自治》，《申報》，1922 年 4 月 6 日。
〔註180〕《恢復縣議會之繼續響應》，《申報》，1922 年 4 月 9 日。
〔註181〕《又有三縣贊同恢復縣自治》，《申報》，1922 年 4 月 13 日。
〔註182〕《關於恢復縣議會之函牘》，《申報》，1922 年 4 月 15 日。
〔註183〕《又有二縣贊成恢復縣議會》，《申報》，1922 年 4 月 16 日。

恢復職權，亦是人民應盡之義務。」〔註184〕據此，縣聯合會擬派代表赴省、請願一致恢復舊制。〔註185〕同時，江蘇縣議會聯合會還致江蘇六十縣各法團函電，請求主持公道，協力進行恢復民元舊自治制。〔註186〕並要求江蘇諸父老昆弟讚助。〔註187〕5月22，縣聯會代表赴南京省議會，其以「自治新制，官治太重，民治太輕」，請願恢復舊自治制。〔註188〕

其中，亦不乏個人與輿論界的呼吁，如松江教育會會長張芝請恢復舊縣市鄉議會。〔註189〕國聞通訊社亦云，「推行自治之實行方法，各方面尚多意見，最重要者，即一部分人士，頗以為政府所頒行之自治法規，實係違法性質，宜由蘇省議會自訂法條，以重民意」。〔註190〕

對於新制與舊制之爭，有人指出「近者蘇省以自治之施行，起官民之爭執，在人民方面，則要求恢復元二年之條例，在官廳方面，則籌備中央行政會議議決之條例，蓋一則欲實行民治的自治，一則欲製造官治的自治，根本相差過甚」。〔註191〕時人曾如是評價：「地方自治一問題，究竟何時解決乎？縣自治也，民曰恢復，官曰新組；自治籌備處章也，民曰單行章程，官曰部令；特別市自治也，民欲速復，官則主緩」。〔註192〕其生動地反映了當時官民之間在自治恢復問題上的激烈矛盾。

1922年7月，內務部頒布新的市自治施行細則，〔註193〕江蘇省要求恢復舊縣制的呼聲也隨之鵲起。江蘇縣議員聯合會上書韓國鈞省長，請求恢復縣議會。〔註194〕韓國鈞比較支持縣聯會建議，但認為應待省議會召開並討論之後行之，韓的允諾讓蘇人看到了一絲希望。〔註195〕

9月12日，江蘇縣議員聯合會致電北京眾議院要求迅速議決恢復舊自治

〔註184〕《江蘇縣議員聯合會紀》，《申報》，1922年4月22日。
〔註185〕《江蘇縣聯會致省會電》，《申報》，1922年4月25日。
〔註186〕《縣聯會致全省各公團函》，《申報》，1922年4月29日。
〔註187〕《江蘇縣議員聯合會繼續開會宣言書》，《申報》，1922年4月29日。
〔註188〕《縣聯會代表赴省請願》，《申報》，1922年5月21日。
〔註189〕《恢復舊縣市鄉議會之請議》，《申報》，1922年4月16日。
〔註190〕《蘇省自治問題》，《申報》，1922年3月27日。
〔註191〕《提議制定江蘇自治單行條例》，《申報》，1922年5月2日。
〔註192〕無用：《問力爭地方自治者》，《申報》，1922年4月11日。
〔註193〕《內務部新訂市自治施行細則》，《申報》，1922年7月22日。
〔註194〕《請求恢復縣議會之新進行》，《申報》，1922年7月24日。
〔註195〕《縣聯會請願代表返滬》，《申報》，1923年7月28日。

制案，其中轉述 8 月 16 日眾議員張善與提議恢復縣自治一案，「公道在人，深慰海內喁喁之望，嗣付審查，尤殷翹企，乃時逾浹旬，尚未公決。今日閱報，悉貴院定於 18 日閉會，而此案尚在懸擱，殊深惶駭。總之，同屬議會，貴會兩次恢復，省會一次恢復，獨令縣會嚮隅，不平孰甚。當此憲法尚在審議，正式縣制未定以前，惟有恢復非法停辦之各省縣自治，藉以發展民治。伏乞貴院將此案，於閉會前議決，以符法案，而順輿情，自治幸甚！全國幸甚！」〔註196〕

不久，江蘇縣議員聯合會又函電內務部，擺明了對新自治制的看法，「縣自治法為第二屆國會所議決，而縣議員產生之選舉規則，僅由貴部擬議，業經公佈在案。惟比者第三屆國會議員，尚以徐大總統退位而同歸無效，則此項縣自治法，人民更無公認之理由。況參眾兩院，合開憲法審議會，縣制問題，正在討論起草，第三屆開會時，必有解決。然則縣自治法於法律上、事實上，苟屬可行，兩院亦何必另行審議，其為不承認明甚。應請貴部對於各省省長咨請遵行新自治制時，加以鄭重考慮，靜侯國會解決，勿謂案關公佈，將來決無紛擾也。自治幸甚！全國幸甚！」〔註197〕 10 月 18 日，江蘇縣議員聯合會致參眾兩院江蘇議員電，請其在第三屆國會常會中，提議恢復地方自治機關。〔註198〕

在縣聯會堅持不懈的努力下，恢復自治制之呼聲產生了一定的效果。10 月 20 日，江蘇省署電令委派內務部模範講習所畢業學員金克榮赴各縣，對各縣有關水利、風俗、交通、農業、教育、衛生、地方款產、保衛團、慈善事業、清查戶口等自治事項進行調查，以為自治恢復之張本。〔註199〕 蘇省議員楊而墨等提出折中辦法，各縣市鄉議會，應否恢復原有議會，抑依新頒法制重新組織，宜聽各縣自決。〔註200〕 最終，江蘇省議會議決，擬於 1923 年 1 月 1 日恢復舊制。〔註201〕

同時，此事還得到江蘇省參眾議員的支持，在其致上海縣議會的函電中，明確指出贊同蘇省恢復自治，並在京積極運動。〔註202〕 同時指出「內務部所

〔註196〕《縣議員聯合會致北京眾院電》，《申報》，1922 年 9 月 13 日。
〔註197〕《縣議員聯會對新自治制意見》，《申報》，1922 年 9 月 24 日。
〔註198〕《縣議員聯合會致國會蘇議員電》，《申報》，1922 年 10 月 19 日。
〔註199〕《實行地方自治之先聲》，《申報》，1922 年 10 月 26 日。
〔註200〕《舉辦自治通融辦法之提議案》，《申報》，1922 年 10 月 27 日。
〔註201〕《恢復縣會聲中之又一辦法》，《申報》，1923 年 1 月 31 日。
〔註202〕《參眾議員贊同恢復自治》，《申報》，1923 年 1 月 10 日。

訂條例，未經國會議決，當然無效。現由省議會議復舊縣會，係本省單行法，能否支用縣款，應由各地方自決，尚希尊重民意，立予回覆。」〔註203〕

但是，蘇省長韓國鈞因中央未頒明令而陷入猶豫不決的狀態，此一態度對蘇省自治的恢復產生決定性影響。先是韓省長僞造省議會議長徐果人的私函，「通令六十縣知事禁阻縣會動支公款」，〔註204〕後是韓省長提出另一個辦法，即仿照山西辦法，辦理村自治。〔註205〕可以說，後一種辦法既不違反中央命令，又對蘇民有所交代，可謂兩全其美。但實際上已有不少縣份根據省議會的決議進入實質性恢復階段，「現蘇省各縣縣議會，於本月已開會者，計有三十七縣。」〔註206〕其已難以忍受這種長久拖延不決的狀態。

既然省長是在等待中央明令，縣議員聯合會又轉而加強對中央政府的籲請，請其依照恢復自治原案從速公佈，並對政府不恢復舊制的兩個理由進行批判。〔註207〕2 月 30 日，江蘇縣議會聯合會，又分致南京韓省長、北京內務部電，催促其恢復舊自治制。〔註208〕在是年 3 月 30 日的蘇社大會上，有社員提議說：「去歲十一月九日，省議會又議決恢復，逕咨省長，省長不負責任；咨請內務部核議，延宕至今。本年二月三日，眾議院又咨催政府公佈恢復自治。總之，蘇省自治，議員任期未滿，自應繼續有效。如謂單行制不能全國統一，試問各省省議會是否單行制，此案凡在蘇人，亟應共同援助，毋令官廳遏阻。蘇籍國會議員既已一致贊成，豈吾社諸父老反置之度外乎！」〔註209〕可以說，蘇社的加入使恢復舊制的力量進一步壯大。

同時，蘇人對蘇省長不敢於負責的態度表示不滿，〔註210〕在 4 月 18 日

<hr/>

〔註203〕《參眾議員電促回覆自治》，《申報》，1923 年 1 月 11 日。
〔註204〕《恢復縣會聲中之又一辦法》，《申報》，1923 年 1 月 31 日。此一事件很快便被揭露出來，縣聯會曾通電如是說：關於自治恢復問題，「韓以不利己身，百端遏抑，據捏名徐果人僞函，通令全省禁支公款，迨徐聲明，迄未撤銷，已成故意行爲」。《縣聯會催復自治之通電》，《申報》，1923 年 4 月 21 日。
〔註205〕《恢復縣會聲中之又一辦法》，《申報》，1923 年 1 月 31 日。
〔註206〕《縣會聯會致蘇籍國會議員電》，《申報》，1923 年 1 月 31 日。
〔註207〕《縣議員聯合會致眾議院電》，《申報》，1923 年 2 月 27 日。
〔註208〕《縣議會聯會催復自治之近電》，《申報》，1923 年 3 月 1 日。
〔註209〕《蘇社社員整理省政之意見書》，《申報》，1923 年 3 月 30 日。
〔註210〕對於自己的態度，韓國鈞曾屢次以部令示眾。（《省長咨詢恢復自治之難點》，《申報》，1923 年 5 月 14 日；《蘇省長請復縣自治之部覆》，《申報》，1923 年 5 月 15 日；《恢復縣自治之省署覆函》，《申報》，1923 年 5 月 30 日。）表示自己有不得已的苦衷，但是其對恢復自治態度之不堅決，已甚爲明顯。

江蘇縣聯會大會上，主席李味青指出，省長對於恢復縣議會問題，全無誠意。
有人提議重行請願省議會恢復自治；有人請省議會彈劾省長，並向國會請議
查辦；也有人主張各縣自行定期開臨時會，並分別質問省長及向省議會請願；
還有人要求通電在京同鄉贊助，這些提議，皆獲多數人贊成。〔註211〕

　　與省長相比，省議會表現的比較積極，6月11日，江蘇省議會議決恢復
縣議會，並逕咨省長執行。〔註212〕在省議會的支持下，江蘇省縣聯合會開會，
一面致電省長迅速恢復自治、一面致電各幹事出席會議討論辦法。〔註213〕並
公推李味青等三人赴寧向省署催請恢復自治。〔註214〕在多方壓力下，韓省長
正式通令六十縣知事，恢復縣市鄉各級自治。〔註215〕省令下達之後，縣聯會
即通告各縣派代表赴滬，公同討論恢復自治後之進行辦法。〔註216〕至此，蘇
省各縣恢復舊制已成大勢所趨。

　　至此，新制、舊制之爭暫告一段落。在此一階段，蘇省地方精英以各種方
式與行政官廳展開博弈，並最終獲得了勝利，其進一步彰顯民氣上昇的事實。

四、江蘇各級地方自治的「黃金時期」

　　在縣自治恢復的過程中，縣聯會仍然起著主導作用，其不但負責各縣恢
復自治過程中疑義的解釋，〔註217〕而且還直接指導各縣自治事務的籌辦，以
爲各縣在恢復舊制時爭取最多的權利。〔註218〕

　　1923年8月，江蘇省署頒佈縣市鄉選舉期限表，〔註219〕根據此項期限

〔註211〕《江蘇縣聯合開會紀》，《申報》，1923年4月20日。
〔註212〕《省議會議決恢復縣議會電訊》，《申報》，1923年6月12日。
〔註213〕《恢復自治聲中之縣聯會要訊》，《申報》，1923年6月14日。
〔註214〕《縣聯會代表催請恢復自治》，《申報》，1923年6月22日。
〔註215〕《南京快信》，《申報》，1923年6月23日。
〔註216〕《省令恢復自治後之縣聯會電》，《申報》，1923年6月25日。
〔註217〕《恢復縣議會後之疑義》，《申報》，1923年7月6日；《縣聯會解釋縣制》，
　　　　《申報》，1923年7月18日。
〔註218〕《電請詮釋參事會與知事權限》，《申報》，1923年8月27日。
〔註219〕具體內容爲：甲：辦理市鄉選舉事宜期限表：縣知事查明所屬應辦選舉各
　　　　市鄉分別揭示並呈報，九月十日止；選舉人名冊成立，十月二十日止；宣
　　　　示人名冊，十月二十二日；本人聲明錯誤遺漏及請求更正，十一月十一日
　　　　止；乙級投票，十二月二十一日；乙級開票，十二月二十二日；甲級投票，
　　　　十二月二十三日；甲級開票，十二月二十四日；榜示當選人姓名，及知會
　　　　書，十二月二十五日；當選人答覆應選，或答覆應何級之選，十二月三十
　　　　日止；縣知事發給當選執照，並呈報省長，十三年一月八日止；議員會集

表，蘇省的縣自治恢復工作進入到實質性階段。在自治恢復過程中，因各縣
自身情形不同，不免有參差不齊的現象，「茲查頒定市鄉選舉事宜期限表內
列縣知事發給當選執照，並呈報省長，以一月八日爲止；縣選舉事宜期限表
內列縣知事分配各選舉區應選議員額數，發出選舉告示，並呈報省長，以一
月十三日爲止。現在限期已滿，而各縣具報者尚屬少數，甚至已經成立者，
應補辦各縣，亦有延不具報。如此玩視要政，殊屬不成事體」，因此，省署
通飭各縣「合在通令嚴催，凡各級自治原未成立各縣，務遵表列期限遵辦；
必須展期辦理者，統限於文到三日內，將不能如期遵辦理由，詳細具報侯
核」。〔註220〕如蘇州就發出恢復市議事會的通知，其文如下：

　　逕啓者，

　　案準吳縣公署函開本年六月二十日奉江蘇省公署第 5541 號訓
令，迭准省議會咨請恢復舊縣市鄉議會。查縣市鄉各級自治爲民治基
礎，徒以新舊法制爭執久未解決，茲準省議會以根據去年建議案，應
將各縣市鄉議會先以省令恢復，討論結果，多數贊同，答覆前來，自
應查照，將民國元二年間全省縣市鄉制各級自治一律恢復，合亟通令
各該縣知事遵照辦理，……查縣市鄉各級自治爲民治基礎，前經停辦
茲準前因，理應即時恢復，茲於本年七月一日遵照省令將蘇州市議事

互選正副議長並總董董事及名譽董事或鄉董鄉佐，一月十三日止；議長將
議事會選舉總董姓名履歷及得票數目冊，呈報縣知事，申請省長任用，及
呈請縣知事任用鄉董鄉佐，給予執照，並由縣知事申請省長存案，一月十
八日止；縣知事給予總董事及名譽董事市鄉董佐執照，一月二十三日止；
議事會開會，二月二十一日。左列期限，凡新選及期滿改選者，照此辦理，
其補選而同時人名冊尚未逾選舉期限者，仍應適用舊人名冊，其舊人名冊，
已逾限期，或已減失者，均照規定期限辦理。乙：辦理縣選舉事宜期限表：
縣知事分配各選舉區應舉議員額數，發出選舉告示，並呈報，十三年一月
十三日；選舉人名冊告成，二月十三日止；宣示人名冊，二月十五日；本
人聲明錯誤遺漏及請求更正，三月七日止；投票，四月八日；開票，四月
九日；榜示當選人姓名並呈送縣知事，四月十日；縣知事發通知書，四月
十一日；當選人答覆應選，四月十六日；發給當選執照，四月十九日；議
事會互選議長副議長及參事員，四月二十六日。左列期限，凡縣市鄉議會
未成立地方，應即如限舉辦，其有市鄉議會，已完全成立，而縣議會未成
立者，得將縣選舉提前籌辦，由縣知事查照表列期限，依次縮短，分別開
具日期，呈報侯核。《省長定辦理縣市鄉選舉期限》，《申報》，1923 年 8 月
31 日。
〔註220〕《通飭各縣趕辦自治之訓令》，《申報》，1924 年 1 月 21 日。

會恢復，除呈報恢復日期外，相應函請，查照。此致蘇州總商會

蘇州市議事會啓　七月二日〔註221〕

在縣自治恢復過程中，縣聯會以自治籌備處原爲奉行新自治制而設定，現在該機構對於各縣解釋法案，枝節橫生，是對地方自治推行的障礙物，請求裁撤。〔註222〕該請求很快得到省署的同意，〔註223〕此又是民氣大張的一種表現。對於自治恢復態度消極各縣，縣聯會亦加以督促，「南通、江寧等八縣縣知事玩視通令，延不舉辦自治機關，昨（十日）呈請省長屬行自治」。〔註224〕

至此，江蘇已有五十二縣恢復舊制。此後一段時間，可視爲江蘇地方自治推行過程中的「黃金階段」。之所以有此結論，主要證據有二：第一，因爲民元舊縣市鄉制本身具有較強的自治精神，現在各縣自動恢復，原有議員亦自動復職，少了選舉不法，多了實際效果。第二，各縣市鄉自治機關，在經過長時間的停辦之後，更加珍視這來之不易的恢復，其大部分能夠就本地方之自治事務，切實辦理，取得一定成績。

以下就恢復初期的松江縣市鄉自治機關的活動爲例做一簡單分析：1923年 10 月 13 日，松江市議長吳前樞，總董閔飛，爲辦理選舉，及市鄉附稅問題，召集二十四市鄉議董聯席會。其中主要議案如下：

4-2-1：1923 年松江市二十四市鄉議董聯席會議決案統計表

議　　　　案	決　　　　議
縣市鄉選舉調查，應取如何方針案	縣市鄉選舉調查，一致取嚴格主義，核實調查。
縣知事行文各市鄉議董會，應用照會案	應根據民國二年，經省議會修正之暫行市鄉制第一○六條辦理。
郁崇光提議組織市鄉聯合會案	就松市公所，設二十四市鄉聯合會，推吳叔子起草簡章。
蔣薇章、陸元爵、楊紹時提議，撤銷自治委員案	由未移交各市鄉，函知縣署，請知照各自治委員即行移交。

〔註221〕《本地七月一日起恢復議事會通知》，蘇州市檔案館藏，蘇州商會〔民國〕檔，I14-002-0127-054。

〔註222〕《縣聯會請裁自治籌備處》，《申報》，1924 年 1 月 5 日。

〔註223〕《自治籌備處已裁撤》，《申報》，1924 年 2 月 11 日。

〔註224〕南通、靖江兩縣，舊時向有縣市鄉自治機關，迄今並無舉動；江寧、六合、江浦、淮安、宿遷、揚中六縣，舊時尚無自治機關，現亦延宕不辦。《縣聯會呈請屬行自治》，《申報》，1924 年 2 月 11 日。

蔣薇章、楊紹時、陸元爵提議，將附稅款產歸自治機關管理案	由漕涇、張澤、葉榭、泗涇、錢河、小西涇、龍興、亭林、五庫、金山衛等市鄉，用戴怡僧君呈稿，請縣□執行。
聯合會經常費案	由各市鄉將縣立工場借款四千之息金三百二十元，作爲經常費用。

資料來源：《市鄉議董聯席會議紀》，《申報》，1923 年 10 月 14 日。

　　此次會議對於松江縣市鄉自治的恢復，有著極爲重要的作用，其如選舉調查的指導思想、行政官廳與自治機關之間的行文格式、肅清官治弊端、增加自治經費來源等幾個方面確立了恢復時期的重要原則。

　　1924 年 1 月 1 日下午，松江市議會開臨時會，議案如下：

4-2-2：1924 年松江市議會臨時會議決案統計表

議　　案	決　　議
審查員報告收回米捐案	審查員報告書，照案通過，應請董事會酌定辦法，妥速進行。（三讀會省略）
董事會交議追繳金山勸學所拉租案	應請董事會開明細賬，再行嚴追。
董事會查覆收回壽嗣雙延局辦理棘手案	該案即據董會報告，催請縣署論保召佃，仍無消息，應請董會依法訴追，以重市產。
董會查覆驗看電燈公司合同案	該案前經電燈公司請定合同，現接吳董報告，該公司所執合同並非正式，應由董會另訂辦法，或收回自辦，或與該公司續訂合同，請擇一辦理。
董會交議接收鹽基地，應否樹立界石案	該案前經會期內決定，請董會收回樹立界石，自應查照前案辦理。
董會交議歸出警所市有各捐，呈請縣署久擱不復，如何進行案	市款異常支絀，市有各捐，應請董會剋期再催縣署，請於本年一月一日起，劃歸本所接收。
董會查覆收歸穀水道院，請定入手辦法案	該案應請董會查照本會三讀議決案，從速收回，自定入手辦法。
董會駁覆清潔河道案	該案董會覆稱，頃據報告，究係何人，又稱該地係宋吳二姓自產，有何契據驗看，模糊答覆，本會無從核議，至覆稱本會議案似誤，應毋庸議等語，似與市鄉制規定權限不符，礙難承認，當即退回。
董會交議電燈公司收費案	俟本市電燈，由本會訂定辦法後，再行核辦。

董會交議修理南門水關橋梁案	該橋既當南內要衝，自應從速估價修理，以重路政。
催請董會速交本會審查預算案暨輔德預算案	本年度預算，前經本會審查，復交董會核覆在案，現常會已滿，尚未覆到，本屆預算，無從結束，現定於本月十五日再開臨時會，請董會於十日以前，將預算案交到，以便油印復議，至輔德預算，亦請一併提出，庶本所預算案，得以完全成立，俾便結束呈報。

資料來源：《松市議會開臨時會》，《申報》，1924 年 1 月 3 日。

　　通過市議會十一項提案的議決情形來看，其嚴格按照議行分立的方式進行，當議事會、董事會在清潔河道產生不同意見時，出現駁覆與退回的爭執，自治機關顯示出較強的獨立人格。當行政官廳在收回壽嗣雙延局一事拖延不辦時，議事會議決由董會依法訴追，這種維護自身權益的自覺意識是自治精神發展的表現之一。另外，預算、自治經費問題仍然是議事會討論中的主角。

　　松江縣參事會是在縣議會之前召開的。1924 年 1 月 6、7 兩日，松江縣參事會連續召開會議，其主要討論金山衛鄉選舉人李楠申訴選舉爭議請公斷無效一案，在縣參事會的審查下，其對李楠申訴一案嚴格按照自治法規進行解決，被訴當選人姚崇德，是現任松江縣警察所檢查員，為警察官吏之一，應判當選無效。〔註 225〕

　　松江縣第一次縣議事會不久亦召開臨時會，這次臨時會共開五次會議，一次舉行開會式，四次大會討論提案。開會式於 1 月 10 日舉行，〔註 226〕12 日、14 日、16 日、19 日召開四次大會，四次大會共討議 32 次，現將主要議案列表如下：

4-2-3：1924 年松江縣議事會部分議決案統計表

提　案	決　議
1 縣署交議籌集戶籍經費，帶徵忙漕串捐案	朱文彥以本案既已規定開辦經常等費，自屬省辦性質，毋庸縣費補助；李修則以前清政治雖屬惡劣，然永不增加人民賦稅定案，尚屬差強人意，況縣署徵收忙漕手數料每元四分，實用只二分八釐，今議會恢復，不但所餘之一分二釐不予發還，以欲增加人民負擔，無異加議員以惡名，本席實難承認；周樸請以成立不成立付表決，多數起立，認為不成立。

〔註 225〕《參事會連日開會記聞》，《申報》，1924 年 1 月 8 日。
〔註 226〕《縣議會正式開會》，《申報》，1924 年 1 月 11 日。

2	縣署交議煙案發封房屋，如何執行處分案	李修則以本署交議意旨，實欲使縣警察所得一鉅款收入，本席極端反對；朱文彥以沒收房屋，房屋非供犯罪之物，自屬非法處分，本席認爲應即啓封發還，主席主付法律股審查，多數起來贊成。
3	縣署交議十二年度縣經費經臨門預算案	主席主付全體審查，多數可決。
4	縣署交議漕糧帶徵經費案	李修則以警費應取省款，萬無增加人民負擔之理，況本縣無漕田畝不在少數，若照原案辦理，事涉偏枯，尤難承認；朱文彥贊成李說，主席即以李說付表決，多數贊成，認爲不成立。
5	縣署交議補列縣農事經費預算案	蔣議員認爲農場爲縣有事業，應由縣費擔負，主席擬與十二年度預算案並付審查，眾無異議。
6	煙案發封房屋如何執行案審查報告	周復謂，本案照法律論，房屋本非犯罪物，照事實論，係縣知事查封後之處分方法，就事論事，該項房屋，應由市鄉董估定價格，呈報縣署處分，該款充市鄉公益，主席以此表決，多數贊成，即付三讀書，修改爲「議決煙案發封房屋，由縣知事委任各該市鄉董，估定價格，呈報縣署處分，該款充所在地市鄉公益之用」。
7	十二年度縣經費經臨時門預算審查報告	陸家麟以經常門內，銀行息典當息等款，均未列入，不啻是張一覽表，主即退回，周復主照審查報告，由本會備文退回，主席以周說付表決，全體贊成。
8	李修則提議催促縣志纂修，從速出版，緊急動議案	（初讀）周復、陸家麟主逕咨縣署，結果議決，由會備文函詢縣署，將縣志纂修情形，及遲不出版之理由，答複本會。
9	陸家麟提議開辦縣道案	周復、周樸、李修則，均以縣道當然要辦，惟須要先有詳細計劃，主由原提議人提出計劃書，交會再行討論，主席付表決，全體起立。
10	公民胡常惠請議組織縣市鄉公報案	周復主張成立，付請議股審查。主席付表決，全體贊成。
11	吳在棟提出緊急動議，十二年度預算，應否依照十一年度決算以示限制案	陳家麟、周復、李修則、吳在棟相繼發言，討論結果，公決由會通知縣署，於十二年度預算尚未成立以前，除警察費外，暫照十一年度預算動支，其議參兩會及常任委員經費，由縣款產績存項下借撥，（連帶二三讀會均通過）。
12	催繳奉賢金山拉租案	公決由會備函通知縣署，向該縣將說收本縣教育及善堂租款，連同存息，盡數趕速歸還，以遵省令。

13	本縣各項公益應定分存辦法案	陸家麟謂銀根緊急時，地方公款，存在一處，非常危險，故主分存各處；陸錫爵以常任委員細則中，定有辦法，可不必立議案；李修則贊成分存；周復謂，對於分存辦法，可由常任委員規定，惟檢查係本會職權，自應實施；陸家麟主由財政股檢查。主席表決結果，由財政股內互推四人為檢查員，會同常任委員檢查各項款產，至公款分存辦法，由常任委員接收後，自行規定，報告本會（連二三讀均通過）。
14	撤銷松江醫院案	周復謂，究竟該院是否繫屬縣立，內容如何，應先審查，沈純潛贊成周說，結果認為成立，交付財政股法律股，合併審查。
15	葉榭鄉第一小學改設松立第七小學案	因提案人漏簽名字，決於散會後補簽，列入下屆議程。
16	設置初級中學案	公決交教育股審查。
17	選舉慈善款產董事案	選舉四人，用記名連記法投票，開匭結果，（略）。
18	選舉七縣學校聯合會會員案	投票選舉，結果，略。
19	縣知事提出常任委員，徵求同意案	投票表決，結果，略。
20	錢維桂等提議撤銷六磊堂鰲卡緊急動議案	公決由會電請省署及財政廳迅予撤銷，以蘇民困。
21	楊正青等提議電請省署修理金山嘴海塘緊急動議案	公決由會電請省長將該塘損壞各段，趕緊興修，一面函請致縣署將歷年帶徵之海塘經費，積存若干，存放何處，函覆本會。
22	草擬松江縣議會堅持規則緊急動議案	討論結果，先以該規則成立不成立付表決，大多數贊成成立，再以該規則交法律股審查付表決，仍多數成立。
23	葉榭鄉第一小學添設高級部，改為松江縣公立第七小學案	公決成立議案，付教育股審查。
25	復議縣署交議籌辦戶籍經費案	辯論終局，決由本會函請縣署，將戶籍經費撙節規定，再行交議，多數可決。
26	提議活典田畝錢洋計算問題案	公決付全體審查員實地審查。

27	白沃鄉請議本會，公斷該鄉與泗涇鄉區域爭執案	李修則、朱文彥主維持現狀，以牛涇港爲界；屠少波則以保之區域，爲鄉界區域。結果決由本會將原提案意見書，咨會泗涇、白沃兩區繪圖貼說，送交本會，再付法律股審查。
28	參議兩會，及常任委員經費案	決照原案刪除零數動支，常任委員經費，則以前款產處原有開支，由各員就職後編制預算，交會核議。
29	李議員芳鏞辭職案	公決照准。
30	審查報告籌設初級中學案	公決照原報告請縣令行教育局，於下年度列入預算，交會核議。
31	審查報告組織縣市鄉公報案	公決以縣公報名義，由縣公署發行。
32	審查報告撤銷松江醫院案	公決照審查原案，即日撤銷縣立兩字，補助於本年度爲止，於十三年度編制預算時再行改組，一面由會函致該院，切實改良。

資料來源：《縣議會開第一次臨時會》，《申報》，1924 年 1 月 13 日；《縣議會第二次大會》，《申報》，1924 年 1 月 15 日；《縣議會第三次大會紀》，《申報》，1924年 1 月 17 日；《縣會第四次大會》，《申報》，1924 年 1 月 20 日。

　　根據上表可以看到，此次會議提案涉及預算、教育、慈善、公益、自治經費、賦稅徵收、訴訟爭端等地方事務的各個方面，自治機關顯示出更加獨立的人格與精神，主要體現在以下幾點：

　　第一、對行政官廳不合理之提議進行否決。因縣署交議之籌集戶籍經費帶徵忙漕串捐案、漕糧帶徵經費案徒增人民負擔，不利於人民生計，而皆遭到縣議事的否決。十二年度縣經費臨時門預算在審查時，發現銀行息典當息等款均未列入，因由議事會公決備文退回。

　　第二、爲地方公益積極請願於當局。當錢維桂等提議撤銷六磊堂釐卡緊急動議案時，得到多數議事會議員的支持，最後公決由會電請省署及財政廳迅予撤銷，以蘇民困。

　　第三、嚴格按照自治法規定程序辦事。議案一般要經過三讀會方能決議；對於需要審查之提議，成立相關股進行審查；通過投票選舉產生各種公職職員。最爲明顯的例子則是：葉榭鄉第一小學改設松立第七小學案，因提案人漏簽名字，即被推遲到下屆議會議程，並責令於散會後補簽。對於程序的重視，本身就是一個極大的進步。

　　總之，地方自治機關恢復之後，其能夠嚴格按照章程行事，顯示出地方

士紳對自治含義理解的進一步加深。這種良好的態勢一直保持到1924年9月江浙戰爭爆發，在此之後，戰禍成爲阻礙江蘇地方自治事業發展的夢魘，各縣市鄉不得不把地方治安作爲自保的重點。需要指出的是，此一階段江蘇省所推行的自治——無論自治機關、還是自治職員——多是對1914年停罷前自治的恢復，這種情形決定了地方管理權仍然把持在少數人手中的事實。對江蘇基層社會秩序衝擊最爲嚴重的是1927年北伐軍的到來，革命者不但要在軍事上打破北洋軍閥的割據統治，還要在政治上建立新的統治秩序。打倒土豪劣紳及其擴大化，對傳統鄉村秩序產生強烈的震蕩，也爲新型管理者滲透基層社會鳴鑼開道。當以黨部爲主體的革命者紛紛進入基層社會時，基層社會的整合不免打上了濃厚的黨化色彩。

五、一個特例：南通地方自治

在江蘇地方自治陷入沉寂之時，南通卻一枝獨秀，成爲推行地方自治的模範，這與張謇兄弟積極務實的精神、堅忍不拔的毅力有著密不可分的關係。「南通事業俱爲張氏昆仲心血所創，無不與之有關係，其次序，先實業、次教育與慈善、再次交通市政與自治等，有條不亂，故至今沛然可觀，大生紗廠爲商業之母，通海墾牧爲農墾之母，代師爲教育之母，此三項事業，人才經濟皆富，所以生出其他各項事業也。」〔註227〕其中，又以張謇的苦心孤詣爲主。

（一）徘徊於中央、地方之間

清末之際，張謇已經把地方自治視爲發展中國的重要途徑，但其建議並未得到清廷的重視，乃退而以南通爲實驗點，以實現其村落主義。「蓋欲辦自治必興教育，欲興教育必需經費，欲籌經費必當自實業」，在此情況下，大生紗廠應時而生。大生雖歷經波折，但因得到張之洞、劉坤一等封疆大吏的支持，張謇仍然能在經費極端支絀的環境下爲南通打拼出一片天地，並且能夠「以餘利創辦各項事業」，當清廷頒佈地方自治章程之後，南通積極響應，「市鄉俱已採行，及民國又有縣議會之產生」，〔註228〕地方自治中斷之後，張謇仍然堅持村落主義不懈，力圖把南通打造成一座模範城市。

〔註227〕南通自治會編：《二十年來之南通》，南通縣自治會中華民國二十七年印行，第21頁。

〔註228〕南通自治會編：《二十年來之南通》，南通縣自治會中華民國二十七年印行，第19～20頁。

　　根據北洋政府時期張謇的活動，其行止可以分為兩個階段：1912～1915年間接或直接參與新的中央政府時期；1916～1926年返回南通經營村落主義時期，後一階段又可以1920年12月南通縣自治會的成立為分水嶺，前一時段為張氏兄弟獨創南通自治之階段，後一個時段則為眾紳推行南通自治之階段。

　　作為袁世凱的積極支持者，當袁世凱踐位以後，張謇並未馬上參與新政府的組建，而是以在野的身份與新政府保持著密切的關係。章開沅先生列舉他此時的三項重要活動：第一、積極為袁世凱政府組建政府黨——共和黨，以與同盟會相抗衡，隨著國民黨的組建與實力的增長，該黨與梁啓超發起的民主黨合組為進步黨；第二、積極為袁物色得力助手，其中以拉攏梁啓超、岑春煊為主要表現，梁啓超因張謇等人的積極「疏通」與造勢得以順利從日本歸國，並開始傾向於袁政府；岑春煊則因為對袁世凱政府的顧慮而婉言謝絕。第三、協助袁世凱接收南京政府和裁撤南方剩餘的革命軍隊，在莊蘊寬入主南京的同時，1912年6月14日，黃興結束南京留守府，並大力裁減革命軍隊，以上史實皆與張謇有著密切的關聯。〔註229〕

　　在新政府的組建階段，張謇雖然保持著超然的姿態，但卻是以積極支持袁世凱政府的面貌出現的，此種對袁政府積極支持的態度讓他獲得充足的政治資本：中央以袁世凱為奧援，地方上以程德全、莊蘊寬為依託，通海地區則處於三哥張詧的控制之下。這些良好政治關係為他下一步經營南通地方自治打下了堅實的基礎。

　　張謇謝絕擔任新政府的職務，固然與他的政治興趣淡然有關，同時也與該年一次與李提摩太的會晤有關，在這次談話中，李認為：「中國非真能實行普及教育、公共衛生、大興實業、推廣慈善，必不能共和，必不能發達。行此四事，一二十年後，必儕一等國，能行二三事，亦不至於落後三等國，此比練海軍為強，究竟有幾省能試行否？」張謇猝無以應，勉強答之曰：「或者沿江各省州縣能行者，但一時不易偏及耳。」李云：「有二三處作模範即善」。〔註230〕此次談話對張謇的震動較大，並進一步強固了他要以南通為試點，開一代風氣的決心。

　　當張謇認為大局已定之後，便返回江蘇。為了專心於地方事業。他先後

〔註229〕章開沅：《張謇傳》，北京：中華工商聯合出版社2000版，第261～266頁。
〔註230〕沈雲龍主編：《張季子九錄·自治錄》，臺灣文海出版社有限公司1983年印行，第1837頁。

辭掉諮議局議長、鹽政總理、憲法起草委員會委員和國會議員等政治職務，並在致袁世凱信函中表明心志說，「謇自前清即矢志爲民，以一地自效。蘇人士嗤爲村落主義。牽率而預一省之事，非素志也；況已垂老，何能以察察之身與淈泥揚波者角？……抑謇之所以辭國會、省會，而終以村落主義自享也。」〔註231〕回到南通後，他「除了繼續經營大生紗廠等企業外。還先後在南通設立了幼稚園傳習所、圖書館、盲啞學校、鹽場警察長尉教練所、貧民工廠、醫院、養老院、殘廢院等單位，並且還規劃了狼山森林苗圃，擴充了新育嬰堂」，可謂碩果累累。〔註232〕

　　在部分自治事業中，南通尚可自辦，但是有些事情僅靠地方財力是難以爲繼的。以南通的保坍事業爲例，晚清之際，江岸在南通境內多次崩坍而泛濫成災，張謇等地方士紳雖數次求助政府，皆以無果而終，在此情況下，張謇自捐資延請荷蘭工程師奈格測量勘估，自行保坍。因爲保坍所需經費過巨，不得不通過其他途徑籌款。就當時情形看，籌款方式主要有二：或商借於外國洋行（此項需要政府的許可），或求補助於政府，並在此後通過可行方式償還。〔註233〕因此，張謇電致大總統袁世凱及財政部、農林部，希望得到中央的支持。此請得到袁世凱政府的認可，「幸以個人力請之至誠，得政府權宜之許可」。〔註234〕根據此一事件可以看到，張謇立足南通，舉辦保坍事業，這種方式無疑使其具有了地方自治的某些性質。在國家與地方社會之間，張謇憑藉此前與政府所建立的良好的關係，迅速得到了政府的回應，凸顯了其在政府與民間社會之間的中介與橋梁的作用。

　　再一次參與中央政府的工作，是在袁世凱的拉攏下，出任農商總長一職，「光復而後，國體改革，以爲自治中一切實業、教育之障礙，漸可解除。重承大總統再三之命，促就農林、工商之職。」〔註235〕1913 年 10 月，張謇走馬上任，加入「第一流人才內閣」。在農商總長任內，張謇的主要工作在於爲

〔註231〕張謇研究中心等編：《張謇全集》，第一卷，政治，南京：江蘇古籍出版社 1994 年版，第 212 頁。

〔註232〕章開沅：《張謇傳》，北京：中華工商聯合出版社 2000 版，第 265 頁。

〔註233〕沈雲龍主編：《張季子九錄·自治錄》，臺灣文海出版社有限公司 1983 年印行，第 1839～1841 頁。

〔註234〕沈雲龍主編：《張季子九錄·自治錄》，臺灣文海出版社有限公司 1983 年印行，第 1841 頁。

〔註235〕沈雲龍主編：《張季子九錄·政聞錄》，臺灣文海出版社有限公司 1983 年印行，第 491～492 頁。

經濟立法，以為農商發展之法律保障，但是大部分法令流於空文，未能執行。在任職農商部長期間，張謇仍然關注地方自治事業，1914 年，袁世凱悍然下令廢除南京臨時政府所頒之地方自治章程，但是在強大的輿論壓力下，其又很快頒佈了新的自治章程，這被張謇視為發展地方自治的絕佳機會，並催促南通迅速編訂地方自治成績冊，以加強袁政府對地方自治的重視。1914 年 6 月 26 日，在致張詧的信函中，張謇如是說：「昨聞人言，洹上注意自治，故有即編南通各項自治事業之函。頃午謁談，垂問甚殷。當答以各縣人力、財力、風俗、習慣，各各不同，未為遽為藍本直抄。第意編訂之序，宜先實業，次教育，次公益、慈善，此為三大總。而中間辦理之程序，應按年分之，先後聯為一系，列成簡表，不必拘定一類。……自治本無消滅之理，此次復活，未嘗非民國生機也。」〔註236〕同時，張謇還致信給當時的南通縣長：「昨謁極峰，於南通自治，垂詢甚殷。似六月十八日調查自治之申令，非盡官樣文章。無論如何，垂詢甚殷。似六月十八日調查自治之申令，非僅官樣文章。無論如何，均自治之生機也。政事堂電省徵通成績，想早轉到，請屬各事業主任，照辛亥議稿，分別彙編為要。」〔註237〕由此可見張謇對地方自治事業之熱心。

隨著袁世凱專制獨裁的加強與復辟帝制步驟的加快，張謇於 1914 年 11 月，提出辭去農商部長職而專任水利局務，「竊自前清通籍，遁蟄泥途，歷十八年，未涉政界。而自乙未以後，國勢日亟，知非教育不足以圖存，非事業不足以自治，乃以綿力經營地方；亦時慮一得之愚，強聒於當時之政府，始終迄不見納。故自持村落主義益堅」。〔註238〕當袁世凱與日本簽訂賣國求榮的《二十一條》時，張謇認識到事不可為，遂掛職南返，並於 1915 年 11 月，正式辭去全國水利局總裁以及參政職務，與袁世凱中央政府斷絕關係。

在此一階段，張謇作為國家精英，兼顧中央與南通地方事業的發展，並利用他與袁政府所建立的良好關係，為南通地方事業的發展創造了一個良好的氛圍。當張謇與袁世凱中央政府斷絕關係之後，他開始退出國家精英的圈子，而重走地方精英的路徑。

〔註236〕楊立強等編：《張謇存稿》，上海：上海人民出版社 1987 年版，第 60 頁。
〔註237〕楊立強等編：《張謇存稿》，上海：上海人民出版社 1987 年版，第 64 頁。
〔註238〕張謇研究中心等編：《張謇全集》，第一卷，政治，南京：江蘇古籍出版社 1994 年版，第 310 頁。

　　袁世凱死後，中國政局陷入更加混亂的時期，軍閥割據、地方主義勃興，這種情況給張謇的地方事業帶來了新的困難，他敏銳地意識到，要維持南通地方事業，就要與地方政府處理好關係。因此，他開始經營新的社會關係網，把地方軍政長官作爲拉攏的對象。章開沅先生認爲，此次退卻標誌著張謇退出全國範圍內的政治舞臺，並期求在軍閥的庇護下發展自己的大生企業系統。〔註239〕此後歷屆北洋政府雖多次邀請張謇參加新的中央政府，都被張謇以經營村落主義婉言拒絕。以下略舉幾端予以證明：

　　1916 年 1 月 6 日，致趙鳳昌函：「塵網幸已擺脫，惟有仍致力於村落主義，求自治之進步。前謀教育、慈善基本地，久而未得。今幸有可藉手，但須下本耳。」〔註240〕

　　1916 年 4 月，附答周應時等函：「夫南通今日得爲孫系之人日思嘗其一臠肉者，鄙人積二十年之血汗，艱難辛苦，而僅成之者也。外人日月來觀，許爲中國自治模範，騰之彼報，而於鄙人綢繆締造之志願尚未達也。」〔註241〕

　　1916 年，爲勸告袁氏退休致徐菊人函：「下走自辛壬癸三年以來，鬚髮日白，故去秋南旋，杜門謝客，日惟以書生結習自遣；爲慈善事不給，至於鬻宇；以是爲樂。」〔註242〕

　　1916 年 6 月，覆陸徵祥函：「走南歸以後，經營村落，對於政治，性味淡然若水。」〔註243〕

　　1916 年 6 月，致段祺瑞電：「村落貢獻，不勝拳拳。」〔註244〕

　　1916 年 6 月，覆段祺瑞函：「村落之事，半載以來厄塞支離，幾成痿痹。疏解休養，殆非日月間事。躬負其責，寧能委之而去。」〔註245〕

　　1917 年 3 月 27 日，致段祺瑞函：「下走老矣，飽嘗世變，實不願再涉政界。近以夙昔村落主義，欲圖一縣旱潦有備之水利，積銖累寸，期以五年而成。」〔註246〕

〔註239〕章開沅：《張謇傳》，北京：中華工商聯合出版社 2000 版，第 291 頁。

〔註240〕楊立強等編：《張謇存稿》，上海：上海人民出版社 1987 年版，第 146 頁。

〔註241〕張謇研究中心等編：《張謇全集》，第一卷，政治，南京：江蘇古籍出版社1994 年版，第 334 頁。

〔註242〕張謇研究中心等編：《張謇全集》，第一卷，政治，南京：江蘇古籍出版社1994 年版，第 352 頁。

〔註243〕楊立強等編：《張謇存稿》，上海：上海人民出版社 1987 年版，第 152 頁。

〔註244〕楊立強等編：《張謇存稿》，上海：上海人民出版社 1987 年版，第 152 頁。

〔註245〕楊立強等編：《張謇存稿》，上海：上海人民出版社 1987 年版，第 154 頁。

〔註246〕張謇研究中心等編：《張謇全集》，第一卷，政治，南京：江蘇古籍出版社

　　由此可見張謇經營村落之決心，同時，他充分利用自己的威望與社會影響，與地方政府軍政官員保持著良好的關係。

4-2-4：民初江蘇省主要軍政長官一覽表

都督（代）	莊蘊寬	1912、1～1912、4	程請假
民政長	應德閎	1912、11～1913、9	
都督（代）	章梓	1913、7	程棄逃
都督	張勳	1913、9～1913、12	
民政長	韓國鈞	1913、9～1914、5	
巡按使		1914、5～1914、7	改任
都督	馮國璋	1913、12～1914、6	
將軍		1914、6～1916、6	改任
督軍		1916、7～1917、8	改任
巡按使	齊耀林	1914、7～1916、6	
省長		1916、7～1920、9	改任
督軍（代）		1917、7～1917、8	
督軍	李純	1917、8～1920、10	
省長	王瑚	1920、9～1922、6	
督軍	齊燮元	1920、10～1920、12	代理
		1920、12～1921、9	署理
		1921、9～1924、12	
省長	韓國鈞	1922、6～1925、2	
督辦（兼）		1924、12～1925、1	
督辦	盧永祥	1925、1～1925、8	
省長	鄭謙	1925、2～1925、11	
督辦（兼）		1925、8	
督辦	楊宇霆	1925、8～1925、11	
督辦	孫傳芳	1925、11～1927、3	
省長	陳陶遺	1925、12～1926、12	孫任命

資料來源：中國人民政治協商會議江蘇省委員會文史資料委員會編：《民國江蘇的督軍和省長（1911年～1949年）》，江蘇文史資料第四十九輯，第314～315頁。

1994年版，第356頁。

　　在上表所列的主要軍政長官中，除了與張勳不睦外（張勳在江蘇僅僅待了幾個月，便在張謇等人的運動下被調離），張謇很注重與其他人發展關係。如莊蘊寬是在張謇的推薦並力促下入主南京的；張勳去職而馮國璋來蘇，亦與張謇的支持有直接的關係。「韓國鈞是張謇的故交，長期相處無間」。〔註247〕雖然在人事問題上（蘇省省長及財廳長的任命問題）李純與蘇省人民產生很大矛盾，張謇仍然表現出雍容大度，在李純做壽時大發讚譽之詞：「恭維秀山督軍福庇江淮，勳隆崧嶽。庶幾江左夷吾，允媲淮西節度。河鼓焜耀，指上將於江南。天柱巍峨，握中臺之杼軸。同李文定生，清節、機權、經濟。錫郭汾陽福，富貴、壽考、康寧。誰陳千秋金鑒之書？如聞八月紫雲之曲。」〔註248〕李純死後，張謇在廢督問題上模棱兩可，當廢督運動興起之後，張謇在致北京諸同鄉函中說到：「諸君子為國為鄉，賢勞可念，□□此舉誠欲為地方除民治障礙，亦實為中央解政局糾紛，對事問題非對人問題，報載在京蘇軍官計劃，同人深佩，並乞致意，筆舌之效，所恃惟心，居者行者願共努力。」〔註249〕可見在廢督沒有十分把握的情況下，張謇是不會輕易得罪地方當局的。當齊燮元被任命為代督之後，張謇仍然及時致賀電云：「奉電知公代督，欣賀無似。撫眾善後，知在藎籌。惟是人之多言，不諒賢者。根於懲羹而吹齏，乃至看朱而成碧。」〔註250〕可見其務實的態度。第二次直奉戰爭中，直系失敗，齊燮元下野，張謇不得不向新軍閥「示好」。1925年11月13日，在致孫傳芳函電中，張謇說到：「迭奉捷電，欣承戰狀。盧陳虓奮，將士鋪敦。徐方既同，淮浦斯截。蘇圍之戢，總司令之賜也。剋日會師，謀定而動。既就不留不處之緒，益振如山如川之聲矣。特電誌賀。」〔註251〕對於張謇的這種做法，章開沅先生如是評價，「張謇在自己生命的最後10年中，煞費苦心地酬應周旋於相互對立爭戰的各派軍閥之間。」〔註252〕為了保持南通的「一方樂土」，張謇確實有難言的苦衷！

　　總之，張謇擁有的一般地方精英所不具備的政治資本，是成就南通地方

〔註247〕章開沅：《張謇傳》，北京：中華工商聯合出版社 2000 版，第 278 頁。
〔註248〕楊立強等編：《張謇存稿》，上海：上海人民出版社 1987 年版，第 250～251 頁。
〔註249〕《蘇人廢督運動之激昂》，《大公報》，1920 年 10 月 1 日。
〔註250〕楊立強等編：《張謇存稿》，上海：上海人民出版社 1987 年版，第 256 頁。
〔註251〕楊立強等編：《張謇存稿》，上海：上海人民出版社 1987 年版，第 515 頁。
〔註252〕章開沅：《張謇傳》，北京：中華工商聯合出版社 2000 版，第 312 頁。

事業的主要因素之一，亦即是說，張謇此時的成功不是取決於地方精英，而是行政官廳，這一成功的範例實際上進一步彰顯大部分地方國家與地方精英博弈過程中的不對等的地位。

雖然全國大部分地區處於動蕩之中，因有張謇的苦心經營，南通的地方事業得到穩步發展。自張謇辭去中央政府的職務之後，其所創辦的地方實業有大有晉、大豫、大綱、大賚、華成、大豐、新南等鹽墾公司；教育有紡織專門學校、醫學專門學校、甲種農校、甲種商校、女工傳習所、蠶桑講習所、工商補習學校等；公共事業有博物苑、圖書館、五山苗圃、南通醫院、殘廢院、盲啞學校、棲流所、濟良所等。1920 年，淮海實業銀行，伶工學社、更俗劇場、俱樂部等相繼成立，以上事業的發展對於南通地方上金融、通俗教育、娛樂等，不無裨益。而地方之自辦大學，亦於當時動議，紡織醫商農各校升格，而因需要之急切，故首先成立農科，並開始建造價值十餘萬元之新校舍。1921 年，農大之新舍址俱告成，而大生第八紗廠，南通電廠亦於是時動工等。但這種強勁的勢頭在上個世紀二十年代初期開始走下坡路。1923 年，因受風水潮蟲災，南通地方事業特別是鹽墾農業迭受影響，百業因以凋敝。至張謇去世之前，進入既定計劃而未實現者，有南通大學及大生四、五、六、七紗廠，南通電廠，新運河等。〔註253〕

南通事業之所以由盛轉衰，主要有主觀、客觀兩個方面的因素：就客觀方面來看，除了受風水潮蟲災害的影響外，還有一戰結束後，隨著帝國主義生產力的恢復，進一步加強了對中國經濟的侵略；主觀方面則是因為張謇經營策略的失敗。章開沅先生認為，由於大生紗廠在前此一段時間經營特別順手，衝昏了張謇一貫冷靜與穩健的頭腦，為了建立新的企業，其任意調撥大生一、二兩廠的餘利甚至公積金。「造成整個大生資本集團的惡性信用膨脹，從而最後成為金融資本重利盤剝和嚴重侵蝕的犧牲品。」〔註254〕在缺乏財政支持的情況下，自治事業亦必隨著實業的衰落而陷入困境。

（二）南通自治會與「眾紳」自治

在南通地方自治推行的過程中，南通自治會的成立可視為南通自治史上

〔註253〕南通自治會編：《二十年來之南通》，南通縣自治會中華民國二十七年印行，第 24～26 頁。
〔註254〕章開沅：《張謇傳》，北京：中華工商聯合出版社 2000 版，第 301～302 頁。

一件劃時代的大事。南通自治會成立於 1920 年 12 月 10 日，其發起者為南通縣商會、農會、教育會等各團體〔註 255〕，此會的成立，得到張謇之子張孝若的大力支持（張孝若實是第一發起人），在張孝若致好友陳心銘的信中，對此事有詳細的交代：「弟日來思發起一團體，此團體即代表南通全縣人民之團體，以謀南通全縣實業教育交通各種事業之改進與發展。」〔註 256〕此團體之發起，被視為南通地方自治恢復的標誌，在江蘇省水利警廳第四區第十八隊頌詞中，即有「今日為十一月一日，即南通恢復自治第一日」的讚譽。〔註 257〕之所以稱之為具有劃時代的意義，除了南通地方自治機關恢復的標誌外，其還有引導南通地方自治從紳治向「民治」轉變的趨勢。「自此而後，南通自治將由紳治漸蛻而為民治，將由一二人之責任漸卸而為代表全縣人民數十人之責任。」〔註 258〕因此，此民治實為眾紳之治而已。

之所以成立南通縣自治會，這其實與大生實業集團有著極為密切的關係。

其一，破除外界對南通自治的「個人事業」之譏。南通自治向為紳治，這一點在當時已經遭到部分人士的非議。張孝若在自治會籌備會上曾演說到，「今之國人觀察南通，輒以個人自治，老輩自治為論證，以已往之事實，寧可諱言，但南通人之覺悟匪朝夕矣，或以機緣之未至，或以人事之因循，今則潮流漸迫，事機亦熟，其一種自治嚮往之誠，直與海潮而同上。」〔註 259〕對於南通模範縣之稱，讚美與譭謗者皆有，讚美者引以為範，譭謗者譏之為個人事業。〔註 260〕

其二，為大生實業集團創造更好的環境，擺脫承包式的服務於社會的現狀。「此會既成之後，則以前個人系統的南通將進而為全縣具體的南通，被動的南通將進為自動的南通，從此外來之侵害，將以百二十萬人之力量共同抵禦，未來之福利將以百二十萬人之才智共同發皇，決非從前個人自治模範之南通，前者人之責望南通，不過一二人志願之成績，今則人之責望南通，將

〔註 255〕《張君孝若演辭》，《南通自治會報告書》，出版信息不詳。
〔註 256〕《張君孝若致陳君心銘書》，《南通自治會報告書》，出版信息不詳。
〔註 257〕《江蘇省水利警廳第四區第十八隊頌詞》，《南通自治會報告書》，出版信息不詳。
〔註 258〕《南通縣自治會開會詞》，《南通自治會報告書》，出版信息不詳。
〔註 259〕《張君孝若演辭》，《南通自治會報告書》，出版信息不詳。
〔註 260〕《南通報社頌詞》，《南通自治會報告書》，出版信息不詳。

進而爲百二十萬人事業之成績」。〔註261〕此一點在地方自治議決案中可以清楚地看到，以《疏濬通境運河以利農田而便交通案》爲例，大達輪船公司爲張氏所辦企業之一，在疏濬通境運河過程中，把其他社會團體拉進來以平攤費用，此舉不但減輕了大生集團的壓力，還刺激了地方團體創辦自治事業的主動性。〔註262〕在選擇學生貸款赴美國留學的問題上，其中提及所需人材無疑都與大生實業集團有關，如「一曰紡織專門人材，一曰農業專門人材，自大生紗廠開辦以後，卓著成效，現在賡續建立者有二廠、三廠，以致八廠，餘如電汽、紙皂等廠亦在陸續建設，工廠愈多，則需用人材愈切，又通屬淮南各場，次第興辦鹽墾公司，拓地日廣，對於農業改進及蟲害之預防方法，皆宜殫精研究，方足以進步」等等，現在通過貸款的方式資助留學，對於大生實業集團亦有名利雙收的效果。〔註263〕

其三，以制度的形式來維持南通自治事業的持續發展，避免人亡政息的悲劇。張孝若對此有比較清楚地認識，欲使南通自治事業得到持續發展，必須改變由一二人獨支的局面。「南通事業靭造之祖，當首推我家二老，但南通全縣之事業，斷非二老個人之事業。鞏固南通之事業，發皇南通之事業，其責任當南通全縣人民共同擔負之。庶南通之事業與日月而俱長，不因二老而興廢。況二老在南通所靭築之根基與指導之方向，已足爲南通人民開自動之源發先鋒之陣矣，則南通人民較諸他縣人民所獲利益與地位，已不測量矣。總之，南通人民須自居於主人與自動之地位，二老不過發起端啓其機耳，固願南通全縣優秀分子代表全縣人民聚集一堂，從容討論全縣各種事業，具體之規劃，依次進行之方法也。」並且他還進一步指出：「自治之眞義與共和立國之精神，皆以法治而不以人治，人治暫而法治久也，人治力弱法治力厚也。」〔註264〕

南通縣自治會章程規定，自治會應辦自治事宜涵蓋教育、實業、交通、水利、工程、衛生、慈善、公共營業等各個方面。其自治職員包括會員、理事及主任理事、各股委員及主任委員三個部分。其中委員會共分十股，包括財政、統計、教育、實業、交通、水利、工程、衛生、慈善、公共營業等，爲自治事宜的直接執行者。南通自治會成立之後，首先議決並頒佈一系列自治法規，如

〔註261〕《張君孝若演辭》，《南通自治會報告書》，出版信息不詳。
〔註262〕《疏濬通境運河以利農田而便交通案》，《南通自治會報告書》，出版信息不詳。
〔註263〕《選擇學生貸款赴美國留學案》，《南通自治會報告書》，出版信息不詳。
〔註264〕《張君孝若致陳君心銘書》，《南通自治會報告書》，出版信息不詳。

《本會議事規則》、《本會旁聽規則》、《理事主任理事互選規則》、《理事辦事細則》、《各股委員會服務規程》、《各股委員會辦事通則》、《財政股委員會辦事細則》、《統計股委員會辦事細則》、《文牘課辦事細則》、《庶務課辦事細則》、《公費支給規則》、《薪水支給規則》等，以爲該會此後運行之指導。

根據南通自治會所頒各項規章來看，它並非一個完全自治性質的機構：

第一、南通自治會是一個典型的議行合一的機構（雖然內部有明確的分工）。根據自治會章程的規定來看，南通自治會所議決事件部分由地方團體或政府辦理，部分由自治會各股直接辦理，「（本會）議決事件由本會交由委員會執行，並陳明行政公署」。〔註265〕「主任委員、委員對於大會議交執行案件須剋期辦理，並將辦理情形報告於下屆大會」。〔註266〕這是與此前地方自治極爲不同的一點。

第二、從自治會員的產生來看，在自治會籌備之時，其雖然宣稱採取選舉或推選兩種制度，但是同時規定，在「南通人民之程度一旦整齊，各種之設備一旦完美」之前，先實行推舉制度。〔註267〕在自治會所推舉會員中，區域代表34人，社會團體代表16人，這種社會團體與區域代表並重的做法能夠更大程度上擴大代表的範圍，但對會員資格的嚴格限制〔註268〕則把一般民眾排斥在代表之外，既然如此，廣大民眾的利益也就難以得到保障。因此，可以斷言，南通自治會的成立使地方自治從一二大紳的自治變成了眾紳自治。

既便如此，該自治會的成立仍然具有積極性，其中最主要的一點則是它有把地方自治由個人事業引向眾人事業的趨向。此處以南通自治會第一次會議的議決案爲例，做一簡單分析：

南通自治會所議決的事件主要分四類：制訂地方單行規章，籌集自治經費、咨覆縣公署提交的議案與咨詢案、以及其他有關地方自治的事宜。

第一、制定地方單行規章。自治會成立之初，張謇、張詧兄弟便提出募

〔註265〕《南通縣自治會章程》，《南通自治會報告書》，出版信息不詳。
〔註266〕《南通縣自治會各股委員會辦事通則》，《南通自治會報告書》，出版信息不詳。
〔註267〕《張君孝若演辭》，《南通自治會報告書》，出版信息不詳。
〔註268〕即同時要符合下列條件之一：「曾在中等學校畢業者；年納直接國稅十元以上者或有不動產價值五千元以上者；具有自治經驗成績者。」《南通自治會章程》，《南通自治會報告書》），出版信息不詳。

集地方自治公債的方案，其中提到「南通自治事業賴地方人士與愚兄弟合力經營，二十餘年，計日程功，尚虞不給，循名課實正恐多疏」，自治「應舉之事不可勝數，皆非有鉅款不辦」，而目前所定之自治經費來源尚不足以支持所有自治事業，因此提出募集地方自治公債的議案。〔註269〕根據該項議案，南通自治會很快就通過了《南通縣地方公債條例》、《南通縣地方公債施行細則》兩個單行法規，並明確規定南通縣發行公債的規則及實施辦法。特別在《南通縣地方公債施行細則》中，其將公債募集的任務分到各團體、各市鄉身上。〔註270〕這樣既可以保證自治經費的來源，又可以減輕大生實業集團的壓力。

第二，議決與自治經費有關的問題。如《統一地方財政案》，根據有關規定將各項自治經費與自治事業——對應，並列入預算，不得隨意挪用。〔註271〕《籌備自治經費案》，向商業附加部分稅收，以充自治經費之用。〔註272〕《拆卸城垣以興市面案》，認為拆除城垣有利於商業之發展、交通之便利、環境之改良等，並且拆除之城磚還可以移作其他工程建築之用。〔註273〕《疏濬通境運河以利農田而便交通案》，認為該工程不但於「農商交利，蓄洩有資」，而且對於船隻通行特別是對大達輪船公司內河之營業必有增進，所需費用由水利會與大達公司各任半數，共同舉辦。〔註274〕《修築市鄉道路案》，「所需築路及造橋費用由各市鄉按區分擔」。以上議案的提出及議決，亦有由眾人分攤自治經費之意圖。〔註275〕

第三、咨覆縣公署提交的議案與咨詢案。

在自治會第一次會議中，縣長瞿鴻賓提交兩項議案：《自治村如何籌設方可無弊案》，《籌辦各市鄉游民習藝所收納游民以利地方案》。在前一提案中，縣公署認為村長副應由自治會員或本市鄉董事推薦，報經自治會審查核定後咨縣給委。然後設立自治講習所，以期養成，回村辦理各項自治事宜。〔註276〕

〔註269〕《請議募集地方自治公債案》，《南通自治會報告書》，出版信息不詳。

〔註270〕《南通縣地方公債施行細則》，《南通自治會報告書》，出版信息不詳。

〔註271〕《統一地方財政案》，《南通自治會報告書》，出版信息不詳。

〔註272〕《籌備自治經費案》，《南通自治會報告書》，出版信息不詳。

〔註273〕《拆卸城垣以興市面案》，《南通自治會報告書》，出版信息不詳。

〔註274〕《疏濬通境運河以利農田而便交通案》，《南通自治會報告書》，出版信息不詳。

〔註275〕《修築市鄉道路案》，《南通自治會報告書》，出版信息不詳。

〔註276〕《自治村如何籌設方可無弊案》，《南通自治會報告書》，出版信息不詳。

自治會咨覆說，應先設自治講習所，由各區酌選學員送所學習，以畢業並成績優美者爲村長村副。〔註277〕並未提及縣公署在其中的作用。對於後一提案，自治會認爲應該由官署統一辦理爲妥。〔註278〕對縣公署所提經費問題不予置理。另外，該會因民國三年自治停辦導致經費混亂，該會對民國六七八三年縣署的收支狀況進行審查。〔註279〕根據各項議案議覆情況，可以看到自治會對縣署的強勢地位，而之所以產生這種情況，當與張氏在南通的地位有關。

第四、其他有關地方自治的事項。

在《愼重選政以維國本案》中，擬定方法三條，以維選舉之公正。在《嚴禁煙賭案》中，「由本會分咨縣公署及警察局，切實施行，一面函請各區董事辦事處，相機輔助」。另外還有《查照中心河原議咨請水利會籌辦案》、《建築南通縣自治會會所案》、《設立登記所及調查戶口與自治村同時進行案》等。

根據自治會議決案內容，可以看到以下兩種趨勢：第一、自治經費不再由大生實業集團單獨出資，而是轉變爲各社會團體、各市鄉共同擔負，這樣有利於刺激更多的人關注地方自治事業。第二、自治會對縣公署起到一定的監督作用，其自治的味道更加濃厚。

根據以上分析，可以看到，南通地方自治，其實質更側重於「自理」與「自立」。在南通自治會成立之前，其僅僅是以張氏大生實業集團爲依託的一二大紳的自治，對此一點，張謇曾非常明確的指出，「以國家之強，本於自治；自治之本，在實業、教育；而彌縫其不及者，惟賴慈善。謇自乙末以後，經始實業；辛丑以後，經始教育；丁未以後，乃措意於慈善。」〔註280〕自治會成立之後，則變爲眾紳自治，雖然有了眾紳的參與，但其仍然缺乏近代地方自治所應有的民主精神——基層民眾的廣泛參與。在地方與國家之間，張謇所扮演的角色仍然是中間人的角色，不管是「通官商之郵」，還是「通官民之郵」，地方士紳的緩衝作用至爲明顯。正如 1919 年張謇在《交通警察養成所開學演說》中所說的那樣「南通事業向係自動的，非被動，上不依賴政府，

〔註277〕《咨覆縣署籌設自治村案》，《南通自治會報告書》，出版信息不詳。

〔註278〕《咨覆縣署籌辦各市鄉游民習藝所案》，《南通自治會報告書》，出版信息不詳。

〔註279〕《咨覆縣署查核六七八三年收支地方款項案》，《南通自治會報告書》，出版信息不詳。

〔註280〕沈雲龍主編：《張季子九錄·自治錄》，臺灣文海出版社有限公司 1983 年印行，第 1854 頁。

下不依賴社會，全憑自己良心做去，即此次舉辦交通警察，亦非受政府及社會之督促而爲之也。」〔註281〕因此，南通地方自治仍是紳治而非民治。根據喬治·比爾多的意見，民主作爲一種政治制度，其目的在於在「政治家」的人們與「公民」的人們之間建立一種新型的關係。在「民主社會」中，人們應當「文明地」共同生活和建立社會關係，因此人們的行爲準則不是服從，而是積極參與，因爲「公民」擁有平等的權利和義務。〔註282〕在張謇所創辦的地方事業中，很難看到普通民眾的參與，既使存在民主的成分，也僅僅是在紳商階層內有限地實現。

另外，南通縣對於二十年代初期江蘇地方人士所共同要求恢復的地方自治似乎並不感興趣。前文已經提及，當江蘇省公署要求按照民二縣市鄉制恢復地方自治時，南通縣知事玩視通令，延不舉辦。〔註283〕後來，南通通邑官紳兩界，在城南總商會討論恢復縣議會籌款及補選辦法，其中列席者有張退庵、張嗇庵、張孝若等。協議結果，定期召集各區董事開會，擬先籌款三千元，爲縣議參兩會恢復開辦之用，至於如何籌措常年經費及舉辦補選手續，日後擇日一併討論。〔註284〕所謂的擇日，則定於 1925 年 1 月內實行恢復。〔註285〕至是年 4 月，南通縣雖然成立縣議會，但因一二市鄉尚未完全選出議員，導致人數不足，不能開議。而縣知事則以此爲藉口，延不召集會議，或不發給通知書及執照。其希望議會永不成立之意圖進一步彰顯。〔註286〕南通市鄉議會更是到 10 月份仍未恢復，在南通縣議事會的一再函催下，縣盧知事才通令，「以縣議參兩會既已相繼成立，各區自治機關，亟應賡續辦理，業於十三日分函各市鄉董事，囑先調查市鄉議員，有無缺額，或任期屆滿，須即改選，俟函覆縣署後，定期依法辦理，以冀早日恢復。」〔註287〕而事實上，各市鄉自治機關因「舊有人員，大多遷徙他處，死亡者亦頗不少，昔日案卷散佚不

〔註281〕 沈雲龍主編：《張季子九錄·自治錄》，臺灣文海出版社有限公司 1983 年印行，第 1874 頁。
〔註282〕 〔意〕薩爾沃·馬斯泰羅內：《歐洲民主史：從孟德斯鳩到凱爾森》，北京：社會科學文獻出版社 1990 年版，前言，第 2 頁。
〔註283〕 《縣聯會呈請屬行自治》，《申報》，1924 年 2 月 11 日。
〔註284〕 《官紳會議縣議會紀聞》，《申報》，1924 年 7 月 30 日。
〔註285〕 《補選縣議員紀聞》，《申報》，1924 年 12 月 12 日。
〔註286〕 《縣聯會請願省議會屬行自治》，《申報》，1925 年 4 月 30 日。
〔註287〕 《恢復市鄉議會之預備》，《申報》，1925 年 10 月 15 日。

全，難於稽考」，所以遲遲不得成立。〔註288〕這一系列的事實表明，在上個世紀二十年代初期，南通地方自治的恢復已經遠遠落後於其他各縣，這種局面的形成，可能與南通地方行政長官的拖延有關，也可能是受南通地方自治向來由一二大紳控制的影響。1926年，張謇去世，其後繼者再難恢復曾經的榮光，大革命則加快了這種衰落的步伐。

第三節　聯省自治下的江蘇省自治

一、聯省自治思潮的發展與演變

聯省自治一詞，首創於章太炎與張繼。1920年7月，譚延闓通電湖南自治，並邀請章太炎回湘贊助。章太炎主張湖南與四川聯合結成自治同盟，以抗拒南北客軍的侵擾，並將此事與剛從歐洲回國的張繼計議。張建議將「自治同盟」改爲「聯省自治」，此建議得到章太炎的贊許，因有「聯省自治」一詞的產生。11月，章太炎在《聯省自治虛置政府議》一文中論述到：「自今以後，各省人民，宜自制省憲法，文武大吏，以及地方軍隊，並以本省人充之；自縣知事以至省長，悉由人民直選；督軍則由營長以上各級軍官會推。令省長處省城，而督軍居要塞，分地而處，則軍民兩政，自不相牽。」〔註289〕這是對聯省自治概念的第一次系統闡述。

該思潮雖然勃興於20世紀20年代，其根源卻是前此一度影響中國之聯邦制思想。「省自治運動者，實即包含於聯邦運動之中。其最終目的，即聯合自治之各省，而組織爲聯邦也。故敘述省自治運動，當自聯邦運動始。」〔註290〕中國最早引進西方之聯邦思想則源於維新運動前後，改革派與革命派都對美國聯邦制進行介紹與鼓吹。1901年，梁啓超在《盧梭學案》的結尾部分對聯邦制有如下評論，「盧氏以爲瑞士聯邦誠太弱小，或不免爲鄰邦所侵轢。雖然，使有一大邦，效瑞士之例，自分爲數小邦，據聯邦之制，以實行民主之政，則其國勢之強盛，人民之自由，必有可以震古鑠今，而永爲後世萬國法者。」梁還爲此作案云：「我中國數千年生息於專制政體之下，雖然，民間自治之風最盛焉。誠能博採文明各國地方之制，省省府府，州州縣縣，鄉鄉

〔註288〕《籌備恢復市鄉自治》，《申報》，1925年12月25日。
〔註289〕《聯省自治虛置政府議》，《益世報》，1920年11月9日。
〔註290〕圖：《述聯省自治運動》，《申報》，1922年1月1日。

市市，各為團體，因其地宜以立法律，從其民欲以施政令，則成就一盧梭心目中所想望之國家，……果爾，則吾中國之政體，行將為萬國師矣。」〔註291〕革命派則在《民報》上發表贊成聯邦制的文章：「共和政治也，聯邦政體也，非吾黨日以為建設新中國無上之宗旨乎？使吾黨之目的而達，則中國之政體，將變為法國之共和，美國之聯邦」。〔註292〕

至辛亥革命時，聯邦制思想得到進一步發展，「其時各省相繼宣告獨立，南京會議即由獨立省分各派代表集合而成。……是時聯邦空氣，至為濃厚，時機亦極適合，南方政治家主張以獨立省分為單位，組織聯邦。」〔註293〕山東諮議局在宣佈本省獨立時，向清政府提出八項要求，其中明確提出「憲法須注明中國為聯邦政體」。〔註294〕並有部分省份紛紛出臺省憲法，「江浙兩省並已訂成臨時省憲法，選舉民政長。再進一步，聯邦制即可實現」，這些都是聯邦制思想盛行的表現。〔註295〕南京臨時政府籌備期間，也明確宣佈：「美利堅合眾國，當為吾國他日之模範。」〔註296〕而《臨時政府組織大綱》則是對此一宣言的具體落實，其多仿照美國獨立時十三州會議有關總統選舉和參議院組成的規定，凸顯聯邦制精神。然而，「南北和議成立，革命告終，輿論對聯邦說，頗加訾議，謂為有妨統一。卒使革命初年之聯邦運動，等於曇花一現。」〔註297〕

袁世凱踐位，重新推行專制獨裁，地方實力派為分享權力，再次擎出聯邦製法寶，要求在憲法上劃清中央和各省的權限。張東蓀、丁世嶧、章士釗等紛紛撰文宣傳聯邦制，「鑒於現行無條件之中央集權，其流弊至無所底止，於是地方分權論大昌」。〔註298〕袁世凱死後，武力統一與南北議和的思想相繼佔據時代主流，聯邦制思想一度沉寂。在南北對立，戰亂不斷的情況下，

〔註291〕張品興主編：《梁啓超全集》，北京：北京出版社1999年版，第509頁。

〔註292〕自由：《民生主義與中國政治革命之前途》，《民報》，第四號，第107頁。

〔註293〕圜：《述聯省自治運動》，《申報》，1922年1月1日。

〔註294〕全國政協文史資料研究委員會編：《辛亥革命回憶錄》（第五集），文史資料出版社1981年版，第294頁。

〔註295〕圜：《述聯省自治運動》，《申報》，1922年1月1日。

〔註296〕楊幼炯著：《近代中國立法史（增訂本）》，臺北：臺灣商務印書館1966年版，第75頁。

〔註297〕圜：《述聯省自治運動》，《申報》，1922年1月1日。

〔註298〕中州退叟：《吾國省之價值於國家之組織》，《新中華》第1卷第2號，1915年11月1日。

武力統一的理想似乎並不能實現，此爲聯邦制的再度復興埋下了伏筆。

開啓聯邦制新一輪討論的是熊希齡，熊本來是支持中央集權的，因爲武力統一無效，其轉而支持聯邦制，在其通電中，熊如是說：「雙方既以武力爭法律，苟有一方可以戰勝攻取，屈服群雄，統一中國，未始不可以慰人民雲霓之望；無如彼此均衡，各無把握，一波未平，一波又起。」〔註299〕李劍農則著《民國統一問題》一文與之呼應〔註330〕。1919年，第二次南北議和失敗，其阻斷了通過和談實現南北統一的道路。1920年7月，直皖戰爭爆發，直系掌握中央政權，此後軍閥混戰加劇，社會更加動蕩不安，「北方自皖直戰爭，南方自粵軍回粵後，兩方都失去了統一的中樞勢力，從此入於南北各軍閥的混戰時期。此時期之內，護法的旗幟，雖然尚未銷減，但護法二字，已不爲一般人所注意」，〔註301〕在此背景之下，聯邦制思想以新的面孔——聯省自治——再次出臺，進而勃興，成爲救時稻草。

靜觀認爲，「各地自治熱潮之激蕩，幾如河決山崩，不可遏抑，抉其原因，約不外兩種：一、軍閥專橫，蹂躪民治，人民惡感既深，遂發生發動作用。二、世界新思潮，澎湃東漸，自主自決之精神，因之勃起，湘中一戰，既肇其端，近畿一戰，益彰其焰。」〔註302〕黃抱一進一步論述說，民國初立，一般學者盛倡中央集權，其結果遂爲洪憲所一度利用。袁氏垮臺，既無從以法律上之權能謀根本之建設，更莫能以政治上之手段，奏統一之成功。湖南首倡省自治，繼之者有蘇有鄂有皖，其始盛倡某省人治某省，繼乃由人治主義一變而爲法治主義。〔註303〕

由此可見，聯省自治與聯邦制在思想上有一脈相承的淵源，其都體現出中央與地方分權的精神。但是，兩者亦不完全相同，因爲聯邦制是一種國家政體的組織形式，而聯省自治則不過是通向聯邦制的路徑，是一種過渡形態；如果說聯省自治是解決時局的手段，那麼聯邦制則是目的，由聯省自治而達聯邦制，這是一個過程。另一個區別則是前者往往止於理論上的闡釋與

〔註299〕轉引自李劍農：《最近三十年中國政治史》，上海：上海太平洋書店民國19年印行，第465頁。

〔註330〕劍農：《民國統一問題》，《太平洋雜誌》第8、9期。

〔註301〕李劍農：《最近三十年中國政治史》，上海：上海太平洋書店民國19年印行，第461頁。

〔註302〕靜觀：《各地方自治思潮之趨勢》，《申報》，1920年9月29日。

〔註303〕黃抱一：《省自治》，《申報》，1920年10月10日。

呼吁，很少付諸實踐，後者則在部分地方軍閥的支持下，做了一些嘗試性的試驗。

二、聯省自治在江蘇省的三個階段

江蘇省對於聯省自治的呼應是以自保爲主導思想的，其大致可以分爲三個階段：第一階段爲驅齊廢督以達蘇人治蘇階段；第二個階段爲制憲廢督以求自保階段；第三個階段爲制憲弭兵以達自保階段。以下分別敘述之：

（一）驅齊廢督以達蘇人治蘇階段

對於此一階段蘇省的省自治運動，靜觀曾有如下總結：

> 江蘇主張蘇人治蘇之議，亦已數月於茲，但溯其經過，頗有遞嬗之跡可言。其始驅齊運動，發生於省議會，非純粹蘇人治蘇論也。繼之者乃有蘇社，對於省會單純驅齊之主張，未能十分表同情，因創爲蘇人治蘇之說。嗣以繼長問題，喧呶多時，未能遽決。蘇人之負時望者，既不肯毅然肩蘇長之任，而督軍之薦剡既上，勢且不可挽回，兩害相形取其輕，乃暫拋棄蘇人治蘇之主張。只就賢不賢以定取捨。此南通已有電，向政府聲明者也。惟未逾數日，該省局勢又變，其故因聞督軍又有保薦繼長之電，政府又遷延不決，以爲太不尊重公意，乃復有銑電到京，計列名者二十五人，仍主蘇人治蘇。政府接到電後，倉卒議決，以王瑚長蘇之令發表，蓋因旅京蘇人本有歡迎王氏之表示也。同時蘇人派有代表四人赴京，此四人者爲蘇社所推舉，專任與政府交涉者。旅京蘇人如莊思緘、張仲仁等，原擬日內作一度歡迎王瑚之會，請其早日就任，但因四代表業已到京，暫將歡迎之事，暫緩舉行，而先與代表接洽焉。〔註304〕

正如時人所言，引發「蘇人治蘇」的導火線不是因爲戰禍，而是驅齊與繼長問題。驅齊源於時任省長齊耀琳長蘇期間的瀆職行爲，對此，《申報》有如此報導，「蘇人與齊省長感情之惡，其最大原因，由各縣知事之縱毒，省署則一意包容，甚且愈控告而其地位愈穩固。」但取藍光策一例言之，「藍爲某道尹之私人，某道尹與齊私交甚深，故藍始不容泗陽而調靖江，不容於靖江而調崑山，最近不容於崑山而調武進，……武進素號難治，聞藍之來，闔邑惶懼。……又聞崑山人民，尚在控告，省署即委與藍最有關係之某道尹查覆，

〔註304〕靜觀：《各地方自治思潮之趨勢》，《申報》，1920 年 9 月 29 日。

其宏獎貪黜，可謂至矣！」〔註305〕因此，蘇人對齊耀琳長蘇的意見頗大，蘇省議員屢次通電彈劾之。〔註306〕因此時正值聯省自治風起雲湧之際，爲迫使齊耀林去職，蘇人打出「蘇人治蘇」的旗號。對於齊耀琳的去職，向來務實之江蘇大紳張謇等人甚至吝於形式上的挽留，可見齊在江蘇已無可留的餘地。〔註307〕

齊耀林去職之後，繼任省長的人選問題，又成爲蘇人與江督李純矛盾激化的導火線。江督李純先向國務院推薦齊燮元，蘇民以齊長於軍事不宜就民政長官爲由加以反對；後推薦王克敏、王瑚二人，因王克敏在當時聲名狼藉而再次遭到蘇人的強烈反對。蘇人之意是仿照浙江先例，公推蘇人張一麟、莊蘊寬、徐鼎康三人，任擇其一爲下屆省長，後因爲張、莊並辭不就，乃力推徐鼎康出任〔註308〕，但此動議被李純以徐鼎康資歷太淺予以否決，致此蘇人與李純在繼任省長問題上陷入僵局。除此之外，李純還委派義子文齡出任江蘇財廳長一職，導致其與蘇人關係降至冰點。〔註309〕繼任省長問題遲遲不決，引起蘇省民眾的猜忌，此極不利於蘇省社會之安定，因有蘇人進一步倡導「蘇人治蘇」的出現，張謇在致北京大總統、國務院的電文中說道：

> 江蘇省長問題，同人前經發表蘇人治蘇主張，遲久不決。易說建議，但論賢否，又久不決。賢者觀勢而遜志益堅，否者蹈瑕而覬覦益重。枝節愈多，群情愈惑。竊以爲直曹、浙沈、皖聶、豫張，具有成規，初非創例。蘇省人材，何至獨後，就地擇人，搜採自易。至軍民分治，爲人民心理所同，李督身綰軍符，夙明大體，偶有推轂，不過舉其所知，決非挾持中央強予位置，致與民意相違。伏願中央尊重約法主體在民之規定，遠稽初元各省自治之績，近鑒鄂人發生爭議之原，訊就蘇人中擇賢任命，俾盡故鄉公僕之責。民意所屬，誰能侮之！尚乞立賜裁奪，以慰眾望，而杜糾紛。〔註310〕

〔註305〕《江蘇政治之一斑》，《申報》，1920 年 9 月 2 日。
〔註306〕《蘇議員去齊之激昂》，《申報》，1920 年 9 月 2 日。
〔註307〕張謇研究中心等編：《張謇全集》，第一卷，政治，南京：江蘇古籍出版社 1994 年版，第 416 頁。
〔註308〕張謇研究中心等編：《張謇全集》，第一卷，政治，南京：江蘇古籍出版社 1994 年版，第 428 頁。
〔註309〕《李督與蘇人感情日惡》，《申報》，1920 年 10 月 7 日。
〔註310〕張謇研究中心等編：《張謇全集》，第一卷，政治，南京：江蘇古籍出版社 1994 年版，第 446 頁。

在 1920 年蘇社秋季理事會上，蘇人治蘇的問題十分矚目，其略謂：「現在中央既失用人能力，一聽武人之所爲，斷不能知人善任。不如得一本省人，一方可以容納地方之公意，一方可以得社會之助力。」大會討論的結果是，「省長與自治關係極重，必先達到蘇人治蘇，然後自治方案可以次第實施」。因擬先聯名電請中央，援直豫皖浙成例，迅選蘇人長蘇。〔註311〕

1920 年 9 月 17 日，張謇再發筱電，主張蘇人治蘇。〔註312〕19 日，蘇社開臨時會，仍然強調此一問題。〔註313〕蘇人亦知道由中央明令宣佈蘇人治蘇的可能性很小，因而退而求其次，在頻繁通電呼籲的同時，活動由王瑚長蘇。〔註314〕王瑚是李純保薦者之一，與張謇頗有淵源，雖是舊官僚，但官聲不錯，亦能爲蘇人所接受，因而成爲最後的勝出者。就驅齊與繼長問題的解決可以看到，所謂「蘇人治蘇」不過是蘇人實現其目的的手段，而並非堅持眞正的蘇人治蘇。是李純的出缺導致蘇人治蘇向縱深發展。

當蘇人正在活動王瑚長蘇之際，江督李純突然自戕，一時震動全國。〔註315〕當蘇人聽到李純自殺的消息之後，馬上號召發起廢督運動，1920 年 10 月 14 日，《申報》連載三封專電：

其一，北京電：蘇同鄉定議廢督，並聯絡皖贛廢巡閱，實行根本的地方自治，明日蘇館大會取決。（十三日下午十□）

其二，北京電：昨晚蘇社四代表，議催王瑚速赴蘇，財廳嚴家熾，速發表，蘇督巡閱，缺而勿補，爲廢督張本，今午十時，張一麟以此意謁靳面陳。（十三日下午四鐘）

其三，旅京蘇省人民，一致認江蘇應趁此廢督，日內將向政府請願。（十三日下午四鐘）〔註316〕

在廢督運動過程中，旅京蘇人的行動最爲積極。爲了防止其他勢力插手蘇省事務。旅京蘇人於 10 月 14 日下午在江蘇會館開會，討論廢督之事，孫幾伊

〔註311〕《蘇社秋季理事會紀事》，《申報》，1920 年 9 月 16 日。
〔註312〕《北京電》，《申報》，1920 年 9 月 20 日。
〔註313〕《蘇社臨時會議事紀》，《申報》，1920 年 9 月 19 日。
〔註314〕《北京電》，《申報》，1920 年 9 月 20 日。
〔註315〕1920 年 10 月 12 日凌晨三點（有的報紙報導爲四點四十五分）不同報紙記載不同，前者是《大公報》報導，後者是《申報》報導。
〔註316〕《北京電》，《申報》，1920 年 10 月 14 日。

認為：「先舉代表，向政府請願廢督，然後再由蘇公民與蘇省會合擬江蘇自治法規，以求達蘇省真正自治之目的」。10 月 25 日，蘇同鄉會幹事會在京召開，決定電本省各團體，一致主張廢督自治。〔註 317〕會後通電上海八大報館，轉省教育會、農業會、商會、六十縣各公團，「一致主張廢督，以為自治先聲，務乞貴處一致進行」。〔註 318〕不久，南匯各公團、淮陰商會等即通電禁止武人干政，要求廢除督軍制。〔註 319〕更有甚者，在蘇同鄉會幹事會上，陳匪石等提議組織省自治法起草會並推舉起草員案，全體一致贊成通過；張煊則提議反對政府以命令頒佈自治法規。〔註 320〕這種以制訂法規來擴大戰果的行為，表明蘇省自治運動已有新的發展。除此之外，江蘇旅京同鄉省自治法起草委員會還請蘇省各公團迅速組織自治研究會，以促進蘇省自治問題。〔註 321〕有人署名「一士」在《申報》發表文章對旅京同鄉會的廢督自治運動進行如是梳理：

> 旅京蘇人之改組同鄉會，始於民國九年之秋，維時廢督、裁兵、自治三種空氣，正□滿都門。旅京蘇人士，應此潮流而起，其中主幹人物為張仲仁氏，幹事六十餘人，迭開幹事會，以籌議蘇省重要事務者，已十有九次矣。近數月間，雖不能依期開會，然對於自治一事，仍舊積極進行。前曾舉定精通法律十餘人，將省自治大綱，完全擬定，日內即提出幹事會，逐條公決，即提交該省省議會，請其採用。又該會同人，頗多主張於此處蘇省制定省憲時，由會中推出十人回省，參與其事，……〔註 322〕

蘇南之外，蘇北亦有在京專門團體或個人積極響應，如徐淮海旅京學會，即由蘇省淮安、徐州、海州三屬旅京人士所組織，其中有官吏，有議員，有學界之教員，及專門以上之肄業生，雖然「所議之辦法，雖屬一紙空文，但足以喚起輿論亦不少也」。〔註 323〕「一部分旅京淮徐海人，亦復以異軍蒼頭，起

〔註 317〕《專電》，《申報》，1920 年 10 月 27 日。
〔註 318〕野云：《北京通信》，《申報》，1920 年 10 月 29 日。
〔註 319〕《江蘇各縣公團催促廢督電》，《申報》，1920 年 10 月 30 日。
〔註 320〕《關於自治運動之三大會》，《申報》，1920 年 11 月 10 日。
〔註 321〕《請迅速組織自治研究會》，蘇州市檔案館藏，蘇州商會〔民國〕檔，I14-001-0497-038。
〔註 322〕一士：《旅京蘇人與省自治》，《申報》，1921 年 7 月 26 日。
〔註 323〕野云：《北京通信》，《申報》，1920 年 10 月 20 日。

而作桴鼓之應。」〔註324〕

　　除了旅京蘇人與蘇省派遣代表在京積極運動廢督外，蘇人還在省內積極響應廢督號召，其中有團體、也有個人。如江蘇省議會於10月16日致電大總統徐世昌：「李督猝然出缺，公佈遺書有和平統一寸效未見，求同胞勿爭權利，救我將亡國家等語，……謀國之士不得已倡議廢督，外人之愛我者亦多以此言，……李督遺缺籍爲統一先聲，應請速頒明令廢置江蘇督軍，風示天下以旌李督忠誠。」〔註325〕接著，省議會又形成廢督議案，以加強其法律效應。江蘇公民陸規亮等在致大總統的電文中說：「吾國督軍制之應革除，無俟贅陳，此次李督自戕，足證已能覺悟，光明磊落有烈士風，欽佩曷已，應請此後蘇省勿簡督軍，如克實行，他省必聞風興起，既踐總統文治之宣言，復償國民自治之渴望。」〔註326〕江蘇省教育會、浦東同人會、公民顧樹森等通電要求趁李純去世之際，實現廢督，蘇省先爲之，其他省遇缺即廢。〔註327〕當時通電要求廢督以確定自治基礎的還有：上海各公團、自治研究會、東北城聯合會、崑山各公團、川沙各公團、鈕永建、朱叔源等。〔註328〕江寧旅滬同鄉會、寶應商會、韓國鈞、朱叔源、沈鳳岐等，相繼通電，均主張廢督以應民意。〔註329〕由此，可見蘇人廢督自治呼聲之強烈。

　　同時，蘇省還主動聯合其他各省，共同致力於廢督運動。「廢督爲改制問題，非僅一省所能解決，故主張廢督各省有聯合進行之預備，先由蘇省發起，鄂省首應之」。〔註330〕10月22日，旅京各省人士，聞蘇議會通過廢督案，多主一致組織進行，紛紛與蘇代表聯絡。〔註331〕同日，蘇省廢督運動代表張一麟等在中央公園健行會開代表會，議決聯絡各省組織廢督運動聯合會〔註332〕，「各省廢督運動聯合會，經蘇省提倡而後，響應者甚多。」〔註333〕10

〔註324〕《旅京淮徐海人之廢督運動》，《申報》，1920年10月28日。
〔註325〕《江蘇之繼督廢督觀》，《大公報》，1920年10月18日。
〔註326〕《蘇省廢督爭督之熱鬧》，《大公報》，1920年10月19日。
〔註327〕《蘇人主張廢督之代電》，《申報》，1920年10月14日。
〔註328〕《彙紀蘇人主張廢督之公電》，《申報》，1920年10月15日。
〔註329〕《蘇人之廢督運動》，《申報》，1920年10月19日。
〔註330〕吹萬：《北京通信》，《申報》，1920年10月25日。
〔註331〕《北京電》，《申報》，1920年10月24日。
〔註332〕《蘇人對於省治之活動》，《大公報》，1920年10月24日；《北京電》，《申報》，1920年10月24日。
〔註333〕吹萬：《北京通信》，《申報》，1920年10月24日。

月 30 日，蘇皖鄂閩川贛甘粵豫魯十省旅京同鄉，開會決定成立各省自治聯合會，一致以廢督裁兵為主旨。〔註334〕11 月 4 日下午，蘇鄂等十四省區代表在蘇省會館召開大會，正式定名為「各省區自治聯合會」，宗旨為「限制軍費，廢除督軍，及類似督軍制度，以實行國民自治為宗旨。」〔註335〕此後，隨著該會勢力的不斷壯大，其在廢督自治運動中發揮著越來越大的影響，在該會第八次會議上，其進一步明確該會宗旨：「本會唯一之宗旨，即實行國民自治是也。本會所□嚮之國民自治，非政府頒佈數十條自治法案之自治，乃全國國民自行立法、自行刑法、自行司法之自治也。前者政府所予，政府能奪之，後者我民之所自定，亦我民之所自守。無論何人，不得而動搖之，斯為眞正之自治，斯為眞正國民自治」。〔註336〕11 月 4 日下午，旅滬各省區自治聯合會在蘇社開籌備會，確定其宗旨為「實行各省區自治」，為實行該宗旨，並確定主張如下：「（甲）各省區自治法，由各省區自定之；（乙）廢除妨害自治之督軍，及類似督軍等制度」等。〔註337〕該會之成立，與北京之各省區自治聯合會形成南北呼應之勢，使廢督自治運動進一步猛烈發展。「直言」積極評價到，蘇人聯合各省之廢督運動，以得眞正民治為歸宿。〔註338〕亦有人評價說：「近自李蘇督逝世，因利乘便，正廢督之良好時機。於是蘇省人民倡之於前，各省繼之於後，積極進行，殆有不達目的不止之勢。」〔註339〕

　　在蘇人大力倡導廢督自治的同時，政府亦有所表現。1921 年 1 月，長江各督秘密協商，力主試辦聯省自治。其中有電文一條為證：「長江各督密商對時局意見，主緩辦選舉，試行聯省自治，已電直曹徵意見，吳佩孚甚贊成，曹囑暫勿與聞。」〔註340〕但這一通電很成問題，其一，這是由長江各督提倡的；其二該動議似乎是在秘密中進行。由此，讓人懷疑各督軍提出此問題的意圖。

　　大總統徐世昌與總理靳雲鵬亦表態說：「廢督為民國必經之階級，政府若予以反對，殊多不便。誠如張謇所言，廢之前、廢之時、廢之後均須格外注意，……廢督固佳，不如減輕督軍權限為尤佳，蓋所爭者，權也，權輕則無

〔註334〕《北京電》，《申報》，1920 年 11 月 1 日。
〔註335〕《各省自治運動之聯合大會》，《申報》，1920 年 11 月 6 日。
〔註336〕吹萬：《北京通信》，《申報》，1920 年 11 月 21 日。
〔註337〕《籌備旅滬各省區自治聯合會》，《申報》，1920 年 12 月 5 日。
〔註338〕直言：《北京通信》，《申報》，1920 年 10 月 21 日。
〔註339〕《廢督問題與各方面》，《大公報》，1920 年 10 月 25 日。
〔註340〕《北京電》，《申報》，1921 年 1 月 31 日。

人來爭。」〔註341〕這話雖是事實，但是明顯帶有敷衍的色彩。敷衍之詞不但沒有緩和廢督言論，反而使廢督之聲更爲響亮。〔註342〕於是中央不得不把廢督一事形成議案，以共同討議辦法。該議案重點在於「南北是否同時入手，抑應分出次序進行，爲實行應用何種名稱維持秩序，至於督軍制廢止，如何位置以及是否同時分割軍區」云云。〔註343〕議案的出臺是一種積極地表示，但給人的印象卻是前途一片黑暗。

果不其然，蘇省廢督的最終結果是齊燮元代理江督，蘇省廢督運動陷入囹圄。

（二）制憲廢督以求自保階段

雖然廢督沒有成功，蘇省自治卻呈方興未艾之勢，並與響徹雲霄的聯省自治運動合流。與湖南、廣東、浙江等省的自治相比，江蘇屬於第三個梯隊，但亦有自己獨特的一面：其一是把立憲作爲達到自治的手段；其二、把自保作爲最基本的目標；其三是堅持廢督爲自治之前提。

第一，制憲的進行與延宕。

在廢督運動之時，江蘇省已經把制訂省憲作爲爭取自治的手段。1921 年4 月，江蘇省議員張援等提出議案，其中規定了組織起草省憲委員會的若干細節問題，如其提出組織法九條：

第一條，江蘇省憲法由江蘇省起草委員會起草之；第二條，江蘇省憲法起草委員，由下列各員組成：1、省議會推舉四員，2、省教育會推舉四員，3、省商會推舉四員，4、省農會推舉四員；第三條，各會所推舉，不以各該本會會員爲限，其各該本會會員被推薦者，不得逾全數之半；第四條，除各會會員外所推舉者，應具左列之資格：1、具有公法之學識者，2、非現執務於南北政府者；第五條，置顧問，無定額，由起草員第一次集會是推定之；第六條，顧問不限於本省籍；第七條，顧問與起草員同席會議；第八條，起草以三十日爲期，若遇必要，將延長十日；第九條，本法自議決日有效。〔註344〕

細讀此議案，哪一條曾經照顧到軍閥的利益，既然如此，其前途可想而知。不可否認，蘇人制憲的動機仍是以自保爲主，這在張援等提議《組織省

〔註341〕《徐靳最近之談話》，《大公報》，1920 年 10 月 26 日。
〔註342〕《廢督裁兵之趨勢》，《大公報》，1920 年 11 月 1 日。
〔註343〕《廢督問題已列成議案》，《大公報》，1920 年 11 月 4 日。
〔註344〕《江蘇制定省憲法之動機》，《申報》，1921 年 4 月 19 日。

憲法起草委員會，俾制定省憲法以圖省自治案》中有詳細說明，「年來國事糾紛，政治趨勢，多注重在省自治一途，是以湘省早將自治大綱，通電全國，川省繼之。鄂與湘省，亦均提出草案若干條，此無他，人民在法治上欲求自保，捨自謀治理外，實無他法故也。」〔註345〕但同時也可以看出此次為蘇人制訂省憲的誠意。

6月，省議會形成省憲法審查報告。制訂《江蘇省制憲規程》，該規程共四章二十條，並在議會三讀通過。〔註346〕這令蘇省人民極為興奮，人們開始歡呼省憲時代的到來。《申報》報導說：「蘇省憲案，今照審查報告，三讀通過，議會明午，開會慶祝。」〔註347〕但不幸的是，在萬事俱備，只欠東風的情況下，憲法的起草卻步入漫長的延宕時期。

之所以拖延不決，原因主要有三：

首先，蘇省議會之陷入金錢運動不能自拔。《江蘇省制憲規程》制訂不久，蘇議會便宣佈閉會，議長錢崇固、鮑貴藻、孫儆均回裏，議員在省者已不滿二十人，省憲起草委員，決議下屆開會選舉。〔註348〕而下次省議會選舉議員卻先陷入無窮的金錢運動與選舉訴訟之中，時人在《省會初選》一文中評述道：「今日省會又初選矣，初選云者，即初次賣人格之謂也。……流氓地痞賣人格之雇役也，鄉董紳士則賣人格之經紀人也，選舉投票所則賣人格之場所也，賣一次不已，則兩次三次，一人之賣不足，則兩人三人爭賣，明目張膽，以賣全省之人格，而被賣之選民，一任其喝價販賣而不之問，大奇大奇！」〔註349〕據統計，在此次選舉中，訴訟達一百八十餘起，其情形千奇百怪，主要有四種：一、公民放棄公權，致為調查員所利用，偽造選舉人名冊。二、辦理選舉官吏，苟求選舉辦成，不詳查選舉人名冊之是否確實，調查員監察員投票人之是否舞弊。三、選舉人廉恥道喪，以買票為權利，不知選政之關係民治根本。四、熱心省政者，慨目前選政之無從補救，懼一省大權盡為無恥之徒所操縱，亦忍痛買票當選，以圖抵制，故自實際上言之，各縣之選舉可謂無一合法，無一可以有效者。〔註350〕如此而選出的議員，

〔註345〕《江蘇制定省憲法之動機》，《申報》，1921年4月19日。
〔註346〕《蘇省憲之審查報告》，《申報》，1921年6月2日、6月3日。
〔註347〕《南京電》，《申報》，1921年6月4日。
〔註348〕《南京快信》，《申報》，1921年6月23日。
〔註349〕默：《省會初選》，《申報》，1921年7月1日。
〔註350〕葳：《蘇省會選舉訟案百八十餘起》，《申報》，1921年7月19日。

其能否肩負起制憲的重任則大可懷疑。議員勉強選出後，互選議長又陷入激烈的金錢運動中，如此，省憲之制訂盡被拋在腦後。〔註351〕正如時人所說：「一般有識之人對之（省議員初選）淡然也，無識之徒則正以今後議會之事繁責重，一若有大利可圖，益挾其金錢之力以運動，試問以如此無人格之議員，負議會重大之責任，江蘇自治前途危乎不危！」〔註352〕

其次、部分蘇省議員的妥協，是省憲不能迅速制訂的原因之一。當江蘇旅京蘇人正在起草省憲大綱之際，蘇議員華彥銓等十一人通電，主張國憲與省憲並重，以統一為歸宿，此一言論引起旅京蘇人的不滿，認為其顯然受政府中人的運動，因而通電攻擊，「陽尊自治，陰謀集權」。〔註353〕

再次，督軍的掣肘。無可置疑，督軍想得到的憲法是督軍憲法，他們的聯省自治或許只是「聯督割據」而已，齊燮元亦不例外。既然制憲並未反映軍閥們的利益，其必然持消極態度。在武人統治之下而不得武人支持，欲實現自治無異於畫餅充饑！

第二，把自保作為最基本的目標。1921 年 7 月，湘鄂戰爭爆發〔註354〕，引起周邊各省的軍事干涉，但是齊燮元一再宣言，「對於時局，個人決不有所主張，對於自治潮流，亦決不壓抑，惟知保境安民」。〔註355〕並且，其還標榜仍然以承中央之命是從，「決服從中央保衛地方，不加入任何方面」。〔註356〕為防止齊燮元派兵參戰，有人積極勸告江蘇不要捲入，以維自保之局。〔註357〕蘇議員董永成請齊督明白宣佈宗旨，不能出兵援鄂。〔註358〕齊燮元於8 月 2 日下午通電說，「援鄂軍已多，蘇省迭次裁兵，無可徵調，惟有努力

〔註351〕《蘇議會開幕紀》，《申報》，1921 年 10 月 2 日。《蘇議會之爭長潮》，《申報》，1921 年 10 月 8 日，10 月 10 日，10 月 13 日，10 月 14 日，10 月 21日，10 月 22 日，10 月 23 日，10 月 25 日，10 月 27 日，10 月 28 日，10月 29 日，10 月 31 日。
〔註352〕訥：《蘇人對於省選之冷淡》，《申報》，1921 年 6 月 29 日。
〔註353〕吹萬：《北京通信》，《申報》，1921 年 7 月 27 日。
〔註354〕1921 年 7 月 20 日，湖南軍閥趙恒惕以援鄂自治為由出兵驅逐王占元，其由岳州進攻湖北，佔領蒲圻、通城等處。王占元去職後，吳佩孚率軍入鄂，戰勝湘軍，進兵岳州。
〔註355〕《南京快信》，《申報》，1921 年 6 月 20 日。
〔註356〕《北京電》，《申報》，1921 年 6 月 25 日。
〔註357〕默：《戰局與蘇》，《申報》，1921 年 7 月 31 日。
〔註358〕《蘇議員為出兵事致齊督函》，《申報》，1921 年 8 月 3 日。

維持長江下游。」〔註359〕蘇社、張謇亦呼籲齊燮元不能出兵，應該保江蘇一地之治安。在復蘇社、省議員董永成以及張季直的函電中，齊督再次表達了不出兵援鄂的決心，並保證「只要與我素持之宗旨上下不受如何危害，決不輕出一兵」。〔註360〕這其實表明蘇人在軍閥混戰之際，極力要求自保的目的。爲了達到此一目的，在此後歷次戰爭中，其都勸告江蘇當局要堅守不干涉的態度。

1922年4月29日，第一次直奉戰爭爆發。江蘇省雖然並未參與此次戰爭，但是爲了防止蘇省的參與，蘇人再一次回到了省自治以圖自保的討論中來。江督在致江蘇省各縣議員聯合會的函電中保證：「以保境安民，親仁善臨爲職志」。〔註361〕

可以說，正是因爲蘇人的大力維護，蘇省才能在戰亂中堅持中立的態度，這進一步彰顯蘇人自保的心態，也算是蘇人的一項成績，「民國十年中，其他各省或受兵爭苦痛，或被政局搗亂，人民日日處水火之中，而江蘇獨晏然無事，吾不能不爲江蘇幸。」〔註362〕總之，此一階段的蘇省自治運動仍是以求自保爲主的。

第三、當他省在各省督軍的支持下推行聯省自治時，蘇省仍然堅持廢督以實現自治的方針。

第一次直奉戰以直系的完勝爲結局，吳佩孚重新打出武力統一的旗幟，各地方軍閥則打出聯省自治的旗號與之對抗。蘇省此時亦有所動作，但是其初衷不改，仍然把廢督作爲省自治的前提，江蘇平民自治會在請齊督辭職書中說：「咸望公即日宣佈辭職，實踐前言，促成統一，樹萬世之矜模，爲各閥之續倡」。〔註363〕旅京蘇人大會亦致函齊燮元，「勿落浙皖豫魯之後，實施廢督裁兵」。〔註364〕旅京蘇人顧澄等一百三十餘人，還通電江蘇省議會、總商會、教育會、農會、各法團、各報館等，堅持廢督。〔註365〕除了廢督，蘇人還進

〔註359〕《北京電》，《申報》，1921年8月4日。
〔註360〕《齊燮元覆董永成函》，《申報》，1921年8月6日；《蘇督長覆張季直等電》，《申報》，1921年8月12日。
〔註361〕《齊蘇督重申對於時局之意見》，《申報》，1922年5月4日。
〔註362〕默：《國慶後之江蘇》，《申報》，1921年10月11日。
〔註363〕《江蘇平民自治會請齊督辭職》，《申報》，1922年6月24日。
〔註364〕野云：《北京通信》，《申報》，1922年6月29日。
〔註365〕《旅京蘇人熱心廢督》，《申報》，1922年6月29日。

一步呼籲解除蘇省內部各軍職。〔註366〕在旅京蘇人對蘇政建設的建議中，其亦明確提出：「吾蘇欲行自治，亦宜先精神而後形式」，而當前最切要的任務之一便是：增練警備營隊，廢督裁兵。〔註367〕在號召廢督裁兵的同時，蘇人治蘇的口號再次提出，省議會還積極促使江蘇海安人韓國鈞出任蘇省長，實現蘇人治蘇。〔註368〕蘇省士紳段書雲等亦連催韓省長到位。〔註369〕韓國鈞既是本省人，又非軍人，是以得到蘇人的歡迎。〔註370〕

此一點表明蘇人深刻認識到，在軍事強權之下，想實現自治是不可能的。這種認識與時人對聯省自治的評價頗為相近：「今之聯省自治說，迷信武力者反對之，其主張欲以武力結合武力以達鞏固地盤之目的。所謂聯防聯盟等名詞，皆緣此而起。質言之，可謂聯省武治，此種聯省武治政策，愈發展而戰事愈多，且經一度戰事而聯省武治癒進一步」。〔註371〕外人對中國的聯省自治亦有極為準確的評價，《字林西報》十四日北京通訊云：

> 統一運動進行，已促成各省督軍相互聯盟，標榜聯省自治，籍以抵抗中央集權，而保全其固有之特權，如唐繼堯、盧永祥、李厚基、張作霖輩忽行擁護聯邦主義。其實若輩於此主義，未嘗有絲毫瞭解，試觀關於此類之通電，往往有居最高位置之大人物，尚不能辨別地方自治與聯省自治。夫地方自治含有民選官吏之意義，而聯省自治，就意義言，不必定為民主政府，固可以世系王公控制各省，依此解釋聯省自治，將為督軍所樂道，而非人民之所願聞。地方自治，則通省官吏自縣長以至省長，概須民選，此將於督軍特權，施以莫大打擊，其勢實遠過於中央集權，此殆為督軍所不樂聞，而為人民所欲行。今此二者於督軍腦筋中混淆不分，使一旦明白此數字之意義，則必將唾棄不談。蓋人民既不願見獨立之督軍統治獨立之行省，於是當局將知彼等所欲之聯省自治，非人民所欲之聯省自治，且又懼為人誤解為贊成地方自治，自不敢再倡此說矣。平心論之，以中國各省交通不便，共和時代中央政府不能如昔日專制時控制力

〔註366〕《蘇議員促廢督軍護軍使鎮守使電》，《申報》，1922 年 7 月 5 日。
〔註367〕《旅京蘇人建設省政》，《申報》，1922 年 8 月 13 日。
〔註368〕《蘇議員之兩電》，《申報》，1922 年 6 月 29 日。
〔註369〕《蘇紳再催韓省長蒞任》，《申報》，1922 年 7 月 6 日。
〔註370〕默：《蘇議會歡迎韓省長》，《申報》，1922 年 7 月 19 日。
〔註371〕訥：《聯省武治》，《申報》，1922 年 7 月 14 日。

之雄厚，實行聯邦制度，爲將來改造之基礎，意非不良，但當今軍
閥方以此爲保全督軍制之別名，恐行之亦未必有利也。〔註372〕

所以，蘇人堅持廢督自治的方針是具有洞見的。

（三）制憲弭兵以達自保階段

1923 年 6 月，直系軍閥首領曹錕指使黨羽對黎元洪進行「逼宮」，此一事件激化皖直兩派之間的矛盾，江浙之間頗有風雨欲來之勢。蘇人此時的目標是通過制憲與弭兵的方式來實現蘇省自治或江浙聯治，以維持東南一隅的和平之局。

爲了消弭戰爭，蘇社理事會函請督軍聯浙，實行保境安民，並議決先促省議會舉定起草員，並請各法團一致敦促，以制訂省憲。〔註373〕1923 年 6 月 25 日，在蘇社理事會致六十縣商會、農會、教育會的函電中說到：

> 前以制定省憲事，函求各縣法團意見，先後接奉覆函，多以省議會所定制憲規程，久不舉行，應由各公團自動，間有主張先促省議會舉行，如再延遲，即由各法團自動者。此次本社理事會常會，同人僉以中央政局如斯，從此恐無寧歲，若不急圖省治，必將無以自救。而應急之方，惟有先請省議會按照制憲規程，選舉起草委員，較爲便捷。已於本月函促議會，茲將原函附寄詧閱，務祈貴會一致敦促。如經過省議會開會期間，仍不實行，再籌其他方法，是否有當，敬希卓裁。〔註374〕

蘇議會議員則電上海各報館轉蘇浙兩省各法團：

> 天禍民國，軍閥橫暴，國會助虐，逼走元首，劫取印璽，……目今根本解決，捨國民自決外，別無他策。惟念蘇浙唇齒相依，安危夙共，此次既未捲入漩渦，自當以保境安民爲唯一宗旨，應由我兩省各法團自行聯絡，切實敦勸軍民長官，互相結合自衛，勿助外□，以保持東南和平，爲人民留一線生機，明達長官不難諒解，兩省人民之福利，願共圖之。〔註375〕

〔註372〕《外人道破聯省自治說之內幕》，《申報》，1922 年 7 月 20 日。
〔註373〕《蘇社理事會紀事》，《申報》，1923 年 6 月 16 日。
〔註374〕《蘇社促制省憲之要函》，《申報》，1923 年 6 月 26 日。
〔註375〕《蘇議員來電》，《申報》，1923 年 7 月 1 日。

同時，有蘇省議員請求議長即日特開省憲起草員選舉會，並由同人選舉起草員，按照舊府十一屬平均支配，先各屬自開協商會，以備屆期選舉。〔註376〕有人對制憲遲滯的原因進一步透漏說，「乃以部分人成見之難融，坐荒大業。」〔註377〕省議會閉會後，各屬議員，因本省制憲聲浪甚高，尚多留寧者，以便觀望形勢。〔註378〕沈桐叔則對制憲人員人數、資格、地點、期限、顧問等等加以說明。〔註379〕侯兆圭通電贊成開選舉起草委員會。〔註380〕省議會亦宣佈，經集議，一致主張在下半年常會開始時，定期選舉省憲起草員，以完成本省大法。〔註381〕為了增加弭兵的砝碼，安徽也被拉進聯合的圈子。三省士紳為保持和平召開會議，維持江浙公約，並促使皖省加入和平運動。〔註382〕

　　1923 年 10 月，皖系盧永祥通電不承認曹錕賄選，並與奉系張作霖、廣東孫中山結成反直三角同盟，導致皖盧與直系齊燮元矛盾進一步尖銳化，戰爭一觸即發。部分蘇籍人士為消弭戰爭，電馳紛呈，勸告蘇浙長官不能因全國政局的變化而影響東南一隅的和平穩定，其意是走聯治的道路。1923 年，上海、南京、杭州總商會通告說：

　　　　上海為江浙兩省要衝，全國商務中心。華洋輻輳，百貨雲集。
　　江浙兩省之安危，上海一隅，實為門戶，尤大局治安、全國商業盛
　　衰之關鍵也。比來謠諑紛傳，報章騰載，兩省輿情，亦多疑慮。敝
　　會等惄焉終日，惟有懇請江浙兩省耆舊碩彥、商界巨子，即日籌商
　　辦法，籲請兩省長官切實維持，保障東南，並電中央顧全大局，捍
　　衛商民，以定人心而維市面。〔註383〕

張謇對此通告積極響應，其認為「和平之誠意，雖根於兩省人民，而治安之保障，仍在兩省當局。但求政變自政變，江浙自江浙，江浙不願供政變之犧牲，政變亦勿用江浙為矛盾。」〔註384〕

〔註376〕《蘇議員督促省憲電》，《申報》，1923 年 7 月 2 日。
〔註377〕《蘇議員宣佈制憲遲滯原因電》，《申報》，1923 年 7 月 3 日。
〔註378〕《南京來信》，《申報》，1923 年 7 月 5 日。
〔註379〕《沈桐叔之國民制憲意見》，《申報》，1923 年 7 月 5 日。
〔註380〕《蘇省憲之又一督促者》，《申報》，1923 年 7 月 9 日。
〔註381〕《省議員對於制訂省憲之宣言》，《申報》，1923 年 7 月 7 日。
〔註382〕《江浙皖和平運動之繼續進行》，《申報》，1923 年 9 月 29 日。
〔註383〕張謇研究中心等編：《張謇全集》，第一卷，政治，南京：江蘇古籍出版社 1994 年版，第 567 頁。
〔註384〕張謇研究中心等編：《張謇全集》，第一卷，政治，南京：江蘇古籍出版社 1994

在蘇省地方人士奔走呼號弭兵之際，更多人還把消弭戰禍的希望寄託於省自治的實現上。在此後的一段時間內，江蘇省縣議會聯合會（簡稱縣聯會）與江蘇省自治法會議組織法籌備會〔註385〕起到了十分重要的作用。1923 年 12 月，縣聯會號召蘇省各公團、職業團體迅推代表參與制憲會議。〔註386〕1924 年 1 月 2 日，江蘇縣議會聯合會委員會及江蘇省自治法會議組織法籌備會常駐籌備員，開聯席會議，討論省自治法之問題。〔註387〕省自治法籌備會並通告蘇省耆老，請一致贊助省自治法的制訂。〔註388〕在縣聯會與省自治法籌備會的共同努力下，蘇省各法團紛紛參加到制訂蘇省自治法的運動中來。1924 年 2 月，省自治法籌備會響應推舉籌備員的號召，函覆到會者，計四十四個縣的縣議會，及江蘇省教育會，上海律師公會，江寧等教育會，武進等農會，泰縣等商會，各法定職業團體，亦有三十餘處。〔註389〕

作為蘇省的立法機關，省議會的反應卻不能令人滿意，對於制訂省自治法事，省議員響應者寥寥。並因此遭到省自治法籌備會的責問。〔註390〕就正常程序觀之，缺乏省議會的贊助，既使制訂省自治法，其合法性仍然值得推敲，因此蘇人的策略不是推開省議會，而是積極爭取。因而有請省議會開臨時會議，選舉代表參加省自治法籌備會之請求。〔註391〕有人對省議員更是寄託厚望，希望省議會迅速議決省自治法會議代表選舉法，以利省自治法之制訂。〔註392〕在省議會遲遲不開的情況下，章太炎致函韓省長，主張憲法先由蘇省公民投票公決。〔註393〕沙延楷則敬告江蘇省議會及議員，「本屆江蘇省議會議員行將滿期，而《江蘇省自治法會議組織法》，《江蘇省自治法》，《江蘇省議會議員選舉法》亟待制定。將來江蘇能否有省自治法，江蘇能否有省議會，江蘇能否有法律，此三種責任，均繫於現任省議員之一身」，在職者不得

年版，第 568 頁。

〔註385〕1923 年 12 月 15、16 兩日，縣聯會在上海開會，認省自治法極關重要，故組織籌備會，共有一百三十五團體加入。

〔註386〕《省自治法會議之籌備》，《申報》，1923 年 12 月 22 日。

〔註387〕《前日兩團體之聯席會議》，《申報》，1924 年 1 月 4 日。

〔註388〕《省自治法籌備會通告耆老》，《申報》，1924 年 1 月 12 日。

〔註389〕《省自治法籌備會之進行》，《申報》，1924 年 2 月 14 日。

〔註390〕《省自治法籌備會責難省會》，《申報》，1924 年 2 月 20 日。

〔註391〕崧：《敦促江蘇省自治法會議進行之我見》，《申報》，1924 年 2 月 25 日。

〔註392〕權：《促進江蘇省自治法之我見》，《申報》，1924 年 4 月 3 日。

〔註393〕《章太炎致韓省長書》，《申報》，1924 年 3 月 3 日。

不注意自身職責之所在。〔註394〕江蘇省自治法會議組織法籌備會常駐委員李味青等在致省議會的函電中，更是以公意施加壓力，「計縣議會已過十分之七，法定團體亦有六十餘處，全省心理，於茲可見。」〔註395〕但是因受閘北水電廠案及議長被控案的影響，本屆蘇議會之第二次臨時會從開始迄今，未開一次大會，談話會亦一次未開。〔註396〕又如何指望其議決省自治法呢？只是到了最後幾日，蘇省議會突然開成幾次大會，將《江蘇省自治法會議組織法》、《江蘇省省自治法程序法》等匆匆提出。〔註397〕但這頗令人懷疑，〔註398〕本屆蘇議員在臨時會即將屆期之時，才提出如此多的議案，是良心發現，還是藉此尋求再開臨時會的藉口？果不其然，爲了完成立法程序，江蘇縣議會聯合會、江蘇省自治法會議組織法籌備會兩團體先後督促省議會、省長召集第三次臨時會。〔註399〕1924 年 7 月 15 日，第三次省議會臨時召開，在本次會議上，議決各項自治法規成爲主要任務，《江蘇省省自治法會議組織法》及《江蘇省省自治程序法》相繼議決。〔註400〕但是在議決過程中，卻出現嚴重的違法行爲，《江蘇省省自治程序法》本非省議會職權範圍，此次一併提出決議，頗有包辦之嫌疑，蘇省教育會首先發表反對言論。〔註401〕

對於省議會議決省自治法會議組織法及省自治程序法兩案，省長亦認爲與憲法條文未盡符合，因咨內務部請示辦法。蘇省地方人士，更是函電交馳，報紙騰說，因議論紛歧，導致法規進行停頓。〔註402〕各項法規尚在商討之中，蘇省議會臨時會已屆最後之期，按照法令規定，本屆議會將屆期，只好等新的省議會產生之後，才能重新討論，省自治法再陷囹圄。

隨著軍閥爭奪戰的加劇，江蘇不可避免的陷入戰爭的漩渦。1924 年 9 月，江浙戰爭（齊盧之戰）全面爆發，此次戰爭以盧永祥下野爲結果。戰爭既起，地方士紳仍積極運動弭兵。唐文治記載說：「余逆知戰事必不能免，

〔註394〕沙延楷：《敬告江蘇省議會議員》，《申報》，1924 年 4 月 3 日。
〔註395〕《請議促進省自治法案》，《申報》，1924 年 4 月 29 日。
〔註396〕《蘇議會停滯之原因》，《申報》，1924 年 5 月 15 日。
〔註397〕《省自治法會議代表選舉法之審查報告》，《申報》，1924 年 6 月 28 日。
〔註398〕葳：《蘇議員之最後覺悟》，《申報》，1924 年 6 月 16 日。
〔註399〕《省自治法籌備大會紀》，《申報》，1924 年 7 月 3 日；《兩團體電請省長召集省會》，《申報》，1924 年 7 月 6 日。
〔註400〕《省議會之三議決案》，《申報》，1924 年 7 月 29 日。
〔註401〕《省議會擬議省自治法至反響》，《申報》，1924 年 7 月 26 日。
〔註402〕《蘇人糾正蘇議會自治法案電》，《申報》，1924 年 8 月 21 日。

先期電達曹錕、吳佩孚、并齊、盧兩處，痛哭流涕，求其和解。曹、吳未覆，齊、盧覆電，均稱倘人不犯我，我亦不犯人也。至七月下旬，事益亟。江浙紳士惶急，主議緩衝。乃浙盧派員到會，而蘇齊杳然。至八月三日，遂開戰。」〔註403〕

　　戰爭給江蘇人民帶來巨大災難，「兵士騷擾淫掠，百姓流離，殘不忍言。」〔註404〕「散兵遊勇的劫掠燒殺，姦淫擄掠，無所不至。據調查嘉定、寶山、太倉、崑山、宜興、上海、松江、青浦、金山、奉賢等縣，先後『爲齊燮元所蹂躪而損失者約計六千萬有奇。』其中如瀏河『被炮火全毀之房產，計一百五十四戶，共一千五百二十九間，炮彈炸壞房屋約三千三百餘間，綜計損害斷在七十七萬元以上，而屋內之財物不與焉。』『崑山夏橋鄉人煙斷絕，十室九空；』松江城內商店『以存貨傾盡，關門者達百分之九十五』，無錫受戰爭影響，紗廠『大都停工，工人生活困苦萬分』。」〔註405〕這些給江蘇各縣之自治事業形成巨大影響。

　　同年，第二次直奉戰爭爆發，奉系勝利，並在援助盧永祥的口號下，乘勢向南擴張勢力，其先鼓動段祺瑞下令免去齊燮元江蘇督軍的職務，後任命尚在日本的盧永祥爲蘇皖宣撫使。齊則聯合孫傳芳抗拒奉系的南侵。奉、盧聯合對齊、孫之聯合，南方政局一度緊張。爲緩和局勢，段祺瑞採取離間計，安撫孫傳芳、孤立齊燮元，孫傳芳中計，放棄援助齊燮元，孤立無援的齊燮元宣佈下野。齊燮元下野後，奉軍源源不斷開進上海，導致與孫傳芳的矛盾不斷尖銳化，1925 年 10 月，孫傳芳不宣而戰，奉浙戰爭爆發，戰爭以孫傳芳的勝利而結束，孫控制蘇浙皖閩贛，自任「五省聯軍總司令」。此次戰爭因爭奪對江蘇的控制權而起，又以江蘇爲主戰場，必然進一步加重了江蘇人民的災難。

　　同時，各派軍閥爲了在輿論中站住腳，都紛紛擎出省自治或聯省自治的大旗。如 1924 年 12 月 11 日，段祺瑞下令免去齊燮元所兼各職，以省長韓國鈞督辦江蘇軍務，並特派盧永祥爲蘇皖宣撫使，而「蘇軍各將領爲保江蘇現狀，通電表示擁護韓國鈞，但反對段祺瑞另派軍事大員入蘇、危害蘇皖。江

〔註403〕唐文治：《茹經先生自訂年譜》，臺灣文海出版社有限公司 1986 年印行，第88 頁。

〔註404〕唐文治：《茹經先生自訂年譜》，臺灣文海出版社有限公司 1986 年印行，第88 頁。

〔註405〕沈嘉榮主編：《江蘇史綱》，南京：江蘇古籍出版社 1993 年版，第 321～322頁。

蘇紳民及各社會團體也認爲盧永祥是江浙戰爭的罪魁禍首之一，沒有『宣撫』江蘇的資格，紛紛通電反對盧永祥南下，掀起『江蘇廢督和上海永不駐兵』運動」。〔註406〕

齊燮元下野之後，奉張爲實現了其囊括江蘇的野心，竭力排斥盧永祥，還藉口「蘇人治蘇」，要求段祺瑞於 2 月 14 日任命他的秘書長江寧人鄭謙爲江蘇省長。但是，此「蘇人治蘇」絕非蘇人所要求的「蘇人治蘇」。

第三屆蘇省議會雖已屆期，但鑒於蘇省此時所處的特殊環境，特增開一次臨時會，「因兵災之後，地方一切要政，亟須共圖整理，爰訂四月一日召集臨時會，會議各項善政（後）事宜」。〔註407〕在本次臨時會上，先後通過《江蘇省修正制憲規程》、〔註408〕《省憲起草委員會之選舉草擬辦法》等，〔註409〕但因各屬選舉起草人，屢起爭潮，最終無果。〔註410〕隨著本次臨時會的結束，蘇省省議會正式退出歷史的舞臺。再一次恢復，已是大好河山淪陷之下的 1941 年了。應該說，江蘇省憲未能頒佈，除了客觀因素之外，省議會及其議員應負主要責任。

省議會結束之後，縣聯會再次挑起制憲的擔子，5 月 1 日，縣聯合召開大會，其中宣言說：「自十二年十二月十六日，本會召集大會時，公決組織省自治法會議組織法籌備會，並議決各縣職業團體及其他各團體，均應加入，即通告各職業團體，計各縣法團加入者，五十一團體，職業團體九十八團體。至去年曾在也是園召集開會，議決督促省會開會議決省自治法組織法。嗣因時局變更，未能實現，但我蘇省兩經兵災，創巨痛深，若不從速制憲，不足以蘇民困云云。」會議議決另組「江蘇省憲協會」，以促省憲制定之進行。〔註411〕該會此後雖然做了頗多努力，但最終也未能爲蘇省制訂出一部自治法來。

奉浙戰爭之後，孫傳芳得以控制蘇浙皖閩贛五省，其馬上打出「保境安民」的旗號，通電宣稱「人不犯我，我不犯人」。但此一口號與蘇人所要求的蘇人治蘇已是志趣大異，不可同日而語。1926 年廣東革命政府出師北伐後，聯省自治的口號無人再提，蘇人治蘇也被湮沒在歷史的故紙堆中。

〔註406〕沈嘉榮主編：《江蘇史綱》，南京：江蘇古籍出版社 1993 年版，第 323 頁。
〔註407〕《蘇議會臨時會開幕》，《申報》，1925 年 4 月 2 日。
〔註408〕《江蘇省議會開會紀》，《申報》，1925 年 4 月 24 日。
〔註409〕《蘇議會之制憲談話會》，《申報》，1925 年 4 月 26 日。
〔註410〕《蘇議會憲草選舉會》，《申報》，1925 年 4 月 30 日。
〔註411〕《縣聯會討論省憲大會紀》，《申報》，1925 年 5 月 2 日。

第四節　軍事強權下的國家與地方精英

在民國成立後的十餘年間，中央政府雖然不能對江蘇省實施有效的統治，但歷屆江蘇軍政長官上卻能與北京政府保持基本的一致。在地方自治推行的問題上，中央政府並無多少誠意，江蘇省軍政長官亦往往抱此一態度。雖經政局屢次變更，蘇省地方精英始終未放棄對地方自治的希望，特別是在呼籲自治恢復的階段，其表現可謂不遺餘力。總之，國家與地方精英對此一時期地方自治的推行都產生重要的影響，因爲目標與利益不一致，兩者不可避免地產生矛盾。

一、進退失據的江蘇地方精英

（一）體制內與體制外的尷尬

清末地方自治的推行，使部分地方精英從體制外進入到體制內，產生了一批以體制內強制力量爲後盾的「權紳」〔註412〕，這是地方精英在國家與社會博弈過程中，向國家靠攏了一種體現。民初繼續推行地方自治，權紳作爲國家在基層社會的「代理人」，繼續維持其在區域社會的巨大影響。當袁世凱政府廢止地方自治時，權紳們則面臨著一個十分尷尬的局面——再一次被排除到體制之外。權威資源的突然消失，使權紳們區域社會管理者的地位遭到了嚴重的挑戰，大部分人不得不退回到原來的身份，或者是轉向其他領域。「正如巴雷・巴肯在對江蘇省的研究中所觀察到的，袁的這項舉措可能使縣議會中的許多地方精英的政治熱情投向了其他活動，常常是商業領域，這在隨後的數年裏尤爲明顯。」〔註413〕

按照一般邏輯，既然權紳的權威資源來自體制內強制力量，那麼其不遺餘力地去恢復地方自治的行動也就有了一種新的解釋，即重新進入體制內的政治訴求。因爲袁氏地方自治制官味太濃，其並未給這些地方精英留下多少施展的空間，因而遭到一致的反對。袁世凱之後，歷屆中央政府對推行地方自治並無多大興趣，它們對恢復地方自治之推脫敷衍讓地方精英極爲不滿。循此思路，權力分割成爲國家與地方精英之間博弈的根源。當然，這並不是

〔註412〕王先明：《歷史記憶與社會重構》，《歷史研究》2010 年第 3 期。

〔註413〕巴肯：《權力的型式》，第 203～206 頁。張信：《二十世紀初期中國社會之演變——國家與河南地方精英 1900-1937》，北京：中華書局 2004 年版，第 193 頁。

否認民氣上昇的事實，因爲地方精英要求民主參與的過程，與追求恢復失去的權力的過程，是並行不悖的。經過江蘇地方精英的不懈努力，1923 年，江蘇省正式恢復暫行縣市鄉制，但在自治停辦十年之後，立即恢復並非易事，其面臨著種種現實困難，如缺額議員的補選、自治經費的撥還、新形勢下暫行縣市鄉制的適用問題，等等。並且，江蘇省縣市鄉制度的恢復，其合法性主要來自省級行政官廳的默認，而不是中央政府的認可。這又爲江蘇地方自治的推行抹上了一絲陰影。

在此一階段，所謂的地方自治既非西方近代地方自治，又非中國傳統的紳治。其在引進近代西方地方自治的某些要素的同時，又延續了由少數地方精英控制區域社會管理權的傳統。事實證明，在此一階段，地方精英不僅未能起到調和與潤滑國家與民間社會的作用，反而是形成與兩者關係都漸趨緊張的態勢：爲恢復地方自治而與國家進行不斷的博弈，導致其與國家關係的緊張；爲了追逐名利而不顧區域社會的利益，導致其與基層民眾的隔閡，這在江蘇省併不是偶然的現象。〔註414〕另外，在一定時期，地方精英又會因爲某種需要向國家或者民間社會靠攏，這種若即若離的狀態使地方精英實際上成爲遊走於國家與民間社會之間的投機力量。當大革命到來時，其成爲首先被拋棄的對象。

（二）省自治中的江蘇地方精英

在尋求「蘇人治蘇」、蘇省自治的過程中，江蘇地方精英往往表現爲一種猶豫不決的狀態：他們既不能像湖南省那樣，在督軍支持下，制訂省憲，宣佈自治；又不願如北方各省，甘居他人之後。因此，所謂的蘇省自治經常表現爲自治口號下的自保行爲。這種嚴重的內在矛盾與衝突導致蘇省既未能實現自保，也未能爲蘇省制訂出一部自治法。

1、在繼長、廢督問題上的猶豫不決

「蘇人治蘇」是從驅齊開始的。在此一問題上，其一方面表示爲以「蘇人治蘇」，「愛父母之邦而強爲善，畏鄉里之多言而不敢爲不善也。」一方面又表示「實則果賢何必蘇，果不賢也何爲蘇；是當辨賢與不賢，不必論蘇非

〔註414〕群僻在《爲我邑士紳們進一忠告》一文中，特別強調士紳一旦與自治結合在一起，「總是愈弄愈糟」。並指出這些人之所以看中代議士的職位，不過是有利益可圖罷了。《吳江》，中華民國十二年六月一日。

蘇。」〔註 415〕這種前後矛盾的說法證明蘇人對於實現蘇省自治並無決心，其只是借「蘇人治蘇」以達驅齊的目的。此一結論在張謇對湖南省自治的評價中亦能得到證明，「省自制憲，湘先行最好。但吾觀譚組庵客氣勝，私見不淨，恐尚非其時也。自治云者，須有事實。事實無小大，期於成，非空言所能振發。」〔註 416〕以張謇在江蘇省之地位，其言行勢必產生重大影響。總之，此時蘇人治蘇更多是去齊的策略，並非要實現蘇省自治。

　　驅齊之後，是繼長問題，在此一問題上，蘇人亦未能始終堅持「蘇人治蘇」的原則。這除了要與李純調和關係外，主要還是與蘇人實現蘇省自治的決心有關。在活動王瑚長蘇時，蘇人認為，只要王瑚能照蘇人所擬之治蘇方針辦理，是否堅持「蘇人治蘇」倒在其次。〔註 417〕事實證明，王瑚基本上滿足了蘇人的要求，獨對自治問題不能承諾，蘇人亦並未堅持。〔註 418〕並且，在李純已歿的情況下，蘇人亦未對王瑚的「非蘇人」身份提出任何異議。可見，此時的蘇人治蘇仍非最終目的，而是蘇人對抗李純的武器。

　　李純自戕，蘇人治蘇與廢督成為密切相連的兩個問題，自此之後，蘇人始終堅持只有廢督才能實現真正自治的理念。與其他省相比，這是蘇省較具特色的一點。也表明蘇人對武人統治下的政局有更加清醒的認識，但是兩次廢督都沒有成功，其失敗的根源仍在於蘇人這種思想深處的矛盾性。當李純自戕後，蘇人積極廢督，但是廢督的同時，其已經帶有了妥協的心理。當王士珍堅辭不就蘇省督軍一職，北京政府擬調王占元督蘇時，「蘇之同鄉京官以縱不能達廢督之目的，不得已而思其次，則贊成王聘卿（士珍）為特使。」〔註 419〕這是第一次妥協的暗示。後來旅京蘇人再加兩個條件：「（一）王士珍如出任蘇督須在北京遙制督軍事，否則決不承認；（二）王士珍對蘇省財政民政及一切其他政務均不得籍口過問，以免混亂權限。」〔註 420〕張謇當時的態度亦是徘徊於可與不可之間，「李督猝逝，未嘗非廢督之機。但時機

〔註 415〕張謇研究中心等編：《張謇全集》，第一卷，政治，南京：江蘇古籍出版社 1994年版，第 431 頁。

〔註 416〕張謇研究中心等編：《張謇全集》，第一卷，政治，南京：江蘇古籍出版社 1994年版，第 432 頁。

〔註 417〕《蘇人對於省長問題之解決辦法》，《申報》，1920 年 9 月 20 日。

〔註 418〕《北京電》，《申報》，1920 年 9 月 30 日。

〔註 419〕《廢督聲中之寧訊》，《大公報》，1920 年 10 月 23 日。

〔註 420〕《中央政聞彙紀》，《大公報》，1920 年 10 月 28 日。

似尙未熟，求賢則吳、馮，順勢則齊庶幾。」〔註421〕張謇還進一步指出：「目前廢督之議未決，爲事、爲地、爲人、代李者以齊爲宜，更調他人，或滋他慮。」〔註422〕張謇既有此論，唯馬首是瞻之其他江蘇士紳亦必大聲附和。

因此可以說，是江蘇地方精英這種猶豫不決的態度，導致其在爭取蘇省自治中一再失利。

2、在自治、自保之間的猶疑徘徊

在尋求蘇省自治的過程中，蘇人之所以堅持廢督以求自治，說明其對軍閥政權有著清醒的認識。因爲對於軍閥政權的清楚認識，其對聯省自治則往往抱悲觀態度。1921年，張謇在致友人的一封信函中指出，此時實行聯治，並非其時，「北方職幟之言曰統一，南方職幟之言曰自治。……二者皆蔽，蔽各私所私。私故不明，不明則所相見者，徒以不誠爲市；甚至北視南爲寇讎，南斥北爲僞逆。而操縱播弄其間者，朝縱暮橫，陽此陰彼，即顛倒此統一自治之名，以爲舉足輕重之用。」並進而指出，「自治事不止制省憲百數十條文而已，實業、教育、水利、交通，何止萬端，未遑舉一。」〔註423〕非但如此，張謇對通過聯省自治以廢督裁兵的想法亦給予批評，「至裁兵廢督者，走前聞之，即以爲書生之談。事無預備，而遽發大難，恐求治而適得亂。故以爲事機尙早。」〔註424〕此一點在《論省自治答趙炎午函》中說得更加清楚：「……湘亂甚矣！創不可謂不巨，痛不可謂不深，抑不獨湘也；不獨湘而湘禍爲先，忧之者乃思以省自治脫於南北，乃有繼之者以聯省自治，各自爲謀，以脫於彼此之爭；蓋亦人民鑒於覆車亟圖自救之心理。然國內之喧騰是說，又有年矣。拭目而觀能自治者幾省？省不各自治，以何爲聯？今湘布省憲，湘去督軍，澳汗大號，公又有此宣言矣。環四境而視聽者，其非圖視聽此大號宣言而已。」〔註425〕

可以說，張謇的認識不無道理，也極具代表性。但在實踐中，蘇人又往

〔註421〕張謇研究中心等編：《張謇全集》，第一卷，政治，南京江蘇古籍出版社1994年版，第436頁。

〔註422〕張謇研究中心等編：《張謇全集》，第一卷，政治，南京江蘇古籍出版社1994年版，第437頁。

〔註423〕張謇研究中心等編：《張謇全集》，第一卷，政治，南京江蘇古籍出版社1994年版，第460頁。

〔註424〕張謇研究中心等編：《張謇全集》，第一卷，政治，南京江蘇古籍出版社1994年版，第462～463頁。

〔註425〕張謇研究中心等編：《張謇全集》，第一卷，政治，南京江蘇古籍出版社1994年版，第491～492頁。

往把維持自保之局寄託於省自治法的制訂，表現出一種對強權之下立憲自保的幻想。

當蘇省頻遭戰亂之後。蘇人將弭兵之失敗歸因於省自治的失敗。旅京蘇人莊蘊寬等爲此發起省憲促進會，「鑒於本省自治不能實現，以致任人宰割，早經痛心疾首，亟思聯合成強有力的團體，一方促進省憲之成功，一方樹立自治之根本。……認定蘇人欲收回自主之權，其憑藉全在省憲，應由全省公民群起運動，以期到達圓滿目的，在省憲未產生以前且應有一種公約，以資代替。」〔註426〕與務實精神相比，此又不啻於蘇人的一種幻想。

總之，在蘇人的思想深處，自保的理念貫穿省自治的始終。在一定程度上講，自保與自治是相統一的，通過省自治來抗拒客軍對江蘇的騷擾，以形成彼此互不干擾的局面。但是自保絕對不能與自治劃等號，自保是因爲戰爭環境而發生的一種人的自然反應，其是被動而非主動的；自治則是仿照西方聯邦制而確立一套與中央分權制衡的制度，這種制度是以分權爲基礎，以實現地方上的自主性爲目的。通過「省自治──聯省自治──國家統一」的路徑來結束當前軍閥割據是聯省自治鼓吹者所堅持的，而自保的行爲最多停留在第一個環節上，也就是說，蘇人所倡導的蘇省「自治」缺乏一個連貫性的思維。

二、軍事強權下的國家、社會、第三領域

因爲數千年專制思想的影響，北京政府往往把實現高度中央集權作爲最高的治國目標，既然如此，其必然把與中央分權的地方自治視爲「異類」。袁世凱廢止地方自治，而代之以袁氏自治制，自然與其加強中央集權的目標有關。袁世凱之後，雖然北京中央政府多次打出地方自治的旗號，但其真正的態度卻是虛與委蛇，推脫延宕，此一點在江蘇省暫行縣市鄉制的恢復以及省自治法的制訂過程中有著集中的體現。

中央加強集權的過程，也是國家對基層社會滲透與整合的過程，但在北京政府時期，國家對基層社會的整合可謂是最大的敗筆。之所以形成這種局面，原因主要有二：其一是軍閥割據的局面使然。袁世凱執政時，尚能維持全國形式上的統一；袁世凱之後，中央政權要麼由某一派實力軍閥控制，要麼是徒有虛名，政令不出京畿。在中央政府不能有效控制全國的情況下，其當然不可能制訂出一部切實可行的自治法來。因此，可以說，北京政府時期

〔註426〕靜觀：《旅京蘇人發起省憲促成會》，《申報》，1925 年 1 月 11 日。

的國家是弱勢的，這種弱勢導致其對基層社會鞭長莫及。

北京政府時期，蘇省地方士紳的表現可圈可點。經過清末地方自治的初步實驗，地方士紳已經把地方自治視爲重新整合基層社會秩序的武器；特別是在軍閥混戰年代，地方自治更是成爲人們尋求自保的工具。在江蘇地方自治推行的過程中，由地方士紳控制基層社會的局面並未發生太大的變化，化魯在其《地方自治與鄉村運動》一文中這樣描述：「前個月我回家裏去，剛值我們鄉里辦理縣議會選舉，很使我得了一些感想。因爲就我所見，選民的名冊大概是捏造的，投票的人大概是雇傭來的，當選的只是幾個『紳士』和『準紳士』，佔地方人口大多數的農工階級，不但對於選舉並不發生興趣，而且竟不知道是怎麼一回事。所以這一種地方自治只是『紳治』，並不是民眾代表的自治。這不單在我們縣裏是這樣，便在別處，恐怕也未必不是這樣呢。」〔註 427〕隨著地方主義的泛起，地方士紳控制基層社會的欲望不斷增強，最集中的體現則是，江蘇省地方士紳反對中央統一制訂之自治法，而對民元蘇省自訂的暫行縣市鄉制情有獨鍾，這種行爲無疑是對國家權威的一種直接挑戰。但是，自清末以來，地方士紳出現整體的劣化傾向，反映在地方自治中，則是部分人把「當選」看做謀取個人私利的機會，結果嚴重消弱了其與國家博弈時的威力。隨著大革命中打倒土豪劣紳的擴大化，地方士紳逐漸退出地方社會管理者的角色。

在此一階段，基層社會的廣大民眾因缺乏必要的喚醒機制而基本上處於沉默狀態。與清末地方精英對自治的介紹、宣傳相比，北京政府時期則很少能看到這種跡象。在民智未開的情況下，希圖民眾自己覺悟起來，實現自主管理，實是不可能的。在朝不保夕的狀況下，誰還會在意那向來就無多大興趣的自治權力！另外，清末推行地方自治過程中，由少數人把持地方事務，自治民變此伏彼起的印象仍在，基層民眾對地方自治並無好感，所以，在此一時期的地方自治推行中，廣大基層民眾基本處於失語的狀態。

總之，在軍事強權之下，國家與地方精英都處於一種弱勢。最終的結果往往只有破壞，而無建設，地方社會始終處於一種失序狀態，基層社會的失序爲新的社會整合力量提供了歷史的機遇，誰能夠抓住這個機遇，誰就能主導中國的未來。

〔註 427〕化魯：《地方自治與鄉村運動》，《東方雜誌》1922 年第 19 卷第 6 號。

第五章　南京國民政府時期江蘇省各級地方自治與一黨專制的形成

　　在民初十餘年的動盪不安中，民主共和始終處於風雨飄搖狀態，無論哪派軍閥執掌中央政權，都會緊握此一旗幟，以形塑該政權的合法性。南京國民政府成立之後，雖然仍以民主共和相期許，但卻不能掩蓋一黨專政逐漸形成的事實。對於這一結局，人們多從民族國家的建設，憲政民主的階段性等宏觀視角去考察，尚缺乏微觀方面的分析，在近代中國政制轉型過程中，僅著眼於上層政治制度建設，而忽視基層社會結構變動的做法，無疑是一種缺失，因此，我們有必要把視線下移，進一步觀察南京國民政府成立前後基層社會結構的變化。

第一節　大革命時期江蘇基層社會秩序的重建

　　第一次國共合作，使近代以來革命的力量空前增強，革命的國民黨與更加革命的共產黨都主張通過暴力來完成中國社會的改造問題。循此思路，革命成為時代的最強音，除此之外，所有改革的言行都被視為「保守的」。革命最主要的表現有二：革命的理論與革命的行為。就理論上講，重新闡釋的三民主義革命性明顯增強，並成為國共兩黨一致遵守的革命理論；革命的行為除了以軍事力量摧毀封建軍閥的統治外，更加重要的是如何撼動傳統地方精英在基層社會的統治基礎，以建立新的社會秩序。受西方政黨理論的影響，

國共兩黨更加重視革命過程中政黨的作用。以黨建國、以黨治國成為此後中國國家政權建設過程中的一大趨勢。政黨建設成為革命的重要任務之一，它是國共兩黨合作的開始，也是兩黨聯合陣線由分裂走向決裂的重要誘因。在實際行動中，為了避免北伐戰爭的流寇主義，國共兩黨加強了對新佔領地區的政權建設，此一項工作主要留給了以軍隊為依託的各地黨部來做。

一、黨部、接收與新建制

黨部主要是指國共第一次合作後建立的從中央到地方的中國國民黨的各級組織，其份內工作是負責黨的事業，如發展黨員，宣傳黨的主義，擴大黨的影響等；而在實際政治生活中，其往往超越自己的職權範圍，對行政進行監督，甚至直接干預行政。它是革命勢力滲透基層社會不可忽視的一種力量。

在 1927 年清黨之前，黨部是由國共兩黨聯合組建的，且大部分黨部是在共產黨的倡導與幫助下建立的。並且，在北伐軍抵達各地之前，它們的活動是秘密的，北伐軍抵達以後，各地黨部開始公開化。1927 年清黨之後，共產黨被清除出黨部，黨部逐漸演變成國民黨一黨的統治工具。以上情況，可就鎮江縣市黨部的發展歷程證明之：

1924 年 6 月，時任國民黨上海執行部宣傳部秘書惲代英，在鎮江人嵇直（社會主義青年團團員）的陪同下到鎮江做社會調查。惲代英返滬後，即與嵇直及正在籌建國民黨江蘇省黨部的侯紹裘（共產黨員）研究鎮江的社會情況，決定在鎮江建立國民黨組織。1924 年年底，鎮江國民黨小組成立，其成員是陳景福、楊植之、陳斯白、柳健、黃始鴻等。因為北洋政府將國民黨視為非法組織，為便於公開活動，國民黨小組以「三五同志會」的名義開展革命活動。

1925 年 5 月，鎮江成立國民黨第一區分部，黨員 7 人，柳健為常務委員，陳景福為組織委員，陳斯白為宣傳委員。隨著黨員人數的不斷增多，第二區分部，第三區分部相繼建立。1926 年夏，國民黨鎮江第一區黨部成立，黨員 51 人，常務委員柳健、組織委員楊公崖、宣傳委員陳斯白。

隨著國民革命軍北伐的節節勝利，為了適應革命形勢迅速發展的需要，國民黨江蘇省黨部決定在鎮江成立市黨部。1927 年年初，有 20 多名國民黨員出席第一次黨員代表大會，選舉了鎮江市黨部第一屆執行委員會。柳健任常務委員，胡健民任組織部長，韓天眷任宣傳部長，李西侯任農人部長，曹秉

乾任青年部長，馬志英任婦女部長，金鑄人任商人部長，候補委員閔春華任工人部長。代表大會還選舉楊公崖爲監察委員，董國章爲候補監察委員。3 月23 日，北伐軍抵達鎮江，鎮江市黨部開始公開活動。由於國民黨組織公開活動和革命形勢的發展，要求參加國民黨的人數增多，組織發展工作也從市區擴大到丹徒全縣，至是年 4 月底已有黨員 300 餘人。

1927 年 4 月 12 日，蔣介石發動政變。4 月 27 日，南京市公安局長溫健剛到鎮江，就與駐軍研究在鎮江的「清黨」事宜。5 月 9 日，東路軍總指揮部宣佈鎮江無組織市黨部之必要，令其停止辦公。鎮江市黨部解體，許多國民黨左派分子紛紛逃離鎮江，避居他鄉。〔註1〕

以上是鎮江縣市黨部發展的一般歷程，其他地方黨部的興衰多與其類似，此處不再例舉。可以清楚地看到，國民黨黨部的作用以 1927 年的清黨爲分水嶺，形成涇渭分明的兩個時期。

江蘇各地在光復之後，因爲缺乏現成的行政管理人才，而中國國民黨又力圖把影響擴大到基層社會，所以，在軍事佔領的同時，地方黨部成爲地方政權接收的主角。

仍以鎮江縣爲例，在鎮江光復之後，地方黨部馬上主持召開聯席會議，商議接收事宜。1927 年 4 月 8 日午後二時，市黨部借商團本部開各界聯席會議，以常務委員柳建爲主席，議決要案：（甲）平米價。（乙）收回教會學校，由教育局、市黨部、商會、教育協會等每團體派一人，並縣視學等五人組織委員會，辦理調查接收事宜。（丙）由縣公署、市黨部、商會、西醫公會組織委員會，維持美國人所設之基督醫院及婦孺醫院等。〔註2〕並且，鎮江市黨部還查封自強報館，組織新鎮江日報，作爲黨的侯舌。〔註3〕

其他地方黨部亦在本地光復後積極辦理接收工作。在北伐軍到來之前，無錫縣知事張修府已棄職攜眷赴滬，臨行前委任第一科主任殷舍農代理。署內行政司法各事，已完全停頓。北伐軍到達無錫後，殷舍農便把印信送交市公所保管，各科人員亦都星散，一時間，地方上幾乎陷入無政府狀態。23日，國民革命軍賴軍長到達無錫，當縣市黨部代表及團體領袖進見時，賴軍長告誡大家：縣長人選問題，急應解決，庶負責有人。當即由國民黨無錫縣

〔註 1〕　《鎮江市志》，http：//szb.zhenjiang.gov.cn/htmA/fangzhi/zj/1001.htm。
〔註 2〕　《黨部聯席會議》，《申報》1927 年 4 月 8 日。
〔註 3〕　《市黨部組織黨報》，《申報》1927 年 4 月 8 日。

市黨部召集聯席會議，並由省黨部委員□輝爲監選員，選定秦效魯爲公安委員，孫靜安爲土地委員等。各部委員推定後，馬上通知秦君，請即日就職。另外，無錫國民黨市黨部執行委員，亦於同日開會集議，組織市政務委員會。會議結果，以趙夒爲市政局局長，下設財政、建設、土地、教育、工商五科。隨即公函市總董錢孫卿知照，並呈請賴軍長加委，於當晚八時前往接收。錢君將印信存款——點交。接收後，再行舉定各科員。〔註4〕

　　無錫原來的自治機關也將由黨部來接收。3月28日，國民黨無錫縣黨部議決，舊有之縣議事會，四鄉公所，須一律接收，並推定常務委員高大成前往接收。29日，高君前往接收，並將縣黨部即日遷至四鄉公所開始辦公。〔註5〕

　　松江縣黨部於3月27日下午四時開執行委員會，在通過的議案中，有多項議案反映了相同的問題，如議決即日接收縣議會、參事會，推定徐偉聲、陸伯周、陳逸塵、陳秋實四人前往；追認所定接收二十四市鄉公所辦法及所定接收人員等。〔註6〕

　　另外，蘇州、奉賢、常熟等地黨部也紛紛接收舊的地方政權，此處不再贅述。總之，北伐軍鋒纓所指，紛紛出現地方黨部接收事件。黨部人員對基層組織的接收，是對傳統基層社會士紳統治秩序一次有力的衝擊。接收者與此前的基層社會的管理者不同，他們與區域社會缺乏直接的地緣與血緣的關係，不代表某一區域社會的利益，而是未來國家意志的直接代表。

　　地方舊政權被接收的過程，亦是新政權建設的過程。各級黨部在接收之後，立即著手新制度的建立，其一般程序是：

　　在縣一級，由縣黨部召集地方團體及人士召開聯席會議——選舉臨時委員（或由黨部委任），建立縣臨時行政委員會——建立其他組織，如農民協會等。不久，《江蘇省縣政府組織條例》公佈，該條例共十二條。縣政府的組織包括：1、民治科，掌理社會事業，人民生計，地方自治，警務行政，土地戶籍，教育風俗，黨務宗教，交通實業，工程水利，及農工商組合各事項。2、財政科，掌理天賦捐稅，調查地方經濟，編制預算、決算各事項，以上兩科掌理事項，在設有財政局、建設局、教育局之縣，凡關於財政、建設、教育事宜，應歸併主管局辦理之。3、總務科，掌理會計、庶務、收發文件、

〔註4〕　《縣市兩政府成立紀》，《申報》，1927年3月29日。
〔註5〕　《縣黨部遷地辦公》，《申報》，1927年3月30日。
〔註6〕　《縣黨部重要議案》，《申報》，1927年3月30日。

典守印信，及其他不屬於各科事項。各科設科長一人，科員一人至三人，秉承縣長辦理主管事務。其中「縣長於不牴觸中央或省之法令範圍內，得發佈縣令，並得自訂單行法規，呈省政府核准施行」。〔註7〕

在市鄉一級，則由區黨部接收市鄉公所，以便另行重組。後組織市政務委員會或市政局或臨時市公所等類似組織。如在奉賢第六區黨部開會時，就明確提到改組並接收市公所的問題，其議決結果是：改組問題由本黨部提交縣代表大會議決之；改市公所為臨時市公所，辦事人員為市政委員；推定之接收委員，辦理接收完竣後，即為市政委員；決定接收委員兼市政委員人數為六人，除王聘伊已由執行委員會推定外，另推曹晉梅、徐勉孚、張功一、袁少如、潘叔尊等五人，並推范尚志為候補等。〔註8〕為了進一步規範市鄉行政建制。江蘇省還公佈《暫定江蘇省市鄉行政制度大綱草案》，該大綱共十二條，其規定市鄉行政範圍為：財政及公債事項；公安風紀及消防事項；土地之測量及登記事項；港務及航政事項；公產之管理及處分事項；戶口物價，勞動狀況，及人民生計職業之調查及統計事項；農工商之提倡改良，及保護事項；慈善教育及輔佐黨化宣傳事項；交通、電汽、電話、自來水、及其他公用事業之經營及取締事項；街道、溝渠、水利、橋梁、及其他關於土木工程事項；衛生及公共娛樂事項；縣政府委任辦理事項等。由此可見，市鄉所辦事項基本是原來所規定之自治事項。並且條例還特別規定：市鄉行政區域，暫以原定之自治區域為準，但屬於中央指定為特別市者，不在此限；市鄉行政費，以原有之各區自治經費充之，等等。〔註9〕在市鄉行政大綱的指導下，吳縣開始成立市鄉行政局，並劃全縣為二十七區域，每區域內設一行政局長，計市行政局長4人，鄉行政局長23人，其局大都為原有之市鄉公所改組而成。〔註10〕碭山縣「市鄉行政經費，應以原有自治經費充之，其區域則以自治區域為準」。〔註11〕由此可見，縣市鄉之職能基本替代了以前之自治組織的功能，並且縣級組織逐漸向細密化、科層化方向發展。需要注意的是市鄉各局直接統屬於縣政府，縣屬各局與市鄉各局並無直接統屬關

〔註7〕《蘇政府制定縣政府條例》，《申報》，1927年7月30日。
〔註8〕《六區黨部開會紀》，《申報》，1927年3月31日。
〔註9〕《蘇省市鄉行政制度大綱》，《申報》，1927年7月6日。
〔註10〕胡瀚、何子競編述：《吳縣縣政》，民國廿一季一月，（手抄本）。
〔註11〕《泰縣呈報籌備市鄉行政情形》，《江蘇公報》1927年第27期，第18頁。

係。〔註12〕同時，市鄉行政局長是通過考試或者薦任的方式而產生，並不具備自治選舉的性質。〔註13〕

此時能夠反映自治性質的組織只是在鄉村一級，即村制的恢復與改革。「村制者，使村民成一自治團體，地方政府爲之組織，予以治權，置辦事人，有理事權，事屬村辦，村人自理之，事屬縣辦，村人助理之。」〔註14〕

江蘇村制之肇源始於 1923 年初省長韓國鈞提議江蘇仿照山西村製辦理江蘇村自治，前文已經敘及。無錫虞嘉甦亦言：「五六年前，早有盛倡揚□試辦村自治之章程，呈奉韓前省長核准令行」。〔註15〕根據當時有關法令，江蘇村制有如下之規定：三十歲以上，公正樸實，粗通文字，無嗜好而有正業者方有資格爲村長副；村長副由市鄉局長於村民內加倍選出，保請縣長揀委，後呈民政廳備案。其職權範圍有：行政官廳委任之事項，村長會議議決之事項，一切執行事項，報告廢止事件及處理狀況，宣傳行政長官之委託事項等。村長副任期一年，得連任，爲無給職；有勞績由縣請獎，如違公或阻撓，由縣請撤換等。〔註16〕由此可見，當時村制亦非完全自治的組織，曾有人歷數村制之不足：自治組織之不健全、缺乏村約、立法行政紊亂、選舉不普遍等。〔註17〕

至南京國民政府成立前後，村制進一步規範化。1927 年 9 月，《江蘇省各縣村制組織大綱》頒佈，村制建構包括村（街）——閭——鄰三級，村長副由村民會議加倍選出，縣長擇委；閭長由本閭居民推選；鄰長由本臨居民選舉。其會議機關有村民會議、村監察委員會兩種，前者之職權主要有：選舉村長及村監察委員、息訟會公斷員；省縣法令規定應議事項；行政官廳交議事項；村長副請議事項；本村興利除弊事項；村民二十人以上提議事項。後者之職權則是清查村財政，舉發執行村務人員之弊端。村公所爲執行機關，主辦行政官廳委辦事項，村民會議議決事項，其他一切應行執行之村務，報

〔註12〕 《縣府各局對市鄉行政局行文用函》，《江蘇公報》1928 年第 66 期，第 11 頁。
〔註13〕 《市鄉行政局長任免暫行條例》，《江蘇公報》1927 年第 3 期，第 22 頁。
〔註14〕 吳城湖編：《村製法規》，中央村制研究社中華民國十八年版，第 35 頁。
〔註15〕 《虞嘉甦條陳修訂村制組織大綱》，《江蘇公報》1928 年第 68 期，第 22 頁。
〔註16〕 黎文輝：《中國地方自治之實際與理論》，商務印書館中華民國二十五年初版，第 75～86 頁。
〔註17〕 黎文輝：《中國地方自治之實際與理論》，商務印書館中華民國二十五年初版，第 87～89 頁。

告職務內應辦情形及特別發生事件。另外還設有保衛團、息訟會等。村之經費主要來自基本財產及罰金，如遇緊要事件，可由村中各戶進行攤派。村約是村制中的一個重要的組成部分。〔註 18〕雖然如此，仍然沒有彌補此前村制之不足。有人對新村制提出幾點改進意見：組織須絕對民主化、健全村議會、鞏固行政之獨立、自治團體切實執行法人權責等，〔註 19〕頗有借鑒意義。

　　雖然國民黨黨員很少直接參加村制的推行，但國民政府亦強調村制人員應有黨的認識，如江寧村制推行過程中，就提出這樣的要求：「今中國之一黨治國之國家也，在一黨領導之下，謀各階級之均平發展，此為國民黨施政之原則，故無論農工商學等運動，皆須以黨之意志為意志，以黨之精神為精神，行動既不能越乎黨紀，設施尤必須遵乎黨綱，村制既為革命之重要建設，負有改良農村組織，增進農民生活——對內政策第十條——之使命，關係黨國之基礎，則凡村制人員，固不必盡屬黨員，然對黨之主義政綱，不可不有相當之研究與認識也。設彼等對黨義黨綱毫無認識，則不落於舊紳董之面目，亦必不可得而所謂村制者，不近乎軍閥時代所倡之封建式之自治也。」〔註 20〕非常明顯，國民政府是要將黨的意志貫徹到最基層的農村。

　　相比較而言，南京國民政府時期的村制顯得更加完善，但是其推行效果卻並不好，「迄今期年，希望甚大，而效果甚微？」因此，有人提議由縣直接領導村制，對過去舊圖董及村制之上的區、市鄉政局之設置加以廢除，「竊以為欲行街村制建設真自治之基礎，必先廢除其格不相宜之障礙物，為入手之先務。舊制市鄉機關，圖董制度，實為真真自治之街村之障礙；若不明令先予廢除，則街村長直接承商縣長辦理之精神，必為剝商無餘。無論如何，街村制告成，必為一舊圖董之變態，機械式之跡象而已。」如欲實行真正之自治，則「必先將現有市鄉行政當局之管理地方自治之權能，及原有圖制完全廢除；使自今以後地方自治區域只有純一之街村，而再無市鄉圖之舊制橫雜其間。」〔註 21〕與此類似，江寧縣在推行村制的過程中，也提出暫緩推行市

〔註 18〕吳城湖編：《村製法規》，中央村制研究社中華民國十八年版，第 40～51 頁。
〔註 19〕黎文輝：《中國地方自治之實際與理論》，商務印書館中華民國二十五年初版，第 101～103 頁。
〔註 20〕江寧縣政府村政處編：《江寧村制初編》，江寧縣政府村政處民國十七年版，第 254～255 頁。
〔註 21〕《虞嘉甦條陳修訂村制組織大綱》，《江蘇公報》1928 年第 68 期，第 22～23 頁。

鄉行政。其理由是由縣直轄村街，減少中間環節，村制更易推行；在人才難求之時，防止誤用而產生大的危害；在財力有限之際，應重點投入等。〔註22〕然而，村制之建設並未成為大勢，1929 年 3 月，南京國民政府縣組織法出臺，村制遂被閭鄰制所取代。

因為形勢所迫，地方黨部並沒有迅速完成基層機構的重組任務。奉賢縣對此抱怨甚大，「奉賢自革命後，所有市鄉公所機關，均各停頓，聽待解決。惟地方各務，向屬於公所處理者，以負責無人，完全擱置。其中如水利、道路、春賑各大端，辦未結束者有之，正在進行者有之，所受損失甚巨」。〔註23〕泗涇鄉因自舊有之鄉公所預備移交以來，地方行政，無人主持，四鄉盜賊，任意橫行，因由國立政治大學學生倪士奎君，於本月三日，以私人名義，發表宣言，定四日邀集士紳，籌辦臨時鄉政委員會，暫維治安。當日到會二百餘人，推定程訪瑚等五人為執行委員，周郁文等四人為監察委員。〔註24〕為了避免這種各自為政的情況，松江縣黨部不得不命令由各區指導員，立即召集本市鄉各界人士推舉市政委員。松江市方面，由第一區指導員沈、陸二君，通函本市工商學各會及公正人士張省三等數十人，定期 5 月 12 日下午開會，推選五人以便呈報而維市政。〔註25〕

總之，北伐戰爭過後，黨部在新的地方政權建設中，起到了十分重要的作用。接收的過程亦是重建的過程。雖然初期效果並不佳，但是卻反應了革命黨人力圖重建基層社會秩序的努力。

二、1927 年清黨前後的打倒土豪劣紳

與組建地方政權機關相比，在地方上紮根則是一個更加困難的問題，因為清末以來所形成的「權紳」，仍然把持著區域社會的管理權，他們不退出權力的舞臺，則新的政權終究如浮萍，無法穩定下來。因此，欲建立新的秩序，必須打破舊勢力在地方上的影響。王先明對鄉村權勢階層阻撓國民黨鄉村重建的情形進行詳細研究之後，指出：「當國民黨努力於國家政權的建構並試圖

〔註22〕江寧縣政府村政處編：《江寧村制初編》，江寧縣政府村制處中華民國十七年版，第 5 頁。

〔註23〕《請示解決市鄉公所辦法》，《申報》，1927 年 5 月 3 日。

〔註24〕《泗涇籌辦臨時鄉政委員會》，《申報》，1927 年 5 月 8 日。

〔註25〕《定期選舉市政委員》，《申報》，1927 年 5 月 10 日。

深入鄉間社會時，打破權紳的權力控制就成爲題中應有之義」。〔註26〕因此，對於中國國民黨來講，建設新秩序與剷除舊勢力是同步的。國民政府對時代的過渡性是有著極爲深刻的認識的，「在新道德未建設，舊道德已衰落，新制度未健全，舊制度已廢棄之際，人群失馭，進退無據，脫韁長途，折楫巨浸；以是言治，寧非至難？」〔註27〕

　　爲了在輿論上站住腳，新政權對被打倒或將要被打倒的傳統精英往往冠以「土豪劣紳」的稱號。什麼是土豪劣紳？此一概念在實際操作時甚爲模糊。毛澤東「將土豪劣紳的稱謂加之於那些大肆進行高利貸剝削的農民爆發戶」，其意指那些以剝削爲生存法則的鄉村社會精英。孔飛力則認爲，所謂的土豪劣紳，是指：「帝王時代較低級鄉村精英的殘餘分子。他們因著傳統流動渠道失通而無可奈何，且難以適應新時代的要求。他們與城市中上層精英勢力的社會聯繫日漸衰微。」〔註28〕此概念則擴大到所有的傳統鄉村社會精英。在湖南農民運動中，「有土皆豪、無紳不劣」之口號的提出表明，在實際運動中土豪劣紳的範圍被明顯擴大化了。可以說，對土豪劣紳的認定，在理論上是按照毛澤東的標準，而在實際運動中則如孔飛力所言。

　　最先制訂懲辦土豪劣紳條例的是湖南、湖北等省，江蘇等後光復省份，往往仿照湖南、湖北省條例，制訂本省法規，以指導如火如荼的打倒土豪劣紳的運動。

　　在清黨之前，我們可以看到，黨部的行動是積極而猛烈的，這與共產黨與國民黨左派的促動不無關係。以無錫縣爲例，1927 年 3 月 22 日，無錫光復。〔註29〕不久，無錫便捲入到打倒土豪劣紳的熱浪中去，據《申報》報導：

　　　　萬安市總董孫霖甫及前董事孫屏東家，前日由多數民眾擊毀。

　　屏東與霖甫係同居一宅，各爲三開間五進樓房，器具均極精緻，內

　　有藏書樓，儲圖書集成一部，茲亦一併撕破，田單契據亦撕毀無餘。

〔註26〕王先明：《歷史記憶與社會重構》，《歷史研究》2010 年第 3 期，第 21〜22頁。

〔註27〕《江蘇省政府十七年度施政大綱》，《江蘇公報》1927 年第 40 期，第 7 頁。

〔註28〕Mao, 1990〔1930〕；Averill,1990；Knhn,1975：293，轉引自〔澳〕費約翰：《「土豪劣紳」與中華民國：廣東省例析》，牛大勇編：《中外學者縱論 20 世紀的中國——新觀點與新材料》，南昌：江西人民出版社 2003 年版，第 314〜342頁。

〔註29〕《軍民聯歡會之盛況》，《申報》，1927 年 3 月 29 日。

孫戚蔡呂氏年已七十一歲，圖逃致□樓斃命。事後經孫霖甫、孫屏
東等報告縣署，請求將為首之袁士魁、馮夢魁等，拘案盡法懲治，
並請派員下鄉涖驗。縣長秦效魯據呈，即派公安局長許頌時，承審
員徐柏銘到鄉相驗，至下午，忽有該鄉農民數千人，組織請願團，
各持「打倒土豪劣紳」之小旗，並在各街市張貼「打倒土豪某某」
及「打倒劣紳」之標語，沿途隨發傳單，……請民眾共同起來奮鬥，
並蜂擁至縣政府請願，要求縣長秦效魯立時出票，拘提孫屏東、孫
霖甫、孫濟如等到案，組織法庭公判。經秦縣長當面允許，再三勸
慰，詎民眾猶不肯散，後由秦氏立即出票，並派公安局長許頌時立
即帶警前往捕拿。另由民眾方面，推舉市黨部代表從旁監視，民眾
始各散歸。又西門棉花巷律師張桐住宅，昨日亦有多人，前往擊扣，
惟該門異常堅固，擊撲良久，未曾打破，遂將律師銅牌除去，塗以
穢物，並遍貼「打倒臭律師」之標語而散。又昨日午後起，城廂內
外各處牆壁，忽發見多數新式標語，其最堪注目者，則為「打倒偽
革命」、「打倒不革命」之市政廳，反對非法市執政等語，自此類標
語發見後，凡平日不洽輿情者，莫不懍懍危懼。

縣政府因民眾的呼籲而將原告變被告的行為，極為深刻地反映了當時打倒土
豪劣紳運動的激烈程度。為了引導運動向正常化發展，4月4日，無錫縣政府
民眾團體開談話會，議決組織人民裁判委員會，以處置土豪劣紳。經議決由
縣市黨部、縣政府、市政局及民眾團體，各推代表，共同組織。其辦事簡章，
則依據湖北省政府已頒佈之懲治土豪劣紳條例，並根據本地情形略加修減
後，分送各機關團體，以資參考。〔註30〕

在此一條例的指導下，無錫縣打倒土豪劣紳的行動迅速展開。4月4日，
駐紮無錫之十四軍全體將士聯合無錫民眾團體，在火車站舉行反英討奉大
會，當遊行隊伍經過市政廳門前時，多數民眾以市政廳措置乖方，有反革命
行動，激動眾憤，因而出現攻擊市政廳行為。根據懲治土豪劣紳之條例，既
然市政廳成員有反革命行為，其無疑屬於土豪劣紳之列。又因市政廳成員並
不辭職，無錫縣各團體乃公推代表舉行聯席會議，以「集中革命力量，施行
監督政治，實現民眾解放」為宗旨，打出「否認非法市政廳」，「嚴辦非法市
政廳委員」，「否認與市政廳狼狽為奸之市執行」，「市政廳應交真正市民管

〔註30〕《組織人民裁判委員會之籌備》，《申報》，1927年4月6日。

理」,「鞏固革命基層」,「打倒假革命」,「爲全市民眾奮鬥不惜犧牲」,「擁護眞正人民團體」的旗號。〔註31〕市政廳因之被搗毀。

無錫縣之農民協會亦有積極表現,該會是由縣屬懷下市安鎮人安友石等所組織,其以前縣議事會爲會所,對於懲治四鄉土豪劣紳一事,異常積極。凡稍有田產,性情苛刻者,或搗毀或罰捐,幾難倖免。〔註32〕

據上文描述,不難看出,此時打倒土豪劣紳的行爲是相當激進的,「各級董事會議事會,在打倒『土豪劣紳』口號下,都匿跡銷聲。」〔註33〕這種積極的革命精神與共產黨及國民黨左派的支持密不可分。但是,這種勢頭很快就被國民黨的清黨事件所打斷。同打倒土豪劣紳一樣,清黨之行動亦先於相關法令的出臺。在無錫市清黨會議召開之前,縣農民協會於4月16日遭到武裝人士的查抄。〔註34〕無錫總工會,亦被賴軍長正式封閉,而以新的工界聯合總會代之。〔註35〕與此同時,還發生力邀前述被搗毀之市政廳趙子新重新復職的事情。〔註36〕這表明國民黨對土豪劣紳的態度開始發生變化。

4月19日,無錫市在第三師範大禮堂召開清黨會議,到會者包括市黨部執行委員及各區部黨員約三百餘人,軍政治部代表陳毓材列席指導,衛質文主席。會議就無錫縣清黨的方法、步驟、領導組織等問題進行詳細的討論。其中過持志提出四鄉縣黨部各區分部,假打倒土豪劣紳之名,任意敲詐鄉民,騷擾不堪,應請設法一案。議決結果是請縣黨部設法取締。〔註37〕此議案的通過勢必消弱無錫縣此後打倒土豪劣紳的力度。

無錫縣黨部在4月21日緊隨其後,進行清黨前的動員。會議首先由王主任報告廣東、浙江及上海、南京等處清黨進行的情況;並言及無錫市黨部清黨委員會情形。其宣稱縣黨部爲全縣各黨部之表率,清黨一事,亟應從速進行。經列席諸人共同討論,議決四項:一、由政治部會同縣黨部組織清黨委員會,二、自即日起,由縣黨部知照各區暫停工作,三、清黨手續,先從未公開前著手,依次進行,已公開後成立之區部,作爲候補黨員,四、清黨委

〔註31〕《市政廳搗毀後情形》,《申報》,1927年4月9日。
〔註32〕《縣農民協會之查抄》,《申報》,1927年4月18日。
〔註33〕韓壽恒:《江蘇省民政廳概況及各種行政》,南京圖書館編《二十世紀三十年代國情調查報告》,第18卷,鳳凰出版社版,出版日期不詳,第73頁。
〔註34〕《縣農民協會之查抄》,《申報》,1927年4月18日。
〔註35〕《工界聯合會總會成立》,《申報》,1927年4月19日。
〔註36〕《市政廳長辭職赴宜》,《申報》,1927年4月18日。
〔註37〕《市黨部清黨會議紀》,《申報》, 1927年2月20日。

員，由縣黨部開單交由政治部委任。〔註38〕

　　1927年5月17日，中央清黨委員會在中央黨部正式成立，成立伊始，其即通令各地自動組織之清黨委員會在五月三十日前，將其組織經過及工作狀況呈報該會。5月21日，中央執行委員會頒佈中央清黨委員會所制定之《清黨條例》，該條例是根據中央執行委員會五月五日第八十八次常務委員及各部長聯席會議之清黨原則六條訂定的，共十一條，對清黨的方法、步驟進行了比較嚴格的規定，其所清除之人主要是「共產份子、土豪劣紳、貪官污吏、反動投機腐化惡化份子」等。〔註39〕這是國民黨中央為了進一步規範與強化清黨而制定的法律條文。

　　接著，松江、青浦、江陰、崑山、常州等相繼呼應，進行清黨。就連江蘇省黨部亦被江蘇省黨部特別委員會所取代。〔註40〕新的省黨部特別委員會委員包括葛建時、廖世劭、徐恩曾、餘心一、王寶善、葉秀峰、廖上炎等，都是鐵桿的原國民黨黨員。〔註41〕

　　為了指導地方黨部的清黨與重組工作，江蘇省還通過了一個《江蘇省黨部特派員條例》，在該條例中明確規定：「特派員接受省特別委員會之委任，分赴各市縣視察，並指導黨務。」其職權為：「一、調查並指導各縣黨務，但非報告省特別委員會，奉有命令，不得變更各縣黨部之議決；二、未有黨部之地方，特派員得進行指導黨務組織，須隨時呈報省特別委員會及組織部；三、召集或參加各種會議，在各種會議上作政治報告，及黨務報告；四、考察社會狀況；五、調閱各種記錄及表冊；六、調查地方行政人員對於本黨之態度；七、應注意縣黨部、區黨部及區分部成立日期與前省黨部 C.P.方面之關係；八、審查黨員履歷，入黨時間，介紹人及其工作能力；九、如有反動派搗亂黨務反革命行為顯明時，得會同地方長官，為緊急之制止；十、注意土豪劣紳及投機分子混入，以免腐化本黨；十一、注意忠實黨員之能力，並須予以指導；十二、得會同該縣特別委員會，指導群眾運動；十三、對於縣特別委員會，有監督權。」〔註42〕這就進一步加強了省黨部的權力，是黨部集權的一個先兆。

　　隨著清黨的逐步完成，江蘇省又制訂《各縣市特別委員會組織條例》，以

〔註38〕《縣黨部議決清黨》，《申報》，1927年4月22日。

〔註39〕《中央清黨委員會通告清字第一號》，《申報》，1927年6月1日。

〔註40〕《縣黨部之兩代電》，《申報》，1927年5月10日。

〔註41〕《黨部消息》，《申報》，1927年6月3日。

〔註42〕《江蘇省黨部特派員條例》，《申報》，1927年5月19日。

指導各縣市成立特別委員會，並規定該委員會「接受省特別委員會之命令，及省特派員之指導，辦理改組縣黨部及一切黨務進行事宜。」〔註43〕實是著手組建由國民黨一黨包辦的地方黨部。

與清黨之前的黨部相比，清黨之後的國民黨地方黨部出現了某種「倒退」跡象。仍以無錫為例，因為前一段時間黨部的過激行為，導致無錫政局出現了一定的混亂局面，因此無錫縣政府對以往的政策進行了調整：

4月29日下午二時，縣政府召集十六市鄉士紳在聞喜堂開會。到會六十餘人，各市鄉人士出席旁聽者四五十人。大會情形如下：秦縣長為主席，報告開會宗旨，略謂地方改革以來，鄉政負責無人，其原有市鄉董事，均已預備交代，勢難再問政事。各級黨部當此舉辦清黨期間，黨務當然停歇，而新人物又無從產生。欲謀解決，宜各市鄉推舉鄉政籌備員三人，報縣加委，於省政府未成立或省政府於未定市鄉制度以前，暫行處理鄉政。惟須能廉潔自持者擔任，前景雲市劣董楊益三之流，萬萬不可再充任云云。然後，與會者孫中一等相繼發言，旋經議決，各市鄉已成立鄉政局者，一律將職員名單報縣，由縣加委三人為鄉政籌備員，其未成立鄉政局者，即日召集民眾公推三人報縣加委。逾期由縣遴員委任，以重鄉政。〔註44〕這樣，被打倒的「土豪劣紳」們再次回到失去的舞臺。

同時無錫還通過禁約八條：一、嚴禁借黨報復私仇，二、嚴禁妄用標語，三、嚴禁非法集會，四、禁止罷業要挾，五、禁止排外暴動，六、禁止強佔公私房屋，七、禁止售吸鴉片，八、禁止私行需索賄賂。〔註45〕非常明顯，該八條實際上是針對前一段時間過激的民眾運動的。

另外，奉賢、松江等地也出現要求維持市鄉自治原狀的請求：奉賢要求參照上海成例，仍由原有市鄉公所暫維現狀。〔註46〕松江縣署則在5月4日下午，通函二十四市鄉總董、鄉董，「所有各市鄉自治事業，在未經改組以前，均應暫仍其舊，以維現狀。」〔註47〕

從以上所舉各例可以看出，在1927年清黨之後，江蘇省各縣又開始求助於傳統地方精英來維持地方，這種做法正好暴露出國民黨在革命上的弱

〔註43〕《各縣市特別委員會組織條例》，《申報》，1927年6月22日。
〔註44〕《市鄉推舉鄉政籌備員》，《申報》，1927年5月2日。
〔註45〕《縣政府布告禁約八條》，《申報》，1927年5月2日。
〔註46〕《請示解決市鄉公所辦法》，《申報》，1927年5月3日。
〔註47〕《市鄉自治暫維原狀》，《申報》，1927年5月7日。

點。在革命尚未成功之前，先自回轉，向舊勢力示好，這不但不能保障勝利果實，還有喪失革命陣地的可能。楊奎松認為：「國共合作以及北伐戰爭時期在許多基層社會曾經一度被顛覆了的舊有的統治秩序，經過『清黨』又迅速恢復。多數地方的豪強或士紳又重新成為政權與下層民眾之間的連結樞紐。」〔註48〕用之佐證國民黨革命性的減弱，此論甚為恰當。

三、江蘇基層政權的黨化傾向

從前此一個階段來看，江蘇省縣各級行政機關的成立基本是由黨部包辦的，黨在地方上處於絕對威權的地位。並且其還直接干預地方上的各項行政事務。以吳縣臨時行政委員會三次行政會議中的部分議決案觀之（如下表）：

5-1-1：吳縣臨時行政委員會會議部分議決案

時　間	議　　　　　案
3月31日	提出本會擬訂款產審查處組織及辦事大綱草案十條，修正通過，徵求市黨部同意。
	提出市黨部函，據天一絲廠主申述，海關職員高子泉違法情事，如何處理案，議決由財政局核辦。
	提出市黨部函，周莊稅所無人看管請處置案，議決交財政局查明辦理。
	提出市黨部函，近日米價每石又加二角，請嚴令減折以利民生案，議決轉知公安局及商會察酌辦理。
4月1日	主席提出市鄉公報館機器，前經扣押，茲已查明，係由前吳縣租給該報館，是所有權不在該報館，應否收回改撥國民日報館應用案，議決本係公產，應改撥縣市黨部應用，並由民政局向市鄉公報館清算租金。
	提出市黨部函，請分別撥用陸欽攘、徐漢等房屋，為商民協會及各界婦女聯合會會所案，議決照辦，由市黨部會同公安局接洽。
4月2日	提出市黨部請調查縣市鄉議會經費確數案，議決交民財兩局查覆。
	提出市黨部查詢東西山行政署已否接收案，議決交民政局查覆。
	提出縣市黨部送到改造縣政計劃大綱，應如何討論案，議決印送各委員先行研究，下星期六再行提出，共同討論。

資料來源：《蘇州之行政會議》，《申報》，1927年4月7日。

〔註48〕楊奎松：《1927年南京國民黨「清黨」運動研究》，《歷史研究》2005年第6期，第61頁。

　　我們可以看到，黨部所辦事務並未限於黨務，而是把觸角伸向行政生活的各個領域。

　　這種情形給新的基層政權帶來很大的後遺症，而最爲嚴重的則是黨政不分。爲了防止地方黨部對地方政府與地方團體的過度干涉，南京國民政府頒佈了由陳果夫提出的《縣黨部與縣政府之關係條例》。〔註49〕在此一條例的指導下，江蘇省於 7 月 16 日發佈了黨政分權的命令：「準中央政治會議記錄，……『各級黨部不可干涉行政機關，須守住監督行政之界限，如行政機關有過失時，各級黨部可舉事實及意見，報告中央黨部，再諮由國民政府，全改善之，此爲保持行政系統起見，應請由中央黨部通令各機關黨部實行之。』請查照辦理等由，經本會第一零三次會議議決照辦，除函覆政治會議外，合行令仰該黨部，並轉知所屬黨部，一體遵照，切切此令。」〔註50〕另外，江蘇省教育廳也提案江蘇省政府，提議縣黨部不得任意變更地方教育行政，要求通令各級黨部，對於一切行政，居於監督指導之地位，不得直接干涉。〔註51〕

　　1927 年 7 月 29 日，江蘇省黨部召開談話會，對於黨政關係提出若干意見：

　　首先，就黨政關係而言。各級黨部對於政府根據政綱所定之新建設，應積極宣傳；各級政府須馬上組織黨部，在各該地黨部指導下，進行黨的訓練工作；每周舉行總理紀念周時，省政府派委員來會，報告行政，本會派委員前往，報告黨務；各縣市政府除自行舉行紀念周外，縣市長須依照國民政府命令，每周出席縣市黨部紀念周，作行政報告，奉行不力者，由省黨部請省政府撤換；由省政府申令各縣，對於各級黨部職員，非得該黨部直轄之上級

〔註49〕　主要内容爲：1、縣黨部對於縣政府有監督之權，及建議之責，但不得強制縣政府執行，（縣黨部非正式成立時，只以努力黨務工作爲限）。2、縣政府於縣黨部有維護之責，不得干涉黨務之進行。3、如縣黨部不滿意縣政府之措施，應提出意見於省黨部，由省黨部轉諮省政府處理；如縣政府對於縣黨部之措施有不滿意時，亦提交省政府，轉諮省黨部處理，各不得直接行動。4、各縣民眾團體之組織，應由臨時或正式縣黨部指導，縣政府不得干涉，成立後由縣黨部交縣政府立案。5、如民眾團體互相發生糾紛時，縣黨部與縣政府均有調解之責。《縣黨部與縣政府關係：中央政治會議已規定四項》，《申報》，1927 年 6 月 30 日。

〔註50〕　《蘇省黨部之黨政分權通令黨部不可干涉行政》，《申報》，1927 年 7 月 17 日。

〔註51〕　《蘇省黨部之黨政分權通令黨部不得任意變更教育行政》，《申報》，1927 年 7 月 17 日。

黨部許可，不得擅行逮捕，遠者立予撤換；尊重黨部意見，凡土豪劣紳經省黨部檢舉，須切實懲辦；各機關行政人員，如營私舞弊，經省黨部檢舉者，應按照黨員背誓條例，嚴行懲辦，檢舉失實者，黨部人員應受相當之懲戒；各機關行政人員就職宣誓，應通知黨部，派員監誓。

其次，指出省政府應注意事項若干。各地鄉董市董，應即命令取消，由政府改行新定鄉村自治制度；各地逆產，應由黨部政府會同民眾團體，組織逆產清理委員會清理之；全省小學教員，須受黨部的檢定，其檢定辦法，由省黨部另定之；中等學校以上之訓育主任，應由省黨部指派；請省府協同黨部，清查各縣積弊，並嚴屬掃除之；全省各機關財政出納，應每月詳細公佈；各縣縣長之介紹人，應隨時公佈；由省政府通令各縣，凡款產委員會須有黨部及黨部指導之下民眾團體參加；請省政府迅速編練省防軍等。〔註52〕

經過一系列調整，黨政關係進一步規範化、成熟化，黨對地方行政的控制從直接干預一變而為監督與遙控，但黨的力量仍然凌駕於行政機關之上的。因為，黨政關係的規範化是黨務與政務的釐清，並非是黨對行政控制的減弱。這一點從縣長、市鄉行政局長的任免規定可見一斑，根據《暫行江蘇省縣長任免條例》規定，縣長的任免分為考試、薦舉、遴選三項，「凡中華民國國民，有左列各項資格之一者，得與考試：……本黨忠實黨員，有政治學識及經驗者。有左列資格之一者，經本省政委委員三人以上，或中央政治會議國民革命軍總政治部之薦舉，得免考試：……本黨忠誠黨員，確有政治學識，曾任行政職務滿兩年以上，著有成績者。左列各項人員，由民政廳長遴選，薦請省政府任用：……努力黨務，學識才具有特長者」等等。〔註53〕而對於市鄉行政局長的任免亦有規定：本黨忠實黨員，具有政治學識或經驗者，可以考試合格後任免；而曾任行政職務，或辦理地方自治事務人員，努力黨國著有勞績經縣長保薦者，即可獲任。〔註54〕

由此可見，對行政人員黨員身份的強調無疑是將黨融於政的最好的辦法。從另一個角度看，直接參與並不一定能取得更好的行政效率，反而是監督與遙控更能實現黨對行政的控制。當然，黨政分開還參雜黨的系統與行政系統之間的權力之爭，此非本文主題，不做過多論述。

〔註52〕 《蘇省黨政委員聯席會議》，《申報》，1927年7月29日。
〔註53〕 《蘇省縣長任免條例》，《申報》，1927年7月7日。
〔註54〕 《蘇省市鄉行政局長任免條例》，《申報》，1927年7月30日。

　　根據上文分析可以看到，北伐戰爭進行的過程，其實就是國民黨的勢力對基層社會不斷滲透的過程。這一點在打土豪劣紳的運動中體現的最為明顯，以黨的幹部替代傳統地方精英所掌握的區域社會的管理權，是對傳統基層社會秩序的一個有力的突破。只是在 1927 年清黨之後，隨著國民黨的右轉，打倒土豪劣紳的力度大為減弱，國民黨對第三領域滲透的速度明顯減緩。但就總的趨勢來講，黨的幹部代表的是國家的勢力，其對第三領域的滲透無疑加劇了國家與社會不對等的局面。王先明認為：「『大革命』退潮之後，國民黨放棄了『打倒劣紳』的政治訴求，轉而選擇制度重建路徑實施國家權力向鄉村社會的滲透。」〔註 55〕正是對這種現象的恰當評價。另外，國民黨的勢力基本上延伸到縣級政權為止，很少擴張到鄉鎮或鄉鎮以下的農村。王奇生在經過細緻的研究之後，指出：「大革命時期，在國民黨、共產黨和農民三者之間，大致存在一種上層國民黨、中層共產黨、基層農民這樣一種差序格局。共產黨事實上成為國民黨與農民之間聯繫的紐帶。國民黨『清黨』的結果，實際斬斷了這個實現與下層民眾聯繫的紐帶。」亦有人認為，清黨分共導致國民黨在農村基礎的喪失，成為一個「城市型上層黨，成為以政治控制為主的執政黨」，這是此後國民黨推行農村改革失敗的根源。〔註 56〕加上國民黨黨員人數不敷分配與大部分黨員希望留在城市不願去農村等諸多因素，導致國民黨對基層的滲透，僅止於縣級政權而已。〔註 57〕這個結論很具有啟發意義，因為國民黨缺乏共產黨打倒一切的勇氣，也就不可避免地在關鍵時刻向舊勢力妥協。最終不得不把整合中國基層社會的擔子交給共產黨。

　　總之，在大革命時期，國民黨以黨部為中心，初步建立起對地方上的有限控制。北伐戰爭不但改變了我國的軍事格局，也改變了我國基層社會的政治格局。在南京國民政府成立之前，其尚沒有對基層社會的管理冠以地方自治的名號。在二期北伐勝利完成之後，南京國民政府重新擎出國父遺教，宣佈國家由軍政進入訓政時期，並宣佈地方自治是此一時期的中心工作。

〔註 55〕　王先明：《鄉紳權勢消退的歷史軌跡——20 世紀前期的制度變遷、革命話語與鄉紳權力》，《南開學報》2009 年第 1 期，第 95 頁。

〔註 56〕　查燕華：《1927 年國民黨清黨分共對其農村改革的影響》，《中國石油大學學報》2007 年第 6 期，第 63 頁。

〔註 57〕　王奇生：《戰前中國的區鄉行政：以江蘇省為中心》，《民國檔案》2006 年第 1 期，第 67～68 頁。

第二節　訓政綱領與江蘇各級地方自治的推行

　　南京國民政府成立之後，當政者最為關心的問題是如何塑造政權的合法性問題。隨著二次北伐的勝利進軍，以正統自居的北洋政府退出歷史的舞臺，這為南京國民政府提供了歷史的機遇。就南京國民政府所掌握的合法性資源來講，孫中山在國人心目中的崇高威望是一筆不小的政治財富，因此，要樹立新政權的合法性，其必然要求助於這一超凡魅力型領袖所留下的合法性遺產。〔註58〕如此，把孫中山的建國學說奉為圭臬是南京國民政府必然的施政方針。

一、訓政綱領與地方自治法令

（一）孫中山訓政思想中的地方自治理論

　　對於孫中山地方自治思想，學界褒貶不一，就當前研究者所持態度劃分，主要有三種：其一，對孫中山地方自治思想以肯定為主。唐衛國指出，孫中山地方自治思想在中國確立了一種全新的處理中央與地方關係的模式，並對近代盛行的代議政治提出了置疑和挑戰，有著深刻的歷史意義，這種論述無疑給予孫中山地方自治思想以極高的評價。〔註59〕其二，以批判為主要格調。賀躍夫認為，孫中山的訓政思想與地方自治理論本身就存在諸多自相矛盾之處，其是南京國民政府實施地方自治誤入歧途的理論根源。〔註60〕其三，大部分論者採取一分為二的態度。曾景忠在對孫中山地方自治思想劃階段研究的基礎上，得出結論：孫中山地方自治理論雖然有些地方存在矛盾的一面，但這是因為強調的重點不同而產生的；總體上看，其仍是一個完整的體系，其自治思想對今天的政治建設仍有很好的借鑒意義。〔註61〕另外，馬小泉、洪英、鄭永福等也都持辯證的態度。因為孫中山的自治理論被南京國民政府

〔註58〕馬克斯・韋伯在理想層次提出三類合法性：「一是基於傳統的合法性，即傳統合法性；二是基於領袖人物超凡感召力之上的合法性，即個人魅力型的合法性；三是基於合理合法的準則之上的合法性，即法理的合法性。與此相適應，政治權威也可以分為傳統的權威、個人魅力的權威和理性的權威等。」Max Web：Economy and society, vol.1,university of California Press, 1978, P.80. 轉引自毛壽龍：《政治社會學》，北京：中國社會科學出版社 2001 年版，第63 頁。

〔註59〕唐衛國：《孫中山地方自治思想研究》，《河北法學》2001 年第 6 期。

〔註60〕賀躍夫：《孫中山的地方自治觀與南京政府之實踐》，《中山大學學報論叢》1995 年第 5 期。

〔註61〕曾景忠：《孫中山地方自治思想述論》，《廣東社會科學》1988 年第 1 期。

奉爲遺教，這裡不妨簡單介紹。

　　孫中山理想中的民主共和國是一個以三民主義爲經，五權憲法爲緯的現代化國家。在三民主義學說中，孫中山指出，所謂三民主義就是救國主義，是「促進中國之國際地位平等、政治地位平等、經濟地位平等，使中國永久適存於世界」的主義。〔註62〕而所謂「五權憲法」則是孫中山在西方三權憲法之外另加考試權與監督權而成。孫中山認爲，在古代中國也有三權憲法，只不過這三權是指君權、考試權、彈劾權，而君權則是行政權、司法權、立法權的合一。因此，孫中山把西方的三權分立與中國傳統制度相結合，形成一個五權憲法——把君權三分的同時，繼承考試權與彈劾權——以五權來彌補西方三權分立之不足。〔註63〕這是孫中山一個很大的創造。〔註64〕就三民主義與五權憲法的關係論，如果說五權憲法是形式，三民主義則是靈魂，兩者有機的結合構成孫中山的理想之國。

　　同時，孫中山指出，基於中國的實際狀況，要想實現這個目標，必須分三步走，亦即所謂的軍政時期、訓政時期、憲政時期。1906年，在《軍政府宣言》中，孫中山明確提出將來建設新國家的次序：第一步爲軍法之治，第二步爲約法之治，第三步爲憲法之治。其中又解釋約法之治的任務是：「每一縣既解軍法之後，軍政府以地方自治權歸之縣地之人民，地方議會議員及地方行政官皆由人民選舉，凡軍政府對於人民之權利義務，及人民對於軍政府之權利義務，悉規定於約法，軍政府及地方議會及人民各循守之，有違法者，負其責任。以天下平定後六年爲限，始解約法，布憲法」，此即「軍政府授地方自治權於人民，而自總攬國事之時代。」〔註65〕1924年1月，孫中山親自起草《國民政府建國大綱》，其再次強調，中華民國建設之程序分爲三期，即軍政時期、訓政時期、憲政時期。〔註66〕可見這種建國程序說是孫

〔註62〕曹錦清編選：《民權與國族——孫中山文選》，上海：上海遠東出版社1994年12月版，第1頁。

〔註63〕嶺南文庫編輯委員會，廣東中華民族文化促進會合編：《孫中山文萃》，廣州：廣東人民出版社1996年版，第595～609頁。

〔註64〕其實這兩權在西方也是執行的，只不過沒有獨立出來與立法、司法、行政三權獨立並列而已。

〔註65〕嶺南文庫編輯委員會，廣東中華民族文化促進會合編：《孫中山文萃》，廣州：廣東人民出版社1996年版，第109頁。

〔註66〕嶺南文庫編輯委員會，廣東中華民族文化促進會合編：《孫中山文萃》，廣州：廣東人民出版社1996年版，第710頁。

中山始終堅持的，並且，其規定完成地方自治的關鍵時期，在於第二個階段。

在《建國大綱》第八至第十六條中，孫中山對訓政時期建設地方自治的問題給予更加詳細的規定：

八、在訓政時期政府當派曾經訓練考試合格之員，到各縣協助人民籌備自治。其程度以全縣人口調查清楚，全縣土地測量完竣，全縣警衛辦理妥善，四境縱橫之道路修築成功，而其人民曾受四權使用之訓練，而完畢其國民之義務，誓行革命之主義者，得選舉縣官以執行一縣之政事，得選舉議員以立一縣之法律，始成為一完全自治之縣。

九、一完全自治之縣，其國民有直接選舉官員之權，有直接罷免官員之權，有直接創制法律之權，有直接復決法律之權。

十、每縣開創自治之時，必須先規定全縣私有土地之價。其法由地主自報之，地方政府則照價征稅，並可隨時照價收買。自此次報價之後，若土地因政治之改良、社會之進步而增價者，則其利益當為全縣人民所共享，而原主不得而私之。

十一、土地之歲收，地價之增益，公地之生產，山林川澤之息，礦產水力之利，皆為地方政府之所有，而用以經營地方人民之事業，及育幼、養老、濟貧、救災、醫病與夫種種公共之需。

十二、各縣之天然富源及大規模之工商事業，本縣之資力不能發展與興辦，而須外資乃能經營者，當由中央政府為之協助。而所獲之純利，中央與地方政府各占其半。

十三、各縣對於中央政府之負擔，當以每縣之歲收百分之幾為中央歲費，每年由國民代表定之。其限度不得少於百分之十，不得加於百分之五十。

十四、每縣地方自治政府成立後，得選國民代表一員，以組織代表會參預中央政事。

十五、凡候選及任命官員，無論中央與地方，皆須經中央考試銓定資格者乃可。

十六、凡一省全數之縣皆達完全自治者，則爲憲政開始時期……〔註67〕

有研究者對此總結說：「訓政時期由執政的中國國民黨指導，訓練國民學會行使民主權利。訓政時期的統治權，由國民黨行使，實行以黨治國。訓政時期的任務：一是要由國民黨來指導國民，努力在政治、經濟、文化等各方面實現觀念之轉換，爲實行自治及民主做準備。二是推行地方自治，作爲訓練國民行使民主權力的實際操作和實驗。地方自治以縣爲單位，一省內縣自治完成過半數則標誌著訓政時期的結束而進入憲政時期。」〔註68〕

同時，孫中山還在《地方自治開始實行法》中詳細闡釋地方自治實行的三個前提：第一，選擇一適當區域，一縣或者是聯合數村而附有縱橫二三十里之田野者。第二，明確志向，即以實行民權、民生兩主義爲目的。第三，人民普遍具備地方自治之思想。當這些條件具備之後，然後從最基本的六件事務辦起，即清戶口、立機關、定地價、修道路、墾荒地、設學校。當以上六事初具規模，然後可以開創其他事業，如合作事業等。〔註69〕「總而論之，此所建議之地方自治團體，不止爲一政治組織，亦並爲一經濟組織。」〔註70〕這是孫中山地方自治思想超過此前地方自治之思想的地方，此前之地方自治側重於民權方面，對於民生往往不甚重視，孫中山的地方自治思想形成比較完備的體系。

無論學者們的褒貶，不可否認的是，孫中山對於訓政時期的地方自治做了相當深刻的思考，並成爲南京國民政府推行地方自治時所高揚的旗幟。

（二）訓政綱領及地方自治法令

南京國民政府成立之後，把推行地方自治作爲政府的中心工作之一。1928 年 4 月，內政部成立，作爲推行地方自治之中央部門，其對於訓政時期完成地方自治做了大體的規劃（如下表）：

〔註67〕嶺南文庫編輯委員會，廣東中華民族文化促進會合編：《孫中山文萃》，廣州：廣東人民出版社 1996 年版，第 710～711 頁。

〔註68〕洪英：《孫中山先生地方自治思想綜述》，《當代法學》2003 年第 8 期。

〔註69〕曹錦清編選：《民權與國族——孫中山文選》，上海：上海遠東出版社 1994年版，第 251～254 頁。

〔註70〕曹錦清編選：《民權與國族——孫中山文選》，上海：上海遠東出版社 1994年版，第 255 頁。

5-2-1：訓政時期國民政府施政綱領內政部主管事務進行程序表

（十七年七月至二十年六月）

項 目	第一年	第二年	第三年
選派合格人員協辦自治	1 中央設處訓練，2 各省設所訓練，3 各縣現辦自治人員亦應分別受訓	中央訓練合格之人員分派各省；各省訓練合格之員分派各縣	
設立自治籌辦機關		1 各省設立籌辦自治專處，2 各縣劃區設區公所村里設區里公所	同上第二款
養成自治人才		1 各省訓練各區辦理自治人才，2 各縣訓練各村裏辦理自治人才，3 各區訓練各閭鄰辦理自治人才	同上
確定自治經費	1 詳查各省自治經費實況，2 釐訂各省自治經費標準	就整頓土地及公共事業之收入確定地方自治經費	同上
劃定縣以下自治區域		1 縣以下劃分各區，2 各區編訂村及里，3 各村里編定閭，4 各閭分鄰定戶口牌	
清查戶口	1 各省實行調查戶口造冊報部，2 隨時辦理人事登記	同上第二款	實行戶籍法
訓練民眾試用政權			視自治進行程度先由村里試行使用政權

資料來源：秦孝儀編：《抗戰前國家建設史料——內政方面》，革命文獻，第七十一輯，中國國民黨、中央委員會黨史委員會，中華民國六十六年三月版，第17～19頁。

可見其任務是相當繁雜的，據當時任職國民政府內政部民政司第二科的汪振國回憶，當時「最吃重的是根據中山先生遺教以縣爲單位的地方自治之規劃與設施。」〔註71〕在江蘇省政府1928年的施政大綱中，亦明確規定籌備地方自治的任務：編造戶籍；規劃各級自治區，舉辦自治；舉辦市政；舉辦聯保；編制統計等。〔註72〕

〔註71〕江蘇省政協文史委員會：《江蘇文史資料存稿選編》，江蘇人民出版社2007年版，第22頁。
〔註72〕《江蘇省政府十七年度施政大綱》，《江蘇公報》1927年第40期，第9頁。

1928 年 10 月 3 日，中國國民黨第二屆第 172 次中央常會制定訓政綱領。開明宗義，在該大綱的宗旨項其首先言明：「中國國民黨實施三民主義，依照建國大綱在訓政時期訓練國民行使政權，至憲政開始，弼成全民政治，制定左之綱領。」該大綱內容共分爲六條，如下：

（一）中華民國於訓政期間，由中國國民黨全國代表大會，代表國民大會領導國民行使政權。（二）中國國民黨全國代表大會閉會時，以政權付託中國國民黨中央執行委員會執行之。（三）依照總理建國大綱所定選舉，罷免，創制，復決，四種政權，應訓練國民逐漸推行，以立憲政之基礎。（四）治權之行政，立法，司法，考試，監察，五項，付託於國民政府，總會而執行之，以立憲政時期民選政府之基礎。（五）指導監督國民政府重大國務之施行，由中國國民黨中央執行委員會政治會議行之。（六）中華民國國民政府組織法之修正及解釋，由中國國民黨中央執行委員會政治會議議決之。〔註73〕

在此綱領中，國民政府打出孫中山之「三民主義，五權憲法」的招牌，但此訓政卻是經過篡改的訓政，國家權力（包括政權與治權）完全集中於一點——中國國民黨中央執行委員會，進一步凸顯一黨專政的精神。因爲此時國民政府對基層社會的控制系統實行黨政雙軌制，〔註74〕所以有必要從黨、政兩個方面對國民政府關於地方自治的規定進行梳理：

1929 年 3 月，中國國民黨第三屆全國代表大會通過兩個關於地方自治的議案：

第一、《確定訓政時期黨政府人民行使政權治權之分際及方略案》，強調中國革命之目標是實現三民主義，政府此後之工作是嚴格按照孫中山之建國程序說，實施訓政。〔註75〕

第二、《確定地方自治之方略及程序》，根據孫中山建國大綱和地方自治實行法之規定，擬定地方自治實施標準：「（一）確定縣爲自治單位，努力扶植民治，不得阻礙其發展，……。（二）制定地方自治法規，定其部分，使地

〔註73〕《訓政綱領》，《中央日報》，中華民國十七年十月四日。

〔註74〕王奇生指出：「由於國民黨仿照蘇俄體制在原有行政系統之外，再建立一套相應的黨務組織系統。這是中國有史以來政治控制體制由單軌制向雙軌制的重大轉變。」王奇生：《論國民黨改組後的社會構成與基層組織》，《近代史研究》2000 年第 2 期，第 64 頁。

〔註75〕《確定訓政時期黨政府人民行使政權治權之分際及方略案》，《中央日報》，中華民國十八年三月二十日。

方自治體成爲經濟、政治的組織體，以達到眞正民權民生目的，……。（三）由國民政府選派曾經訓練考試及格之黨員到各縣協助人民籌備自治，……。（四）地方自治之籌備，宜逐漸推行，不宜一時並舉，以自治條件之成就，選舉完畢爲籌備自治之終期等」〔註76〕

1929 年 6 月 18 日，在第三屆中央執行委員會第二次全體會議的宣言中，再次強調訓政時期，國民黨最主要的工作在於「確遵總理遺教，實施三民主義之具體建設，訓練人民行使政權，以竟革命之全功，而立民國鞏固之基礎」。其中，「訓練人民行使四權，實施地方自治，爲訓政時期主要工作。」而訓政的時限，根據孫中山之設想，「定爲六年，於民國二十四年完成之。」〔註77〕

1929 年 6 月中國國民黨第三屆二次全會訓政時期黨務進行計劃案中則宣稱，如果地方自治不能取得成績，「三民主義之建設，亦將無由實現。」〔註78〕並且，制定訓政時期地方自治推行的時間表：1930 年內依照縣組織法完成縣組織，同時訓政人員初期訓練完畢；1932 年底以前，完成初期調查戶口、清丈土地；1933 年底，各地籌備自治機關完全設立；1934 年底以前，完成縣自治。其實施方案由行政院制定。〔註79〕

1929 年中央政治會議第 207 次會議據以通過訓政時期完成縣自治實施方案。內政部則制定分年進行程序表：從 1929 年至 1934 年，以每年爲一期，這六期中事務進行內容又分十大綱，分別是：（一）釐定自治系統；（二）儲備自治人才；（三）確定自治經費；（四）肅清盜匪；（五）整頓警政；（六）調查戶口；（七）完成縣市組織；（八）訓練人民；（九）初期清丈土地；（十）舉辦救濟事業等。〔註80〕

〔註76〕《確定施行政綱之方略及程序以定政治之實行標準案》，《中央日報》，中華民國十八年三月二十日。

〔註77〕榮夢源主編：《中國國民黨歷次代表大會及中央全會資料（上）》，光明日報出版社 1985 年版，第 754 頁。

〔註78〕徐幼川：《黨員怎樣協助推進地方自治》，正中書局中華民國三十三年版，第11 頁。

〔註79〕榮夢源主編：《中國國民黨歷次代表大會及中央全會資料（上）》，北京：光明日報出版社 1985 年版，第 762 頁。

〔註80〕徐幼川：《黨員怎樣協助推進地方自治》，正中書局中華民國三十三年版，第11 頁。

　　1930 年 3 月中國國民黨第三屆第三次全國會議有訓政時期黨務工作案，其宣言：全黨必須認眞切實貫徹孫中山遺教，「萃全力於地方自治工作，俾三民主義得以從人民社會生活中茁發滋長，庶於革命救國之義。」把「集中於縣及縣級以下之地方社會事業」確定爲此後黨務之一。同年 11 月中國國民黨第三屆第四次全體會議通過關於黨務工作及刷新政治兩案，除了按照原定程序推行地方自治外，還將其確定爲國民政府施政的中心。〔註81〕

　　以上爲訓政綱領頒佈後，國民黨爲推行地方自治，在中央歷次會議中提出的各項議案，這些議案的內容無不規定以總理遺教爲指導方針，但卻又在不同程度上篡改了孫中山的遺教，如在《確定地方自治之方略及程序》一案中，其對孫中山之建國大綱進行了概念上的偷換，把「在訓政時期政府當派曾經訓練考試合格之員」改爲「由國民政府選派曾經訓練考試及格之黨員」。雖然只有「員」與「黨員」之別，但卻標誌著黨的勢力將在地方自治推行的過程中起關鍵作用。從宏觀上講，既然訓政綱領帶有明顯的一黨專政傾向，在此綱領指導之下的地方自治也就不免打上濃重的黨化色彩。當然，地方自治能否得到發展，不能以提案內容爲評判標準，而更應該通過國民政府的實踐加以驗證。

　　在政府方面，則從 1929 年至 1932 年相繼頒佈一批縣各級組織自治法規，其中較爲重要的有：《縣組織法》（1929、3、15），《縣組織法施行法》（1929、11、12），《鄉鎮自治施行法》（1929、9），《區自治施行法》（1929、12），《市組織法》（1930、5、20），《鄉鎮長自治職員選舉法及罷免法》（1930、7、10）；《縣參議會組織法》、《縣參議員選舉法》、《市參議會員選舉法》（1931、8）等等。其中，以《縣組織法》〔註82〕（如下縣組織結構示意圖）爲眾多自治法令之核心。

〔註81〕徐幼川：《黨員怎樣協助推進地方自治》，正中書局中華民國三十三年版，第12 頁。

〔註82〕南京國民政府在 1928 年公佈《縣組織法》，其規定縣以下之自治級別爲區村里閭鄰四級，其中村裏同級。1929 年則修正縣組織法，改爲區鄉鎮閭鄰四級，文中圖示是修正後的縣自治組織結構圖。市以下自治組織亦分爲四級區坊閭鄰，其中坊同鄉鎮是一級。

5-2-2：縣組織結構示意圖

縣組織結構示意圖

縣政府
- 縣長(由民政廳提出合格人員二人至三人，經省政府議決任用之)、秘書、科長及科員(由縣長呈請民政廳委任，科員由縣長委任，並報民政廳備案)、雇佣事務員及雇員
- 警察：辦理催徵送達偵緝調查(民額由民政廳定之)
- 各局：公安局、財政局、建設局、教育局、衛生局、土地局、社會局、糧食管理局等(各局局長一人，各區分局長皆由縣長就考試合格人員中遴選，呈請省政府核准委任之)
- 縣政會議：縣長、秘書及科長、各局局長
- 縣參議會：以縣民選舉之參議員組織之

區公所
- 區公所：區長(由區民選任，並由縣政府呈報民政廳備案)、助理員(區公所遴請縣長委任)、區丁(額數縣長定之)
- 區務會議：區長、區助理員、本區所屬鄉鎮長
- 區監察委員會：監察區財政、向區民糾舉區長違法失職等事

鄉鎮
- 鄉鎮長、副鄉鎮長：鄉鎮長及副鄉鎮長由鄉鎮民大會選舉產生
- 鄉鎮民大會：行使四權
- 鄉鎮監察委員會：監督各該鄉鎮財政、向鄉民鎮民糾舉鄉鎮長及副鄉鎮長之違法失職等事

閭鄰
- 閭鄰長：由本閭鄰居民會議選舉產生
- 居民會議：對閭鄰長有罷免改選之權

注：王均安編：《地方自治施行法釋義》，上海世界書局印行，第126～166頁。

從各級行政人員的產生來看，縣長由民政廳提出合格人員二人至三人，經省政府議決任用之。雖然規定「凡籌備自治之縣，已達建國大綱第八條所規定之程度者，經中央查明合格後，其縣長應由民選。」但何時能夠達到完全自治的程度，實在難以預測，也就說一日不達完全自治之程度，則縣長一日不能民選。同樣，對於縣政府各職員也基本採取委任、遴選的方式。按規定區長由區民選任，並由縣政府呈報民政廳備案，但同時又規定區長民選是在本法施行一年後，由省政府就各縣地方情形，酌定時期，咨請內政部核准行之。在區長民選實行以前，區長由民政廳就訓練考試合格人員委任之。也就是說區長什麼時候進行民選，要看政府的認定；區公所助理員則由區公所遴請縣長委任、區丁額數亦由縣長定之。按規定鄉鎮長由鄉鎮民大會選舉產生，但是在區長民選之前，鄉鎮長、副鄉鎮長採取加倍選舉由區公所轉請縣長擇任的方式。到了閭鄰長才算沒有行政官廳的

直接干預，基本實現了眞正的選舉。〔註 83〕由縣各級自治人員的產生方式可見其自治精神之淡薄。

再看民意機構的設立。縣有參議會，但在縣預算決算、募集公債方面，其與縣政會議有功能重複的嫌疑，也就不可避免發生行政官廳侵犯民意機關權利的可能。陳柏心經研究後指出：「近數年來，各地行政當局無不因官治與自治體制的不同，剝奪自治機關應有之權責，而將一切縣市行政事務悉由縣市政府及其各局直接處理，地方經費完全集中於縣，僅劃出極少數經費以爲自治機關維持之用，自治機關毫無其他收入以爲興辦事業之需，致使法令規定之應興應革事務，完全等於具文。」〔註 84〕並且縣參議會要在區長民選時方設立之，在此之前，縣政會議擁有一切地方行政大權。區民大會則「於內政部核准區長民選後，由區長召集之」。〔註 85〕也就是說，區長一日不民選，則區民大會一日不召開。直到鄉鎮之鄉鎮大會及閭鄰之居民會議，才略顯民意機關的味道。《區自治施行法》、《鄉鎮自治施行法》皆按照《縣組織法》制訂，但仍未有質的突破。相比較而言，自治級別越高，其官治色彩越濃厚。趙如珩批評說，當前的自治法規始終未顧及人民運用政治權能的機會，行政官廳始終處於喧賓奪主的狀態。〔註 86〕

自治官治化漸濃的另外一個表現則是省政府明令禁止民間地方自治團體的組建。1927 年 8 月，江蘇省民政廳奉省政府令，「以現在已入訓政時期，各縣自治，亟應籌備。自治規程，應由省政府制定頒佈，應令飭各縣，於自治規程未頒佈以前，所有關於自治性質之團體，一律停止組織。」〔註 87〕此後，清末民初興盛一時的民間自治團體，如商會、教育會等呈江河日下之勢，此一規定進一步暴露出國民政府意欲通過官方自治來容納一切基層自治組織的意圖。

不可否認，與北京政府相比，南京國民政府所頒佈之自治法規更加具有時代的進步精神，如以前的自治法規定縣爲行政區域，而現在的自治法則規

〔註 83〕王均安編：《地方自治施行法釋義》，世界書局中華民國十九年版，第 126～166 頁。

〔註 84〕陳柏心《地方自治之經費問題》，《半月評論》1935 年第 1 卷第 12 期，第 12 頁。

〔註 85〕王均安編：《地方自治施行法釋義》，世界書局中華民國十九年版，第 112 頁。

〔註 86〕趙如衍：《地方自治之實施的研究（續）》，《復興月刊》1933 年第 1 卷第 12 期，第 2 頁。

〔註 87〕《停止組織自治性質之團體》，《江蘇公報》1927 年第 4 期，第 18 頁。

定縣不僅爲以行政區域，還是一自治區域；以前的自治法規不重視「地方自治的根本條件人民自衛、民眾訓練、社會經濟，特別是交通建設和平均地權等項」，而現在的自治法規則有系統規定；以前的自治法規定選舉權是以納稅及學歷行政經驗爲標準，而現在的自治法規主張普通選舉；以前的地方自治是從上而下推行的官辦或紳辦自治，現在的地方自治強調從下往上的人民的自治等等。〔註88〕這種進步精神更明顯地體現在對公民之財產、資歷、性別等限制的取消上，如《縣地方自治條例施行細則》規定：「中華民國人民，無論男女，年滿二十歲，在本縣區鄉鎮里鄰繼續居住一年以上，或有住所達二年以上，經宣誓後，即取得公民資格，有行使選舉、罷免、創制、復決之權及被選舉權。國外或租借地之中華民國人民，無論男女，年滿二十歲者，雖於縣區域內居住未達一年或有住所未達二年，經宣誓登記後，亦可取得前項之公民資格」等。〔註89〕但是，這些進步精神還僅僅是條文的規定，能否貫徹執行尚是另外一回事。也有人對《縣組織法》的弊病進行如此批評：縣、區之對地方自治的監督權規定不明確；警察權與自治權混淆不清；區鄉鎮自治公約制定程序混亂；區鄉鎮區域劃分標準不一，等等。〔註90〕另外，由中央制訂統一自治法規的最大弊端，在於扼殺了地方自治因地制宜的精神。

　　總之，通過以上分析可以看到，南京國民政府並未嚴格遵循孫中山的自治思想。其最終結果是，國家由「黨治」變成「一黨專制」，地方自治則由「政府協助」變成「官廳主導」。

二、江蘇各級地方自治的推行與反思

（一）江蘇各級地方自治的籌備及推行

　　1929 年 10 月 2 日，縣組織法施行法頒佈。按照縣組織法施行法規定，縣之組織，江蘇省應於 1930 年 6 月完成。〔註91〕經省政府委員會第 235 次

〔註88〕甘乃光：《中國地方自治事業進行近況》，《大陸》第 1 卷第 5 期，第 1～2頁。

〔註89〕蔡鴻源主編：《民國法規集成》，第 39 冊，合肥：黃山書社 1999 年版，第 211頁。

〔註90〕許崇清：《關於民國十八年南京所公佈縣組織法的幾個問題》，《中央導報》1931 年第 7 期，第 86～90 頁。

〔註91〕王均安編：《地方自治施行法釋義》，世界書局中華民國十九年版，第 166頁。

會議決議，對江蘇省辦理地方各級自治組織列定了一個詳細的時間表：1929年 10 月至 12 月完成縣政府及各局之組織，1929 年 11 月至 1930 年 3 月完成鄉鎮公所組織，1930 年 4 月至 6 月完成閭鄰之組織。同時，按照中央政治會議第 207 次會議議決之《訓政時期完成縣自治實施方案內政部主管事務分年進行程序表》的規定，關於儲備自治人才，確定自治經費，肅清盜匪，整頓警政，調查戶口，清丈土地各事項，應分別籌辦，希望自 1929 年至 1934 年完成地方自治，以符中央所定訓政期限，而確立憲政基礎。〔註92〕

就蘇北縣份來看，在 1930 年 5 月之前，揚中縣戶口調查完竣，並且根據戶籍冊，編定村制。在區長未考試訓練以前，仍由各市鄉行政局長負責督率各村長辦理地方水利，公安，教育，交通等事項。以爲將來憲政之基礎。〔註93〕泰縣則劃分爲十五區，6 月之前，第一期區長訓練期滿，並分發實習。全縣劃爲四百八十四鄉鎮，閭鄰正在劃分之中，推選閭鄰長副。〔註94〕阜寧縣籌辦地方自治則全面展開，如訓導區長考察各區長成績，分別獎懲；分配第二期區長實習地點；限期辦理公民宣誓登記；舉行鄉鎮選舉；督促成立鄉鎮公所；選舉閭鄰長；舉辦人事登記；實行調查戶口；實行田地註冊等。〔註95〕儀徵全縣共劃分爲五個自治區，區以下分爲一百四十一鄉鎮。7 月之前，區鄉鎮公所均已組織成立。各區公所內，設區長一人，並分設二股，分掌事務。縣政府所召集之區長會議，均按期開會。此外，各區公所也都自行召集區務會議及所務會議。第一期自治鄉鎮長、副鄉鎮長已訓練完畢，現正訓練第二期。閭鄰劃分也正在趕辦。每區行政經費，每月二百五十元；事業費現正計議中，擬舉辦戶捐。各鄉鎮公所經費，每月由縣補助五元。〔註96〕

各縣自治籌備雖然都已展開，但是傚果並不佳，如阜寧縣成立鄉鎮公所一項因經濟困難，不能完全成立，而閭鄰之劃分及選舉，亦未能整齊劃一。

〔註92〕 胡棘園：《蘇省舉辦保甲之由來》，《江蘇保甲》半月刊第 2 卷第 5 期，第 1 頁。

〔註93〕 徐祖繩：《揚中縣施政概況》，《蘇政》半月刊第 1 號，1930 年 5 月，第 38 頁。

〔註94〕 王景濤：《泰縣縣政概況》，《蘇政》半月刊第 4 號，1930 年 6 月，第 34 頁。

〔註95〕 王宮獻：《阜寧縣政府施政方針及最近政績》，《蘇政》半月刊第 4 號，1930 年 6 月，第 39～40 頁。

〔註96〕 田斌：《儀徵縣縣政概況（續）》，《蘇政》半月刊第 5 號，1930 年 7 月，第 36 頁。

〔註97〕至於區一級的工作也不能令人滿意（見下表）：

5-2-3：阜寧區長工作成績考覈表

區別		一區	二區	三區	四區	五區	六區	七區	八區	九區	十區	十一區	十二區	十三區
區長姓名		江國禎	朱心煜	左培心	陳德乾	吳煜新	唐翰如	崩佳材	李有鴻	趙文智	唐突	薛永愷	顧鎮華	王馨舫
就職日期		18年八月	同左	同左	同左	同左	同左	同左	同左	同左	同左	同左	同左	同左
辦理自治成績	訓練鄉鎮長副	丁	丙	丁	丁	丁	乙	丁	丁	丁	乙	丁	乙	丁
	填送工作報告表	丁	丙	丁	乙	乙	丙	丁	乙	丙	丁	丁	丙	丁
	呈報區務會議錄	甲	乙	丁	丁	丙	甲	丁	丙	丁	丁	丁	丁	丁
	增加識字人民減少失業游民	丁	丙	丙	丁	丁	乙	甲	乙	乙	甲	乙	丁	丁
	呈報種痘人數表	乙	丁	丁	丁	丁	丁	乙	乙	乙	丙	丙	丁	丁
	填報人民移動調查表	乙	乙	乙	乙	乙	乙	乙	乙	甲	乙	乙	乙	乙
委辦各事成績	招募志願兵	丙	乙	丁	甲	丙	丙	丙	丙	丙	丁	丙	丙	丙
	辦理田地註冊	丙	乙	丁	丙	丙	丙	丙	丙	丙	丙	乙	丙	丙
	組織保衛團	甲	乙	丙	丁	乙	丙	乙	乙	乙	丙	乙	丙	丙
	呈報查禁煙賭	丁	乙	丁	丁	丁	乙	丁	乙	乙	乙	丁	丁	丁
獎懲	申訴		×	×						×	×	×		
	記過						△							
	獎勵	8								8				
控告				●						●			●	●
總評		甲	丙	丁	丙	丙	乙	丙	丙	甲	乙	丁	乙	丁
附注														

注：1、凡各區對於應辦及委辦各事項：按期辦竣工作努力者列甲，工作遲緩者列乙，工作懈怠者列丙，辦理不善工作惡劣者列丁。

〔註97〕王宮獻：《阜寧縣政府施政方針及最近政績》，《蘇政》半月刊第 4 號，1930 年 6 月，第 39～40 頁。

2、獎懲之符號：「×」表示申斥，「△」表示記過，「8」表示獎勵，「●」表示被控，總評許以甲乙丙丁表示。

3、資料來源：王宮獻：《阜寧縣政府施政方針及最近政績》，《蘇政》半月刊，第四號，1930 年 6 月，第 40～41 頁。

　　由上表可知，在阜寧十三個區 130 項事務中，甲等 7 項，乙等 40 項，丙等 34 項，丁等 49 項。可見辦理結果相當不好。在 7 項甲等事務中，「呈報區務會議錄」占兩項，「增加識字人民減少失業游民」占兩項，其他「填報人民移動調查表」、「招募志願兵」、「組織保衛團」各占一項。第一、九兩區之所以獲得嘉獎，是因為「呈報組織保衛團，查核頗具條例，指令嘉獎」。而遭申斥原因則各有不同，第二區是因為「該區呈報區務會議記錄有依照縣組織法組織保衛團一案，實屬荒謬應予申斥」；第三區是因為「迭飭該區搜挖蝗卵，空言塞責，指令申斥」；第八區是因為「據呈該區有反□份子，前被羈押，現經釋放回裏，故意炫耀，請求制止，跡近藉端要挾，指令申斥」；第十區因為「前飭該區造送十九年預算，據呈請免指令申斥」；第十一區則因為「奉令招募志願兵，無力招足，指令申斥」。對於控告則言之不詳，亦不影響成績總評。可見政府更重視的是其政令的執行情況，而不是普通民眾的感受。〔註98〕

　　在江寧縣未被辟為自治實驗縣之前，鄒振道曾對 1932 年上半年江寧縣的地方自治狀況進行調查，其結論如下：劃分全縣為十自治區，區設區公所；劃分全縣為二百九十五鄉鎮，設鄉鎮長公所；各區區長皆由縣長遴委曾經訓練及合格之人員；各鄉鎮長已由公民選舉由縣長擇委；各閭鄰長亦經公民選舉分別委定；縣政府曾令飭各區鄉鎮長，凡地方各種事務應協助辦理；戶口清查工作、人事登記之聲請登記，及調查統計，均甚疏忽；各區道路，除國道縣道僅築成一二外，皆無力修築；各區公所均無力附設國民學校；各區長兼區保衛團長，匪風較靖；各區長組織自治經費保管委員會，派代表向財政局直接領撥，但收入甚少，不能維持；各區鄉鎮公約尚未制定。〔註99〕有人指出：「本縣區鄉鎮閭鄰制實行後，……惟自治組織不健全，以致各區自治事業，建樹毫無，至於各鄉鎮自治工作，更屬空談，……故區鄉鎮閭鄰制之在江寧者，徒具形式上之組織而已，考諸實際，區公所有時雖可閉門造車，作

〔註98〕王宮獻：《阜寧縣政府施政方針及最近政績》，《蘇政》半月刊第 4 號，1930 年 6 月，第 39～41 頁。

〔註99〕鄒振道編：《考查江寧縣政總報告》，行政係普通行政組，二十一年四月（手抄本），第 69～70 頁。

政府令辦之等因奉此，至鄉鎮公所究在何處？閭鄰長究係何人？誠恐無人解此答案，而鄉鎮自治之停滯難行，不言而喻矣。」〔註100〕

也就是說，縣以下各級自治組織主要機構尚能基本建立，但仍不健全，其自治事務辦理情形或因辦事人員的敷衍、或因自治經費支絀仍然不能令人滿意。

蘇南以吳縣爲例。1928 年 12 月 29 日，各縣劃區辦法頒到吳縣後，於1929 年 1 月，開始劃定新區，區自治行政機關爲區公所，其組織按照自治法令規定。按照新法，吳縣劃區計城廂 3 區，鄉區 19 區，89 鎮，630 鄉。至1931 年，其區自治成績辦理如下：

（一）戶口調查完成。其中共 199091 戶，男：483591 人，女：423999人，合計：907590；船戶 2353 戶，男：6358 人，女：2801 人，合計：9159；商戶 8852 戶，男：45537 人，女：1038 人，合計：40575 人。

（二）地方保衛。地方保衛有保衛團，該保衛團負有增進人民自衛能力，輔助軍警維持地方治安的責任。若能辦理完善，可以裁減國家常備兵額，可以削輕人民負擔，恢復我國寓兵於農的本質。吳縣保衛團全爲按照法令組織實施，每閭爲一牌，以閭長爲牌長，每鄉或每鎮爲一甲，以鄉長或鎮長爲甲長，每區爲一區團，以區長爲區團長，縣爲總團，以縣長爲總團長。總計保衛團 23 個，商團支部 7 個，共 873 人。保衛團擁有槍支 136 支，子彈 9084粒，經費 40665 元。

（三）社會救濟。吳縣新社會救濟機關設備有九個：第一養老院，婦女養老，第一感化院，育嬰院，安節院，第一義倉，第二義倉，蓮溪同仁堂，徐莊仁濟堂等。其經費由公款公產管理處撥給，以上各機關經費，最多者爲育嬰院，每年約 1441 元，最少者爲第二義倉，每年僅 48 元。每年用於上列各院倉堂等經費總計爲 6690 餘元，臨時費爲 15120 元。其經費之分配：薪工占 37.12%，辦公費占 16.18%，事業費占 42.43%，雜費占 5.66%，預備費占2.04%等。

（四）衛生事業。各區公所於每年春秋二季，聘請西醫施種牛痘各一次，概不取費。各區公有澡堂十二所，醫院六所，每逢夏季時，各區公所皆有臨時防疫醫院設備。除四口公共自流井之外，各區正在籌劃設置糞行清潔所，

〔註100〕《江寧縣政概況》，出版信息不詳，第 1 頁。

垃圾桶等。〔註101〕

　　從吳縣辦理地方自治的情形來看，其更加注重實際，辦理情形也蘇北、蘇中稍好。但是弊端也不少，王維墉曾對吳縣辦理自治的情況進行了總結，批評其所做工作不過是頒佈無數自治法規、設立自治機關、委任自治職員等，因爲行政經費的增加，自治職員素質良莠不齊等原因，徒增人民痛苦而已。並舉例說：「吳縣第十八區區長唐人傑任用私人，依勢橫行，即其例也。再就調查戶口，辦理保衛團而言，縣政府將人口調查表發交各區，飭令按照表詳塡，依期詳塡呈交者固多，而以調查表包銅元或塡不確實者，亦不少，斯由區鄉鎮長自治知識缺乏，人民莫明調查爲何致之。保衛團是爲增進人民自衛能力，輔助軍警維持地方治安而設之義務團也，然吳縣各區之保衛團，多有名無實，團丁是招募之游民，非義務之公民，因之區長以區團長名義，認其團爲個人之武力，武斷鄉曲，欺上罔下，失去該團辦理之目的遠矣！加之吳縣紳士勢力雄大，迷信觀念太深，太湖土匪出沒無常，自治經費異常缺乏」等，〔註102〕地方自治之前途，可以預見。

　　總而觀之，1932年之前，江蘇省縣區鄉鎮閭鄰之自治組織尚不難如期完成。但其戶口、土地、警衛、道路及人民使用四權情形，雖然盡力推行，但距規定程度尚遠。加上社會不穩，農村殘破，自治事務之推行，極爲緩慢。各級自治組織，往往名不副實。〔註103〕國民政府亦承認，自縣組織法、區鄉鎮自治法頒佈以來，自治推行效果並不理想，「即最初步之組織已完備者，亦無非稍具形式，離自治之眞際尚遠。」〔註104〕並且，自治職員之選舉也「僅做到閭鄰鄉鎮長副之民選，而區長仍屬於政府委任，故可謂官辦地方自治。」〔註105〕既使是各鄉鎮長副的選舉，往往是「由鄉民大會或鎮民大會選舉加倍之人數，報由區公所轉呈縣長擇任，並由縣長彙報民政廳備案」，政府仍然嚴格把握人事的任命權。而建立之後的鄉鎮公所，也往往是有名無實，「各縣鄉鎮公所，僅門口掛一牌子而已」。〔註106〕至「縣參議會，本省

〔註101〕胡瀚、何子競編述：《吳縣縣政》，南京圖書館藏，民國廿一季一月（手抄本）。
〔註102〕王維墉：《吳縣縣政》（手抄本），南京圖書館藏。
〔註103〕胡棘園：《蘇省舉辦保甲之由來》，《江蘇保甲》半月刊第2卷第5期，第1～2頁。
〔註104〕蕭繼宗主編：《十年教訓》，中國國民黨中央委員會1976版，第193頁。
〔註105〕《江蘇省鑒》，成文出版社有限公司1983年版，第34頁。
〔註106〕《江蘇省鑒》，成文出版社有限公司1983年版，第36頁。

各縣均未成立。」〔註107〕如此以來，只有閭鄰一級實現了眞正的民眾選舉及罷免制度。王奇生指出，南京國民政府時期的區署實際上「是中國歷史上首次在縣以下建立正式的行政層級」，〔註108〕這是國民政府對基層滲透的一個重要表現。

根據市組織法，江蘇省市區坊閭鄰自治也逐漸展開，以南京市與上海市爲例：南京市地方自治是從 1931 年 3 月劃區，7 月設立南京市自治事務所，並由該所編訂《南京市自治實施計劃大綱》，根據大綱，南京市應成立二十一區公所，在三個月內按照宣傳大綱宣傳，並舉行地方自治宣傳周，同時成立坊公所籌備處，協助區公所辦理戶口調查，人民宣誓，人事登記，調查失學兒童，及失學成年人數等。在區公所成立後的六個月內，由宣傳方式而漸入社會教育工作，設立國民訓練講堂，小學及國民補習學校，平民閱報所，平民識字處，同時召集坊民大會，選舉坊長，坊監察委員，成立坊公所，並設坊調解委員會等。區公所成立一年內，由各閭鄰居民會議選舉各該閭鄰長，興辦合作，修理道路，提高娛樂，增廣人民知識等。坊公所成立六個月後，如經內政部核准，即可召集區長民選。而實際上很少能夠按計劃完成，如自治區因經費困難而減爲十一區，進而爲八區，區長之人選，以年高望重，居住本地最久者爲合格，並且現任之八區長皆由市長──登門面請而出任；坊長之選舉因眾多不正常現象而被迫停頓等。〔註109〕

南京國民政府成立後，上海地方自治最大亮點在於臨時市參議會的成立。〔註110〕在民選之前，其人員是通過聘任、遴選等方式進行的。其職權則是：議決關於市單行規則事項，議決關於市預算決算事項，議決關於整理市財政募集市公債及其他增加市民負擔事項，議決關於經營市公產及公營業事項，議決關於市民生計及救濟事項，議決關於市教育及其他文化事項，市府交議事項，其他應興應革事項等。〔註111〕

〔註107〕《江蘇省鑒》，成文出版社有限公司 1983 年版，第 35 頁。

〔註108〕王奇生：《戰前中國的區鄉行政：以江蘇省爲中心》，《民國檔案》2006 年第 1 期，第 69 頁。

〔註109〕尚其煦：《中國各市自治概論》，《地方自治》1935 年第 3 期，第 507～512 頁。

〔註110〕1927 年，根據上海特別市政府條例，成立市參事會；1928 年根據國民政府特別市組織法，改市參事會爲市參議會；根據 1930 年 7 月國民政府市組織法，又改市參議會爲臨時市參議會。

〔註111〕尚其煦：《中國各市自治概論》，《地方自治》1935 年第 3 期，第 513～515

總之，在南京國民政府建立初期，江蘇省按照國府所頒各項自治法令，為自己設計了一套推行地方自治的方案，因為諸多因素，其並未達到預期效果，這為江蘇省縣區自治實驗的出臺埋下了伏筆。

（二）縣區實驗設計下的江蘇各級地方自治

江蘇地方自治初期推行效果不佳是時人所公認的，「北伐完成以後，中央對於地方自治，迭經決議，頒行全國，奈所得結果，與中央及全國人民之所期望，不啻相距百倍。」〔註112〕「為期已及二載，因內憂外患，頗少進展。」〔註113〕同時，大部分人把地方自治推行效果不佳的根源歸結為不能集中人力、財力的緣故，因有設置自治實驗區之議。胡漢民認為，孫總理並未講在某一年全國一齊辦好自治，我們不妨「先求一省中有若干縣分達到自治完成，或一縣中有若干區分達到自治完（成）。」〔註114〕具體到江蘇省，有人指出，「政治的進展，無齊頭並進的可能性，所以從六十一縣中，指定相當縣份，試辦模範自治縣，集中人才，限期辦理，也許是促進縣自治完成的有效辦法。」〔註115〕基於此，國民政府逐漸改變其地方自治推行的策略。

1931 年 11 月，中國國民黨第四屆全體會議，鑒於制度設施有待改善，因而提出推進地方自治方案，其中就自治經費，自治限期，自治團體之任務，縣長職權之提高，區長之訓練，警衛之整頓，以及鄉村經濟之發展，做出更加詳細的規定。

1931 年 12 月 28 日，在第四屆中央執行委員會第一次全體會議宣言中，對此前一段時間的地方自治推行狀況進行了深刻反思，認為因軍事及匪患問題，導致地方自治計劃不能循序漸進，為了增加人民參與政治的機會，在努力推行地方自治的同時，有設置國民參與政治機關的必要。〔註116〕

頁。

〔註112〕張德善：《江寧自治實驗縣地方自治調查摘要》，《地方自治》創刊號，中國地方自治學會發行，中華民國二十四年版，第 138 頁。

〔註113〕徐幼川：《黨員怎樣協助推進地方自治》，正中書局中華民國三十三年版，第 13 頁。

〔註114〕胡漢民：《怎樣訓練縣長》，《蘇政》半月刊第 6 號，1930 年 7 月，第 8～9 頁。

〔註115〕《試辦模範自治縣》，《蘇政》半月刊第 8 號，1931 年 1 月，第 2 頁。

〔註116〕榮夢源主編：《中國國民黨歷次代表大會及中央全會資料（下）》，北京：光明日報出版社 1985 年版，第 116 頁。

　　1931 年中國國民黨第四屆中央執行委員會第三十三次常務會議復有提議地方自治之進行改革注意各點案，其內容著重在擇區實驗，並設會研究。這是南京國民政府在齊頭並進推行地方自治失敗之後，選擇重點突破的開始。

　　根據自治實驗的區域單位來看，江蘇省有自治實驗縣之設置，亦有自治實驗區之設置；從推行自治實驗的主體來看，其主要分為以下幾種類型：政府主導，地方黨政機關合辦，政府與地方人士合辦，地方人士主導等。其中，江寧自治實驗縣則是典型的官廳主導型的自治實驗。

　　1932 年 6 月，蔣介石命令江蘇省主席顧祝同用中央政治學校教授及畢業生辦實驗縣。〔註117〕7 月初江蘇省政府 509 次會議議決，以江寧為自治實驗縣，設縣政委員會，聘羅家倫、陳立夫、葉楚傖、張道藩、余井塘、吳挹峰、梅思平、陳果夫、李範一等為委員，並以省府主席顧祝同為委員長，陳果夫為副委員長。以中央政治學校系主任梅思平為縣長，並以該校畢業生為主幹職員。其設立之目的，在完全推行三民主義、總理遺教學說、政綱政策等。

　　1933 年 2 月，江寧自治實驗縣正式成立，由江蘇省政府頒佈《江蘇省江寧自治實驗縣組織規程》，其中規定「江寧自治實驗縣，直屬省政府，其實驗期時間，以四年為限。」〔註118〕江寧自治實驗縣之最高行政機關，是實驗縣縣政府，其可以處理全縣行政，監督地方自治，並得發佈縣令，制定縣單行規則。縣政府受省政府及縣政委員會之指導監督。縣政府設縣長（由縣政委員會提請省政府任免之），秘書室，民政、公安、財政、教育、建設等五科。1935 年 11 月再設禁煙科，增為六科。〔註119〕江寧縣長梅思平兼任秘書，統領縣政。中央又在江寧縣黨政機關之上，組織設計委員會，「由中央組織委員會推派中委前往指導，其委員，則分由縣長科長，縣黨部執監委員，中心小學校長，各區長代表等擔任，使黨政雙方，合為一體，先就江寧一地做起，擬擴展推及全國各地。」〔註120〕自治實驗縣成立之後主要進行的工作為：裁局並科、整理財政、調查戶籍、發展教育、注意衛生、改良生計等。

〔註117〕陳果夫著：《蘇政回憶》，正中書局中華 1951 年印行，第 14 頁。
〔註118〕李宗黃著：《考察江寧鄒平青島定縣紀實》，正中書局中華民國 24 年版，第 8 頁。
〔註119〕吳椿著：《江寧自治縣政實驗》燕京大學政治學叢刊，第二十九號，第 6 頁。
〔註120〕李宗黃著：《考察江寧鄒平青島定縣紀實》，正中書局中華民國 24 年版，自序，第 3～4 頁。

　　1933 年 10 月 12 日，陳果夫就任江蘇省政府主席。對於江寧自治實驗縣，陳果夫的第一個動作是改組江寧縣政委員會，增聘劉振東、葉秀峰、劉允衡為委員，以葉楚傖為委員長，吳挹峰為副委員長等。〔註121〕江寧自治實驗縣縣級行政人員是由政府直接委任，鄉鎮長副的產生，則是「由自治指導員擇各該鄉鎮公民中之資格相當者加倍人數，呈報縣府擇委之」，並且鄉鎮長副秉承縣政府及自治指導員的命令，處理各該鄉鎮自治事務；既使村里長之產生，「仍握在鄉鎮長副之手中，選舉之法尚未實行」。〔註122〕時人對江寧自治實驗縣所謂自治的評價是：「縣政府之政權，係由上級機關所賦予，而非來自人民。然則自治之真義為何？」由此可知，江寧所謂的自治實驗實是純粹的官治。

　　對於江寧自治實驗縣，陳果夫的評價是：「實驗縣成立後，初辦土地陳報，整理財政，得縣黨部上下全體同志之配合協助，確是得到很大的功效。」〔註123〕其成績在李宗黃的報告中，也可以看到：「以上兩機關（縣政委員會與設計委員會）與縣政府，已於去年二月間先後成立，迄今一年有餘，實驗結束，以負責者之努力，若以數目字指出其工作成績，則在財政收入上，由三十餘萬元，增至九十餘萬元。學校由九十所增至二百二十所，學生由三千人增至一萬八千人，公安方面，亦肅清歷來積弊，真正保護人民，其他如土地呈報，人口調查，道路水利農業合作倉庫衛生等事項，皆有長足進步。」〔註124〕可見江寧自治實驗縣是取得一定成績的。

　　但在經歷了一個比較好的開頭之後，江寧自治實驗工作逐漸走下坡路。「以後就不見有什麼好的成績了。縣長對於委員會也不大理會，其時南京各部都想做實驗工作，縣長都要去拉扯拉扯，又好管閒事，所以縣政毫無中心，辦了四年地方自治，不見成績。」最終的結局是在創辦四年之後，取消自治實驗縣的稱號。〔註125〕

〔註121〕吳椿著：《江寧自治縣政實驗》燕京大學政治學叢刊，第二十九號，第 5 頁。
〔註122〕張德善：《江寧自治實驗縣地方自治調查摘要》，中國地方自治學會，中華民國二十四年版，第 16～17 頁。
　　　　在鄉鎮長的產生問題上，張善德的說法與梅思平的說法有明顯不同。梅思平是當局者，張善德是調查參觀者，在當時情形下，作為第三者的張善德的言論似乎更加可信。
〔註123〕陳果夫著：《蘇政回憶》，正中書局 1951 年印行，第 14 頁。
〔註124〕李宗黃著：《考察江寧鄒平青島定縣紀實》，正中書局中華民國 24 年版，自序，第 4 頁。
〔註125〕陳果夫著：《蘇政回憶》，正中書局 1951 年 5 月印行，第 14 頁。

　　自治實驗區，主要分爲有兩種類型。第一種爲政府主導之自治實驗區，該類型自治實驗區之設立，是在 1934 年 1 月間江蘇省黨部的推動下發起的，爲促進地方自治起見，江蘇省黨部原就鎮江、丹陽、武進、無錫、吳縣等各縣各擇一區爲地方自治實驗區，著有成效後，再次第推行各縣區。並擬定《江蘇省自治實驗區施行辦法綱要》，提經第十二次省黨政談話會決定通過。這種以蘇南爲中心的自治實驗方案在中央頒佈分區工作辦法之後發生改變，江蘇省共分爲七區，每區設一中心縣，省黨部令每中心縣設一自治實驗區，集中人力財力，進行自治實驗，徐圖推進。因此，後來改設自治實驗區於武進、松江、宜興、南通、江都、淮安、銅山七縣。〔註 126〕

　　從政府主辦之自治實驗區之區公所組織來看，其自治色彩異常淡薄，如區長由民政廳直接委任，受縣長之監督指揮；區公所分股主任及助理員由區長遴請，秉承區長之命處理區務等。並不存在自治職員選舉之說，選舉權猶未能享有，其他各權更毋庸談起，因此，所謂的自治實驗不具備任何自治的性質。〔註 127〕

　　除上述黨、政機關所創辦之自治實驗區外，還有不少由地方人士主導或政府與地方人士合辦的實驗區，如江蘇省崑山縣之徐公橋、鎮江縣之黃墟鎮及中冷新村、吳縣之善人橋及唯亭農村服務處、無錫之黃巷實驗區、南匯縣之界溝實驗鄉、上海縣之愈塘民眾教育館及浦東勞工新村等。甘乃光認爲這是「因爲政府連年多故，對於地方自治不能充分指導進行，於是這種新農村建設運動，乃愈益發展」，其意圖通過促進鄉村組織、普及教育、發展生計、增進健康、改良娛樂等方式來完成地方自治。〔註 128〕

　　總體來看，自治實驗區的創辦打破了江蘇地方自治推行初期毫無成就的局面，這與當時政府能夠集中人力、物力的政策息息相關。就江寧實驗縣來說，該縣所薦舉的幹部多是來自中央政治學校的教授與學生，他們對於現代政治理論，學有專攻，因而能夠制定較爲縝密的政策。從自治實驗經費上看，江蘇省爲提高江寧實驗縣的成效，將歷年繳解省庫之各項稅收，除用充教育專款之省附稅外，悉數劃爲縣稅。〔註 129〕基本確保自治經費不被大量挪用，也就確保

〔註 126〕《江蘇省鑒》，成文出版社有限公司 1983 年 3 月版，第 58 頁。
〔註 127〕《江蘇省鑒》，成文出版社有限公司 1983 年版，第 59 頁。
〔註 128〕甘乃光：《中國地方自治事業進行近況》，《大陸》，第 1 卷第 5 期，第 4 頁。
〔註 129〕謝清編：《江寧自治實驗縣縣政府實習總報告》，南京圖書館藏，民國二十二年十一月（手抄本）。

了實驗的效果。「本省各縣地方自治工作，雖少成績；但間或少數縣內，設有自治實驗區，尚有相當成效。」〔註130〕但是傚果並不能被無限誇大，與前一段時間比較而言，其是有進步的，但是與預期的效果，仍有不小的距離。

在自治實驗區創辦的過程中，中央政府對地方自治政策又有多次修正。1933 年 5 月，中國國民黨第四屆中央執行委員會第七十一次常會鑒於各級黨部對地方自治指導，多未重視，而各地黨員及民眾，亦未一致參加工作，從而導致各地地方自治成績之推行不佳。因而特別制定地方自治指導綱領，內政部亦訂有各省縣市地方自治改進辦法大綱。1934 年 2 月 21 日中央政治會議第三九六次會議又有改進地方自治原則之發佈，該會議決將內政部改進地方自治五項原則刪定爲三項，交由國民政府公布施行，其中規定：「確定縣與市爲地方自治單位。縣爲一級，縣以下之鄉鎮村等均爲一級，直接受縣政府之指揮監督。市爲一級，市以下如有鄉鎮村則均爲一級，其組織與縣同。在地域，人口，經濟，文化等情況特殊之處，得立爲特例，設區爲自治行政區域。」因此，政府有將自治級層中之區級自治單位取消的意思。〔註131〕是年3 月，內政部又頒佈改進地方自治原則要點的解釋，將地方自治團體組織系統做了更加詳細的規定：「縣爲一級，鄉鎮村爲一級，係兩級制，在情形特殊之處，可立特例，設區於縣與鄉鎮村之間，爲自治行政區域，……市爲一級，係採用一級制。但市以下如有鄉鎮村者，得爲一級，此爲變例，非必須設立者。」〔註132〕這一改革標誌地方自治將由由縣——區——鎮鄉——閭鄰四級制變爲縣——鎮鄉村二級制（或市——鎮鄉村二級制）。

1935 年 11 月，在中國國民黨五全大會上，對前此一段時間的地方自治實施狀況及成績進行總結，其中說到「全國一千九百餘縣中，在此訓政將告結束之際，欲求一達到建國綱領之自治程度，能成爲一完全自治之縣者，猶杳不可得，更遑言完成整個地方自治工作，爰有切實推進地方自治，完成訓政工作案。」〔註133〕由此一評價可見國民政府對地方自治推行的效果相當失望。

〔註130〕《江蘇省鑒》，成文出版社有限公司 1983 年版，第 34 頁。

〔註131〕蔡鴻源主編：《民國法規集成》，合肥：黃山書社 1999 年版，第 141 頁。

〔註132〕羅志淵：《區政改革檢討》，《江蘇民政》第 2 卷第 3、4 期合刊，中華民國二十四年十二月，第 42～43 頁。

〔註133〕榮夢源主編：《中國國民黨歷次代表大會及中央全會資料（下）》，北京：光明日報出版社 1985 年版，第 325～328 頁。

就前此一階段江蘇地方自治的推行過程來看，南京國民政府初始時雄心勃勃的自治計劃因為人、財等客觀因素的影響，不得不從全面推進收縮到重點試驗，這一戰略收縮導致地方自治完全變成官方的自治實驗。其經歷了一個民治精神不斷減弱，官治意味不斷加強的過程。雖然也有部分精英人士試圖依靠民間力量進行真正的自治試點，但是也僅僅成為官治花圃中的幾點點綴，難以形成大的氣候。

三、江蘇各級地方自治推行不佳的原因

事實求是地講，江蘇省政府為推行地方自治做了不少的努力，但地方自治推行的效果仍然不佳，考其原因，主要有以下幾點：

第一，自治組織或殘缺不全、或疊床架屋。在視察過江蘇自治狀況之後，監察院監察委員高一涵批評到，江蘇省各縣自治機關雖然籌備成立，但大部分縣份，僅到區公所而已，至於鄉鎮公所，或未完備，或為紙上空文。並且，區公所只有行政費，而無事業費，結果導致自治事業不能舉辦。大部分區長以傳達公文為主要任務，更有部分不肖區長，勾結地方土豪劣紳，藉機關權力，謀取個人私利。〔註134〕自治組織殘缺不全的另一面卻是自治機關重疊、人浮於事的現象，「蘇省地方自治，自仿行村制至區鄉鎮制，推行七八載，實未能睹其成效。其原因雖不止一端，而組織之疊床架屋，經費與人材之缺乏，事業之不知如何進行，實為其最大原因。……以致地方自治，悉操於土劣或群愚之手，又何怪其南轅而北轍？」〔註135〕余井塘認為，江蘇地方自治推行不力，是因為自治區域劃分不當，下層組織不完備，自治職員未盡得人的緣故。具體言之，「本省各縣之區及鄉鎮自治區域，以前劃分過細，每縣有多至二十區，每區有多至百餘鄉鎮者，單位過多，人才經濟俱感困難，而飛灑插花以及其他之畸形區域，以沿襲從前鄉都圖保區域未經糾正，故於推進事業，諸多妨礙」。「本省閭鄰編制，雖於去年三月，全省已一律完成；但以各閭鄰間缺乏聯絡，關於閭鄰長之職責，亦未加以規定。致各種自治事業，每因下層組織未能嚴密，而難以推進」。〔註136〕

〔註134〕《地方自治》創刊號，中國地方自治學會，中華民國二十四年發行，第 91頁。

〔註135〕祁良辰：《江蘇現行縣制之缺點及其改進意見》，《江蘇月報》第 4 卷第 1 期，民國二十四年七月一日，第 1～6 頁。

〔註136〕余井塘：《一年來之江蘇民政》，《江蘇月報》第 3 卷第 1 期，民國二十四年

　　第二，從自治人才上看，除了上文余井塘所言之自治人才不易得之外，更為嚴重地是已經產生之基層自治職員素質不高的問題。高一涵所言之不肖區長勾結地方土劣，祁良辰所言之以土劣及群愚操縱地方自治等情形，都是對基層自治人員群體素質不高的批評。縣府本為推行自治之核心，但很多縣長不瞭解地方自治之真諦，因而對地方自治漠不關心，「視自治為無足輕重，泄沓誤事者有之；但顧考成，敷衍塞責者，又往往而然。」〔註137〕還有的縣長只知道責成自治機關募集公債，徵收捐稅，辦理兵差，調查人口等，〔註138〕其餘一概不問。至區一級，雖然江蘇省在 1929 年舉辦區長訓練所，並將畢業學員分發各縣任用，但「數年以來，以成績不良及因案免撤者已屬不少。」〔註139〕而至鄉鎮一級，真正能夠瞭解辦理地方自治之深意的鄉鎮公所，尚屬寥寥。王官獻曾親自到江蘇某縣與一百三十餘鄉鎮長談話，能夠對自治解答無誤的，不及十分之一，而對於鄉鎮長一職，「一方面始終不為人所重視，地方上稍有資望及學識稍優者，均鄙不肯為；他方面卻是鑽營運動，求得一鄉鎮長者，則又往往而然。」〔註140〕

　　以上結論亦可以從《江蘇省各縣區長動態調查表》和《江蘇省各縣區鄉鎮長獎懲情形統計表》中得到證明。

5-2-4：江蘇省各縣區長動態調查表（二十三年三月起至二十四年十一月止）

項　　目	委任人員數	調任人員數	辭職人員數	免職人員數	撤職人員數
總計	174	50	85	37	43

資料來源：《江蘇省保甲總報告》，鎮江江南印書館，中華民國二十五年四月版，第 279～281 頁。

　　　　　一月一日，第 11～12 頁。
〔註137〕王官獻：《怎樣推進蘇省的地方自治》，《蘇政》半月刊第 8 號，1931 年 1 月，
　　　　　第 4 頁。
〔註138〕趙如珩：《地方自治之實施的研究》，《復興月刊》1933 年第 1 卷第 11 期，第
　　　　　17 頁。
〔註139〕余井塘：《一年來之江蘇民政》，《江蘇月報》第 3 卷第 1 期，民國二十四年一
　　　　　月一日，第 11～12 頁。
〔註140〕王官獻：《怎樣推進蘇省的地方自治》，《蘇政》半月刊第 8 號，1931 年 1 月，
　　　　　第 7 頁。

5-2-5：江蘇省各縣區鄉鎮長獎懲情形統計表（二十三年三月份起至二十四年十二月份止）

項目	嘉獎人數		記功人數		申誡人數		記過人數		免職人數		撤職人數		受刑事處分	
	區長	鄉鎮長	區長	鄉鎮長	區長	鄉鎮長	區長	鄉鎮長	區長	鄉鎮長	區長	鄉鎮長	區長	鄉鎮長
總計	3	159	55	0	5	0	50	5	34	26	43	71	2	12

資料來源：《江蘇省保甲總報告》，鎮江江南印書館，中華民國二十五年四月版，第281～284頁。

　　從《江蘇省各縣區長動態調查表》中可以看到，從1934年3月至1935年11月一年半的時間裏，共委任174名新區長，占總數的38.75%（江蘇全省共449區）；調任50名，占總數的11.14%；辭職、免職、撤職共85人，占總數的36.75%；如此頻發的更換、調任，政策的延續性必然遭到破壞。另外，通過《江蘇省各縣區鄉鎮長獎懲情形統計表》可以看到，在1934年3月至1935年12月這一段時間，受到不同獎勵的區長有58人，鄉鎮長159人（江蘇全省共8066鄉鎮）；受到不同懲罰的區長有134人，鄉鎮長123人。總體上看，懲罰仍然多於獎勵，相比較而言，區長比鄉鎮長更容易受到懲罰，區、鄉鎮長之群體如此，又如何能苛求地方自治能順利推行呢？

　　第三，自治經費支絀則是另外一個大的障礙。大革命之後，各省元氣未復，財政尤其困難，自治經費向來不易籌集，現在更是雪上加霜。「數年以來，各省自治經費，大都係就田賦附加，或則就地自籌，所徵款項既不足供籌備自治之需，而就地徵收，更屬流弊百出。以致自治進展困難，而人民負擔反因以加重。」與民初相比，「尚不至如今日之窘」。〔註141〕江蘇自治經費，是以原有市鄉行政費爲基本費，其他在田賦項下隨忙漕帶徵，平均每年約一百一十餘萬元，這些都撥充區行政費。鄉鎮經費則以徵收契稅及募集特捐爲主。臨時費在縣地方稅項下籌墊。但在實際執行過程中，江蘇省未能如數徵收，而省政府之補助亦因省款支絀而無從撥給。江蘇省有608區，依照各縣各級區公所行政費支用標準，全年區行政經費共需200餘萬元。但全年收入總數僅達95萬餘元，還不到定額的一半，〔註142〕可見缺口之大。另

〔註141〕蕭繼宗主編：《十年教訓》，中國國民黨中央委員會1976版，第194頁。
〔註142〕陳柏心：《地方自治之經費問題》，《半月評論》1935年第1卷第12期，第8

外，江蘇省自治經費之困難往往緣於自治經費被挪用，有的是被移充黨部經費及其他費用，有的是自治機關之間相互侵挪自治經費，最終結果導致「本省各縣自治工作人員，往往忙於生活費之籌劃，而區事業之難有建樹，勢所必然矣。」〔註143〕王官獻指出，縣自治經費大概分爲兩項，一是縣自治經費，現在多移供黨務經費之需；一是市鄉自治經費，現多移作區公所經費，而鄉鎮公所之經費，無規定之來源，不得不設法自籌。〔註144〕自籌無非來自加捐加稅，人民的負擔有不斷加重的趨勢。更有人詳細統計，「（一）縣自治經費，以前充縣議會及縣參議會經費，現充黨務經費及其他費用，年額582972 元；（二）市鄉自治經費，民國十六年移充縣行政局經費，現充區公所行政經費，年額 890738 元。除此而外，其他收入，除江寧等十七縣列有區鄉鎮公所行政經費及事業費，其餘各縣毫無的款。」而經本省政府委員會議決每年由省庫抽助各縣自治經費一百萬元，「總以省款支絀，迄未實行。」〔註145〕自治專用款項被挪用，省署允諾又不兌現，如何爲無米之炊？自治經費短絀的直接影響是導致自治人才無從訓練，如區長訓練班經費由省出，而鄉鎮長訓練則無此項經費。以江蘇省 1930 年的鄉鎮長訓練事宜而論，「統六十一縣而言，未見曾逾十數。」〔註146〕。所以說，經費支絀成爲地方自治推行的巨大障礙。

第四，人民組織力太弱。地方自治事業爲團體的事業，其要求人們要有團體的精神，但是國人向來自由散漫，難以形成有組織的力量，此爲梁漱溟所持觀點之一。〔註147〕胡棘園認爲，民眾漫無組織，對於公民權利和義務均不重視，而「自治事務，責在公民。公民而不能負實行自治事務之責，則自治事務進展無由」。〔註148〕張梓安強調說，「民國以來，民情之閒散，漫無拘束，奢談自治，無異割據，於是政治基礎之空虛，民眾組織之散漫，已成不

～12 頁。
〔註143〕《江蘇省鑒》，成文出版社有限公司 1983 年 3 月版，第 34 頁。
〔註144〕王官獻：《怎樣推進蘇省的地方自治》，《蘇政》半月刊第 8 號，1931 年 1 月，第 8 頁。
〔註145〕《江蘇省鑒》，成文出版社有限公司，中華民國七十二年版，第 44 頁。
〔註146〕王官獻：《怎樣推進蘇省的地方自治》，《蘇政》半月刊第 8 號，1931 年 1 月，第 7 頁。
〔註147〕梁漱溟：《中國之地方自治問題》，山東鄉村建設研究院出版，日期不詳。
〔註148〕胡棘園：《蘇省舉辦保甲之由來》，《江蘇保甲》半月刊第 2 卷第 5 期，第 2 頁。

可收拾之現象。」〔註149〕就江蘇省來看，「地方自治之不能如期完成，枝節原因固多，根本則由於人民之漫無組織。」〔註150〕此為蘇省地方自治不能有效推行的重要原因之一，也成為此後國民政府將保甲融入地方自治的理由之一。

第五，社會秩序混亂，盜匪橫行。南京國民政府統治前十年的江蘇省，社會秩序並不安定，「匪共潛伏，隨時竊發，水旱頻仍，農村枯竭，自治事務之策進，益感棘手」，〔註151〕其中又以蘇北為最，有人對蘇北地方製造土匪的原因歸結為六個：農村經濟日趨破產；極端的部落思想；嚴重的封建壓迫；農村封建勢力勾結土匪；不良駐軍培植土匪；人民因智識薄弱易淪為匪等。〔註152〕這種混亂局面嚴重影響地方自治的推行。胡棘園對此總結說，「吾蘇開辦自治最早。及國府奠都金陵，以首都所在地，人民期望自治益切，政府推行自治益力。然已逾完成自治之期，而自治成績猶未見。於以知匪盜為患，自治事業，不能推行於地方未靖之先；農村破產，地方自治，不能發展於生計未庶之前。」〔註153〕

另外，自治法規缺乏彈性也是地方自治不能順利推行的原因之一。因為中國地域廣袤，人口眾多，歷史悠久，各地風俗習慣迥異，統一的法令，很難適應各地特殊的需要。〔註154〕對於地方自治之因地制宜的內在要求來說，這無疑是最要命的限制。趙如珩批評說：「以千差萬別之狀況，歸納於同一毫無伸縮之法制中，其不改削足適履通行無礙者，蓋亦鮮矣。」〔註155〕

由此可見，江蘇地方自治不能有效推行的原因是一個複雜的綜合症，南京國民政府用於治療此綜合症的藥方則是推出保甲制度。

〔註149〕張梓安：《推行保甲聲中之政教合一觀》，《江蘇保甲》半月刊第 2 卷第 3 期，第 3 頁。

〔註150〕《緒言》，《江蘇保甲》半月刊第 2 卷第 6、7 期合刊，第 1 頁。

〔註151〕胡棘園：《蘇省舉辦保甲之由來》，《江蘇保甲》半月刊第 2 卷第 5 期，第 1～2 頁。

〔註152〕《揭出江北地方製造土匪的幾個原因》，《徐報》，二月十六日；《江蘇月報》，民國二十四年三月，第 3 卷第 3 期，第 4～6 頁。

〔註153〕胡棘園：《保甲之新三論》，《江蘇保甲》半月刊第 2 卷第 2 期，第 7～8 頁。

〔註154〕甘乃光：《中國地方自治事業進行近況》，《大陸》第 1 卷第 5 期，第 5 頁。

〔註155〕趙如珩：《地方自治之實施的研究》，《復興月刊》1933 年第 1 卷第 11 期，第 16 頁。

第三節　江蘇各級地方自治與保甲制的融合

一、新保甲制的由來

保甲制度，簡而言之，即「共同擔保，共同責任之制度」。〔註 156〕該制度「始於周朝，而備於宋代，降至元明清諸世」，〔註 157〕至宋代王安石保甲法，始有保甲之名，所謂「十家爲保，有保長，五十家爲大保，有大保長，十大保爲都保，都保有正副，爲保丁者許自蓄弓箭，共習武藝」等。〔註 158〕

南京國民政府時期，最早提出恢復保甲制是在 1929 年 13 日蔣介石的通令中，現錄原電於下：

> 各省府主席勛鑒，近來各省長官，鑒於共匪土匪之不易別除，輒以爲軍隊單薄所致，常謂非有若干之兵力，不能維持某處之治安，此種心理，實爲謬誤，以兵治匪，僅爲治標救急之圖，決非正本清源之計，有時匪患猝至，誠非調集部隊，迅速進剿，不易撲滅，然常有兵至則匪去，兵去而匪又來者，清匪之道，實有別在，無紀律之兵，不獨不能清匪，且足以驅民爲匪，有紀律之兵，亦僅能止匪之擾害，不能絕匪之根株，軍隊集中訓練，則配布難周，仍易爲匪所乘，分散佈防，則紀律易馳，且將與匪同化，故以兵治匪，乃不得已而爲之，非可恃爲長治久安者也。欲絕匪之根株，仍宜由舉辦保甲，清查戶口入手，使人民能自動防匪，而匪徒不能混跡於鄉村城市之中，茲由政府頒佈鄉鎮自治施行法，及清鄉條例，並限期清查戶口，通令各省辦理，應請各省政府，嚴切責成各縣長，限期三個月，至多半年，將全縣保甲，一律辦竣，同時亦將戶口調查清楚，列爲考成，……〔註 159〕

其中主要論及以軍隊剿匪之不易，有必要建立保甲制度以補軍隊之不足。但是國民政府的這次訓令並未能得到廣泛的響應，保甲制的眞正推行是從剿匪區開始的。1932 年 8 月，蔣介石在豫鄂圍剿共產黨，重新在剿匪區內推行保

〔註 156〕聞均天：《中國保甲制度》，直學軒中華民國二十二年一月版，第 1 頁。

〔註 157〕郎心如：《推行保甲制度之研究》，《文化建設月刊》第 2 卷第 12 期，第 62 頁。

〔註 158〕聞均天：《中國保甲制度》，直學軒中華民國二十二年一月版，第 10 頁。

〔註 159〕《蔣主席通電各省政府，訓示肅清匪共根本計劃，限期舉辦保甲清查戶口》，《中央日報》，1929 年 9 月 15 日。

甲制度，其對於維護社會治安成效顯著，於是通令各省盡先舉辦。1934 年 2 月，蘇省參考新舊成規，制定清查戶口編組保甲規程，舉辦保甲。〔註160〕之所以將南京國民政府所推行之保甲制度稱作新保甲制，則主要因爲國民政府所推行的保甲制在形式上、功能上、以及其在基層社會權力結構中的地位，都與傳統的保甲制有所區別：

從形式上看，南京國民政府之保甲制是把保甲融入地方自治組織之中，如由「縣——區——鄉鎮——閭鄰」變爲「縣——區——鄉鎮——保甲」。這種嫁接的方式是國民政府的一個創造，也是國民黨推行地方自治的一大特色。

從功能上看，南京國民政府所推行保甲制從傳統的「『聯保相勸』、『連坐相糾』的被動防範功能，轉變爲『稽查匪類』、『捕拿匪盜』、『嚴防反革命煽亂』等主動出擊功能。」〔註161〕如聞均天之期望，今日保甲制之推行，「變他動自治之性質，而爲自動自治之性質」。〔註162〕《江蘇省清查戶口編組保甲規程》第一條即開明宗義：「江蘇省政府爲安定社會，充實民眾自衛能力起見，特舉行清查戶口編組保甲。」〔註163〕江蘇省民政廳所編《江蘇省保甲總報告》亦強調：「保甲之效，語其末，則肅清匪源，增強自衛；溯其本，則組織民眾，推行政令，訓練四權，促成自治，胥有賴焉。」〔註164〕這種變被動爲主動，在實現自衛的前提下推進自治，是江蘇省政府的思路，也是國民政府的一般思路。

從其在基層政權權力結構中的地位看，南京國民政府時期的保甲制是國民政府官僚體制的末梢，其各項工作不過是執行政府之政令而已。王先明認爲，「與清代國家權力不直接延伸到縣以下的狀況有所不同，國民政府將保甲完全納入其行政權力系統之中，構建了縣政府－區公所－鄉（鎮）公所－保－甲－戶的權力機制」，〔註165〕可謂一語道破。

〔註160〕 胡棘園：《蘇省舉辦保甲之由來》，《江蘇保甲》半月刊第 2 卷第 5 期，第 2 頁。
〔註161〕 王先明：《辛亥革命後中國鄉村控制體制的演變——民國初期的鄉制演變與保甲制的復活》，《社會科學研究》2003 年第 6 期，第 112 頁。
〔註162〕 聞均天：《中國保甲制度》，自序，直學軒中華民國二十二年版，第 9 頁。
〔註163〕 郎心如：《推行保甲制度之研究》，《文化建設月刊》第 2 卷第 12 期，第 62 頁。
〔註164〕 《江蘇省保甲總報告》，《江蘇保甲》半月刊第 2 卷第 6、7 期合刊，第 7 頁。
〔註165〕 王先明：《辛亥革命後中國鄉村控制體制的演變——民國初期的鄉制演變與

　　爲什麼選擇保甲制度？保甲與自治又有哪些聯繫？聞均天的解釋是，「『保甲』二字之文義，自其外形上觀察，則有保衛，保守，保任，或堅甲禦侮之性質。若自其制度上之精神以論，則保爲編戶之政，甲爲編伍之政，合二者政制而言之，即是一種保甲制度。……綜其精義，實不外『守』與『助』兩種意義之引伸。若詮釋其要義，則云保甲，乃爲人群以圖生存爲目的之守助方法之組織，吾國古時人民與政府合力維持治安之制度。其狹義可稱爲保衛政策。其廣義實爲地方自治制度之階梯。」〔註166〕徐幼川認爲，保甲人才、經費的困難應該通過地方自治才能得到妥善解決，離開自治本位，保甲制將無意義。〔註167〕這爲保甲制的重新推行提供了理論支持。而更爲主要的原因則在於江蘇省當時社會混亂，盜匪橫行的現實。

　　南京國民政府建立之初，社會秩序處於嚴重的動盪狀態。江蘇各縣除受軍事政治的影響外，更遭遇嚴重的水旱風災，結果「人民流離，百業凋離，以致農村破產，伏莽潛滋，自治事務之進行，益感困難，訓政六年之限期瞬屆，而本省自治之完成，則遙遙無期。」〔註168〕以江北地區而言，匪患極爲嚴重。「屠村奪寨，視爲固然！越貨殺人，尤爲慣見！淮徐海十七縣已無一片淨土矣！」〔註169〕既使是比較安定的江南地區，「但結夥持械，橫行市井之徒，亦幾層出無窮，司空見慣」。〔註170〕而「欲求自衛，必有嚴密之組織；欲求生產，必賴有嚴密之組織」，當局開始乞靈於保甲制度，「獨於保甲，其制尤嚴密於閭鄰，其用尤廣於閭鄰。行之有素，人人能知之，人人能行之，此其所以暫置閭鄰而改辦保甲，以爲推進自治之具。」〔註171〕當論及保甲與自治的關係時，胡彥雲把保甲視爲地方自治中最重要的工作，認爲其「在消極方面要摧毀一切既有的危害民衆的反動勢力；在積極方面更在防止一切封建勢力與惡劣份子的發生，使社會得到永遠的安寧，地方自治工作可以順利

　　　　保甲制的復活》，《社會科學研究》2003年第6期，第112頁。

〔註166〕南通縣教育局編：《南通縣各小學保甲周實驗報告》，南通縣墨林印書局民國二十四年版，第40～41頁。

〔註167〕徐幼川：《黨員怎樣協助推進地方自治》，正中書局中華民國三十三年版，第91頁。

〔註168〕《緒言》，《江蘇保甲》半月刊第2卷第6、7期合刊，第1頁。

〔註169〕《江北匪患治標辦法》，《江蘇公報》1927年第4期，第19頁。

〔註170〕張溪愚：《保甲制度與社會治安的關聯》，《人言周刊》1934年第26～50期，第1008頁。

〔註171〕胡棘園：《保甲之新三論》，《江蘇保甲》半月刊第2卷第2期，第8頁。

的進行以趨於民權普及民生發展的途徑。」〔註172〕也就是說，保甲制能夠為
地方自治提供一個相對穩定的社會秩序，如果堅持地方自治的本位，則兩者
可以在一定階段內相得益彰。如此，將保甲融入自治組織，則成為國民政府
的既定方針。

另外，保甲制的重新推行與江蘇省初期推行地方自治的失敗有著密切的
聯繫，以「本省實施情形考之，自治組織雖能完成，自治實效尚鮮表現。」
〔註173〕余井塘認為，江蘇省舉辦地方自治，已經歷時五年。但各縣自治事
業，均未能如期推進，各級自治機關亦多形同虛設。〔註174〕為了改變這種
自治推行不力的情形，國民政府決定通過推行保甲制以奠定地方自治之基
礎。通過實施保甲制度，恢復社會秩序，掃除建設的阻力，最終完成地方自
治。〔註175〕又地方自治推行不佳的原因之一是因為基層民眾組織力太弱，
因此，「在今日我國文化低落，民生凋敝盜匪如毛的社會，自治聯繫既不密
結，事權又不集中，非特不能收統一指揮之效，且將形成散漫無紀之弊。似
此情形，與其行不徹底不著實際的自治，莫如先行官督民治的保甲制度，再
由官督民治進而為官民合治，由官民合治以達真正自治的完成，較為有效。」
〔註176〕

綜上三點，把保甲制融入地方自治似乎成為順理成章的事情。

與孫中山理想中的地方自治制度相比，保甲制度也許更能解決南京國民
政府所面臨的執政難題，但是，這一政策的推行又不可避免地帶來了巨大的
危害，即國家與民間社會在權利天平上的進一步失衡。根據聞均天的解釋，
保甲制是通向地方自治的有效途徑。對此一點，張毅忱亦有共識，「若論保
甲為自治的階梯則可，如說保甲就是自治則不可。」〔註177〕因此，無論從
保甲制的產生，還是保甲制與地方自治的關係，其都應是暫時性的，階段性
的。在戰亂時期推行保甲制，其尚有利於社會秩序的穩定，而將保甲長期運

〔註172〕胡彥雲：《地方自治中的保甲問題》，《中央導報》1931年第7期，第143頁。
〔註173〕《緒言》，《江蘇保甲》半月刊第2卷第6、7期合刊，第1頁。
〔註174〕余井塘：《一年來之江蘇民政》，《江蘇月報》第3卷第1期，民國二十四年一
　　　　月一日，第11～12頁。
〔註175〕花壽泉：《保甲制度的研究及其評價》，《江蘇月報》第3卷第3期，民國二十
　　　　四年三月一日，第4頁。
〔註176〕張毅忱：《保甲與地方自治》，《江蘇保甲》半月刊第2卷第3期，第7頁。
〔註177〕張毅忱：《保甲與地方自治》，《江蘇保甲》半月刊第2卷第3期，第6頁。

用於日常社會生活中，則將嚴重扼殺人們的積極性與主動性。事實證明，保甲制的推行貫穿國民政府在大陸執政之始終，長期的禁錮嚴重影響民眾民主意識的成長。可以說，保甲制度的重新推出標誌著南京國民政府在指導思想上正式篡改了孫中山的自治思想，其將民眾之四權嚴格禁錮在保甲制度的範疇之內。

二、江蘇各級地方自治與保甲制的融合

之所以把江蘇保甲制的推行稱之爲保甲制與地方自治的融合，是因爲與其他省相比，江蘇保甲制有自己的特色。程清舫曾將當時各省的保甲制度分爲兩種類型：贛豫鄂皖閩等省爲一類，其保甲層級爲：縣－區－聯保－保－甲－戶；蘇浙湘爲一類，其保甲層級爲：縣－區－鄉（鎮）－保－甲－戶。前面一種主要用於剿匪區，基層自治組織基本取消，後一種則用於較爲穩定的地區，保甲則與以前的自治組織相銜接。〔註 178〕如江西省不設鄉鎮長等自治職，而是在保甲長之上設立聯保主任，有人把這種方式稱之爲「純粹保甲制度」。〔註 179〕江蘇則不同，其繼續設立鄉鎮長，鄉鎮長既是自治職務，又是保甲的監督者。所以稱之爲自治與保甲的融合更爲準確。「松亭」則把保甲與自治的融合稱之爲「化合」，其方法不外是把縣區鄉鎮的三級組織改爲縣鄉鎮二級制；以保甲代替舊有的閭鄰制度；縣下設自治指導員指導各鄉鎮自治工作；保甲專門辦理保甲事務，而鄉鎮在辦理自治事項的同時，對保甲實施監督等。〔註 180〕對此，程清舫進一步指出，「江蘇籌備實行保甲時，是先從改劃自治區域著手的，其用意是使自治區域，兼須適合於保甲之編制；保甲區域，並須便利於自治之推行。」〔註 181〕

江蘇省將保甲融入地方自治組織的時間較早，〔註 182〕其宣傳動員從1933 年冬天就開始了，1934 年 4 月 1 日正式推行，「自治組織中之閭鄰，亦

〔註 178〕程清舫：《現行保甲組織系統的檢討》，《是非公論》第 39 期，第 8 頁。
〔註 179〕程方：《論保甲教育》，《是非公論》第 45、46 期，第 17 頁。
〔註 180〕松亭：《保甲制度與地方自治》，《半月評論》第 1 卷第 20 期，1935 年，第 14頁。
〔註 181〕程清舫：《現行保甲組織系統的檢討》，《是非公論》第 39 期，第 12 頁。
〔註 182〕武乾認爲，直到 1936 年 8 月，行政院才有正式文件，決定以保甲代替閭鄰，實行保甲與自治組織的部分兼容。武乾：《南京國民政府的保甲制度與地方自治》，《法商研究》2001 年第 6 期，第 120 頁。

廢止而替以保甲。」〔註183〕從 1934 年 2 月至 1937 年 1 月間，江蘇省委會與民政廳相繼頒佈多項保甲法令法規，以為推行保甲之依據。如《江蘇省清查戶口編組保甲規程》（1934、2、13 省委會會議決通過），《江蘇省縣保甲督察員服務規程》（1936、8 省委會核准備案），《江蘇省縣保甲督察員訓練綱要》（1936、5 省委會議決通過），《江蘇省保甲督察員訓練綱要實施細則》（民政廳公佈），《江蘇省保甲督察員服務規則》（民政廳呈請省府備案），《江蘇省各縣保甲人員守護交通設備暫行辦法》（1936、10 省委會議決通過並公佈），《江蘇省各縣鄉鎮保甲長推選補充辦法》（1936、11 省委會議決通過，1937、1 修正），《江蘇省各縣整理保甲辦法》（民政廳呈請省政府備案公佈），《江蘇省各縣鄉鎮保甲長訓練大綱》（1937、1 省委會議決通過施行），《江蘇省鄉鎮長訓練所規程》（1937、1 省委會議決通過），《江蘇省保長訓練所規程》（1937、1 省委會議決通過），等等。〔註184〕

就江蘇省保甲制的推行程序來看，其主要分為四步：「籌備——編查——訓練——運用」。根據江蘇省政府制定的《各縣清查戶口編組保甲限期進度表》，其全部開辦工作分為籌備、編組、清查三個時期，「並分別限期進展，以觀厥成，務使節節依次舉辦，事事前後銜接。」在人力、財力的支配上，因為區公所原有職員不敷調用，所以批准各縣遴派編查委員進行協助。在創辦之初，各縣縣長未必盡合機宜，或者未盡明瞭保甲意義與編查方法，因特別由省分派編查委員分別講習。各縣還分別指定保甲編查費，保甲教育費，保甲經常費，規定預算標準，並一律呈省核實確定。每縣清查戶口完竣，即由省通令接辦戶口異動查報，因地方戶口異動頻繁，或查報未盡確實，或因故而未能舉辦，則在規定戶口抽查辦法之外，再舉行全省戶口總覆查加以補救。其他如保甲人員之訓練，保甲運用之原則，亦各有規定，並由省督飭各縣按照規定舉行訓練，切實運用。江蘇省保甲自 1934 年 3 月開始籌辦，1935 年底一律完成。〔註185〕

在保甲實際編查的過程中，一般是先編組保甲，後清查戶口：

第一，編組方法。以戶為單位，設戶長，十戶為甲，設甲長，十甲（城

〔註183〕江蘇省民政廳編：《江蘇省保甲總報告》，鎮江江南印書館中華民國二十五年四月版，序二，第 3 頁；正文，第 2 頁。

〔註184〕內政部統計處編印：《保甲統計》，民國二十七年五月，第 103 頁。

〔註185〕胡棘園：《蘇省舉辦保甲之由來》，《江蘇保甲》半月刊第 2 卷第 5 期，第 2～3 頁。

區以二十五甲）爲保，設保長，五保至十保爲一鄉鎮。編餘之戶，不滿一甲六戶以上者，得另立一甲，五戶以下者，併入臨近之甲。編餘之甲，不滿一保六甲（城區十五甲）以上者，得另立一保，五甲（城區十四甲）以下，併入臨近之保，每保只應有一個編餘之甲，每鄉鎮只應有一個編餘之保。如果一甲內有五個空戶以上，則變通增加甲內之戶數，但以增至十五戶爲限；若接連空戶有十戶以上，仍保留其甲之次序。平時無人居住之祠堂廟宇，仍以一戶計。城鄉都有親屬，其戶主輪流同居者，以兩戶計，在調查戶口時，加以注明，以免重複。每戶確定戶長，依次推定甲長、保長、鄉鎮長，並設立甲長辦公處、保長辦公處、鄉鎮公所、刊發保長鄉鎮長圖記。編戶完畢，即開始清查戶口。

第二，清查方法。對普通戶及船戶的調查項目有：戶長與其親屬及同居者之姓名、性別、是否嫁娶、年齡、籍貫、教育程度、有無廢疾、居住年數、現住或他往、職業、家中有無槍械、親屬與戶長之稱謂、同居者與戶長之關係等；對寺廟的調查項目有：戶長與其徒眾，常住及雇工之法名或姓名、性別、年齡、籍貫、教育程度、居住年數、現住或他往、及剃度年月日等；對公共處所之調查項目有：主管人姓名、辦事人員之男女數目、其他人員之男女數目、雇工之男女數目、共計之男女數目等；對外僑住戶調查項目：戶長姓名、性別、年齡、國籍、職業、發給護照機關、居住年月、家屬人數、同居人數及其與戶長關係等。在編查戶口之初，因爲各縣原有區鄉鎮區域劃分過細，不得不重行整理；又因屬於初創，乃分期召集各縣縣長進行討論；並且，特設編查委員，由各縣縣長召集區長，區助理員，及編查委員一併講習調查之法。另外，加強對民眾的宣傳等。各縣保甲編組、清查完成後，即開始接辦戶口異動登記，其主辦人員，如果城區及市鎮已設有健全的公安機關，則由公安機關主管辦理，區鄉鎮保甲長進行協助；未設公安機關的，或者公安機關尚未健全的地方，均由鄉鎮保甲長負責辦理，由縣派戶籍警協助辦理。〔註186〕從以上編組保甲的程序看，國民政府等於在基層社會編織了一個龐大的網，每個人則成爲網中固定的結，如果嚴格執行，勢必產生牽一髮而動全身的效果。

因爲江南、江北情形各殊，江蘇省辦理保甲的進度採取先江北，後江南的順序。江北的南通、鹽城、淮陰、東海、銅山五行政督察區所屬各縣，先

〔註186〕內政部統計處編印：《保甲統計》，民國二十七年五月，第2～3頁。

分三期進行：第一期定為三十日，在此一時期內，由縣長主辦籌備工作，如整理自治區域，選擇區公所地點，選任區長及助理員，刊發區公所鈐記，制訂編查經費預算，編造各區總預算，遴選並分配編查委員，召集區長助理員、編查委員會開講習會，決定挨戶編號日期，及一切宣傳事項，等等。縣長並須親赴各區加以巡視。第二期為五十日，在此一時期，由縣長督飭區長及編查委員分別辦理編組保甲各項工作，如挨戶編號黏貼門牌，確定戶長，推定及委任保甲、鄉鎮長及鄉鎮公所事務員，設立鄉鎮公所及保甲辦公處，召集戶長及保甲、鄉鎮長及事務員講習，刊發鄉鎮保甲長圖記，印製表冊切結門牌各事項等。在此一時期，縣長亦須親赴各區巡視。第三期為四十日，在此一時期，由縣長督飭區鄉鎮保甲長及編查委員分別辦理清查戶口及其他各項工作，如決定編查日期及程序，頒發表冊切結門牌，並指示填寫方法，查填戶口調查表，換給木質門牌，核造區戶口統計表，登記民有槍炮，查報壯丁人數，簽訂保甲規約，取具聯保連坐切結，繪製保略圖，及關於抽查各事項等。縣長仍需親赴各區巡視及講演。

　　從保甲編查程序的詳細程度、縣長在每一期工作中的作用，都可以感覺到國民政府對推行保甲制的重視。另外一個明證則是區長的任免直接與保甲辦理的成績掛鈎：成績優良，准予加委；成績平常者，准予代理，留職查看；成績毫無者，即予撤職。〔註187〕

　　因為江北五行政督察區保甲辦理卓有成效，江南及江都區所屬各縣則賡續辦理，「吾蘇自二十三年舉辦保甲，先推行於銅山、東海、淮陰、鹽城、南通五行政督察區所屬二十七縣，無論江南江北人士，莫不稱之曰便。」〔註188〕只是其程序及進度有所修正：

　　　一、關於整理自治區域及遴委區長助理員各事項，前訂之限期進度表，
　　　　　系列入第一期工作。江南及江都區所屬各縣舉辦保甲，後於通鹽淮
　　　　　海銅五行政督察區所屬各縣，所有整理自治區域及遴委區長助理員
　　　　　各事項，早經辦理完竣，毋庸再行列入。

　　　二、關於刊發鄉鎮長圖記各項，前訂之限期進度表，系列入第二期工作，
　　　　　江南及江都區所屬各縣，亦早經辦竣，毋庸再行列入。

〔註187〕《自治區長須保甲編組完成後考覈成績後加委任》，《蘇民新聞》，中華民國
　　　　　二十三年十一月九日。
〔註188〕胡棘園：《保甲之新三論》，《江蘇保甲》半月刊第 2 卷第 2 期，第 5 頁。

三、關於印製表冊門牌切結，前訂之限期進度表，系列入第二期工作，
　　但通鹽淮海銅五行政督察區所屬各縣，往往因印製過遲，趕辦不及，
　　故改列入第一期工作。

四、前訂之限期進度表，第一期之期限爲三十日，第二期期限爲五十日，
　　第三期之期限爲四十日。江南及江都區所屬各縣，因整理自治區域
　　等繁重工作，業經辦竣，籌備事務較簡，故將第一期之期限，縮短
　　爲二十日。又以第三期工作繁重，期限四十日，似嫌過促，故將第
　　三期之期限，延長爲五十日。〔註189〕

　　根據此一時間表可以看出，江南保甲之推行更多地繼承了前期地方自治
組織辦理自治的成績。這在一定程度上反映了江南地方自治水平高於江北，
並且江南有進一步把地方自治作爲重點來推行的可能。

　　根據江蘇省民政廳的統計，1935 年 1 月至 10 月該省自治、保甲同時辦
理，成績主要在完成自治區域的整理、繼續編組保甲等方面。

　　首先，就各縣自治區域的整理來看，截止 1934 年底，鄉鎮自治區域已有
丹陽等 54 縣呈報，1935 年 1 月份繼續呈報並經核定者，有吳江，南通，泗陽
等三縣；2 月份則有海門，崇明，灌雲等三縣，至此，除江寧實驗縣外，本省
各縣自治區域整理完竣。各縣自治區域劃定後，陸續造送區鄉鎮地圖及調查
表。2 月份呈報經核准備案者有金壇，宜興，溧水，江陰，崑山，吳江，南匯，
寶山，儀徵，如皋，淮陰，東海，豐縣，邳縣等十四縣；3 月份則有溧陽、丹
陽、鎮江、無錫、太倉、金山、奉賢、青浦、泰興、高郵、六合、江浦等十
二縣；4 月份則有南通、啓東、阜寧、興化、泗陽、漣水、沭陽、蕭縣、睢寧
等九縣；〔註190〕5 月份有海門、淮安、灌雲、碭山等四縣，6 月份有川沙、揚
中、上海、鹽城、寶應等五縣；7 月份有常熟、松江、靖江、宿遷等四縣；8
月份有嘉定、泰縣二縣；9 月份有句容、武進二縣。〔註191〕至此，已經有 52
縣將鄉鎮地圖及調查表送廳備案。

　　其次，就編組保甲來看，2 月份有東海，灌雲，沭陽等三縣呈報完成第

〔註189〕《江蘇省保甲總報告》，《江蘇保甲》半月刊第 2 卷第 6、7 期合刊，第 12～
　　　　13 頁。
〔註190〕《民政廳行政工作概要》，《江蘇民政》第 1 卷第 2 期，中華民國二十四年六
　　　　月，第 10 頁。
〔註191〕《民政廳行政工作概要》，《江蘇民政》第 1 卷第 3、4 期合刊，中華民國二十
　　　　四年十二月，第 3 頁。

三期工作，漣水縣完成第二期工作，江南及江都區各縣則正在趕辦第三期工作。3 月份，南通、鹽城，淮陰，銅山，東海等五行政督察區所屬各縣，除漣水一縣尚在辦理第三期工作外，其餘均已完成第三期工作。江南及江都區各縣據報已完成第三期工作者，有江浦，上海，溧陽，川沙，吳江，崑山等六縣；行將完成者，有丹陽，揚中，吳縣，常熟等四縣；第三期工作尚在進行中者，有六合，南匯，溧水，青浦，奉賢，太倉，嘉定，寶山，宜興，武進，江陰，泰興，儀徵，鎮江，松江，高淳，金壇等十七縣；已開始辦理第三期工作者，有句容，無錫，金山，高郵，泰縣等五縣。只有江都一縣奉辦較遲，尚在進行第二期工作。4 月份，吳縣，金山，寶山，青浦，高淳，太倉，丹陽，揚中等九縣呈報將第三期工作辦理完竣；行將完成第三期工作者，有江陰，奉賢，鎮江，六合，泰縣，溧水，武進，句容，無錫，金壇，嘉定，松江等十二縣；第三期工作尚在進行者，有南匯，宜興，泰興，儀徵，高郵等五縣，江都一縣仍在進行第二期工作。〔註 192〕截止 4 月份，江北各縣，除漣水一縣外，均已完成；江南及江都區所屬各縣，亦有上海等十五縣完成第三期工作。5 月份，儀徵、松江、金壇、武進、江陰等五縣完成第三期工作，6 月份，漣水、嘉定、句容、宜興、六合、奉賢、泰縣、溧水、南匯、泰興等十縣完成第三期工作，7 月份，無錫、高郵、鎮江、江都等四縣以宣告完成。〔註 193〕非常明顯，在鄉鎮自治區域劃定上，江南、江北之速度基本持平，而在編組保甲的進度上，江南則明顯處於落後狀態。此反映出江南地區對保甲制的牴觸情緒，對此，沈家祺曾指出：「江北幾個區的保甲確是能夠辦得靈活、生動、團團轉；江南的幾個區，雖然也在那裡推動，但是總覺得微旋、緩轉、慢慢走的神情。」〔註 194〕

另外，江蘇省還進行以下幾項工作：如令飭各縣利用時間趕辦船戶保甲並令沿海各縣造具漁船清冊；指示各縣整理及更換門牌表冊切結辦法；召集江南及江都區各縣縣長及保甲指導員來省舉行保甲談話會；派員分赴各縣調查；制定各縣訓練壯丁辦法大綱令飭淮陰銅山兩行政督察專員公署

〔註192〕《民政廳行政工作概要》，《江蘇民政》第 1 卷第 1 期，中華民國二十四年六月，第 10～11 頁。

〔註193〕《民政廳行政工作概要》，《江蘇民政》第 1 卷第 3、4 期合刊，中華民國二十四年十二月，第 3～4 頁。

〔註194〕沈家祺：《三年來對於本省辦理保甲的觀感》，《江蘇保甲》半月刊，第 2 卷第 16 期，第 6 頁。

先行試辦；制定各縣保甲暫行獎恤辦法；〔註195〕另外，在督促各縣辦理戶口異動查報；籌設各縣戶籍警；增設政教實驗區等方面亦取得不小的成績。〔註196〕

就 1934 年 4 月至 1935 年 12 月的總體成果來看，江蘇省保甲制度之推行頗有成績：自衛方面：設置守望所 11507 所，建築碉堡 3931 座，編組巡邏隊 5592 隊，成立檢查船隻辦公處 1397 處，各縣保甲長協助查緝匪案 2187 起，獲匪 2340 名。建設方面：就築路方面，徵工人數共 1459328 人，築成土方共 8902762 方；就濬河方面，徵工人數共 349768 人，疏濬土方 75884628 方；造林方面，植樹 6830689 株；合作社方面，共增設 2541 處；禁煙方面，被查擠出之煙民擠經勸導自新登記之煙民，已達 102076 人。〔註197〕

保甲制與地方自治的進一步融合，主要體現在國民政府的「新縣制」中，1939 年 9 月，南京國民政府頒佈《縣各級組織綱要》，1941 年 8 月，又公佈《鄉（鎮）組織條例》，根據這兩項法令組織而成的縣級政權被稱為「新縣制」。其中，保甲繼續取代閭鄰，並在保一層級設置保民大會、保辦公處、保長等，其中保民大會為議決機關，保辦公處為執行機關，保長由保民大會選舉產生，承鄉鎮長之命辦理本保自治事務等，保成為正式的自治團體，保甲與自治漸溶為一體。對於此一制度，民政司第二科汪振國一語中的：「保甲是紳治，是官治，不是民治，不是自治，是紳權不是民權，與中山先生《地方自治開始實行法》的精神不符」。〔註198〕因為江蘇淪陷較早，新縣制並未展開。

如果說以官廳為主導的地方自治的推行是南京國民政府通過控制第三領域以滲透基層社會的過程，那麼保甲制融入地方自治則是國家對基層社會直接佔領的表現。「因為保甲編組成功，即是民眾有了組織，政府無論要舉辦一種什麼事體，只要下一個命令。就可以由保甲長直接達到每個人家。」

〔註195〕《民政廳行政工作概要》，《江蘇民政》第 1 卷第 2 期，中華民國二十四年六月，第 12 頁。

〔註196〕《民政廳行政工作概要》，《江蘇民政》第 1 卷第 3、4 期合刊，中華民國二十四年十二月，第 3～6 頁。

〔註197〕《江蘇省保甲總報告》，《江蘇保甲》半月刊第 2 卷第 8、9 期合刊，第 49～51 頁。

〔註198〕江蘇省政協文史委員會：《江蘇文史資料存稿選編》，江蘇人民出版社 2007 年版，第 26 頁。

〔註 199〕在中間缺乏緩衝地帶的情況下，民間社會將直面國家的滲透，以當時窮、弱、愚、私的民間社會來對陣強大國家，其弱勢地位是明顯的。可以如此假設，如果保甲制度能夠切實有效地推行，則有可能形成國家對民間社會的直接佔領，實現南京國民政府整合基層社會的願望，可是南京國民政府的保甲制度並未能取得理想的效果，這直接導致其對基層社會滲透的失敗。

三、新保甲制的成敗得失

就蘇省整體情形來看，保甲制的推行的確取得了一定的效果。江蘇省民廳長余井塘曾對 1935 年江蘇省推行保甲制的成績進行總結：

第一，實施保甲教育。訂定鄉鎮長保甲長各項訓練辦法：鄉鎮長之訓練，由行政督察專員負責辦理，其未設專員各區，由本廳直接辦理；保長之訓練，由各縣縣長負責辦理；甲長訓練由各區區長負責辦理。現六十一縣之鄉鎮長，共計 8066 人，均經分別訓練完畢。全省共 68360 保，已辦保長訓練者計五十七縣，已受訓之保長共 64007 人。全省共 717786 甲，已辦甲長訓練者計銅山等十縣，受訓之甲長共 148697 人。自經分別施訓後，各鄉鎮保甲長，對於保甲意義以及政府現行法令均有相當瞭解。保甲教育之普及對於保甲制度之推行多有裨益。〔註200〕

5-3-1：全國保甲統計總表

項　　目	聯保數	保　數	甲　數	經　費（元）	受訓聯保主任占其全體	受訓保長占其全體	受訓甲長占其全體
總計	88922	779581	6468952	23656146	83.30	75.85	29.94
江蘇	8036	68360	717783	2299581	——	100	54.21
浙江	3997	46968	464020	1620030	97.82	99.03	0.01
安徽	3152	29341	300301	1752540	79.12	75.12	51.74
江西	2359	24328	248335	93049	88.66	73.45	39.94

資料來源：內政部統計處編印：《保甲統計》，民國二十七年五月，第 25 頁。江蘇浙江的聯保數係鄉鎮數。

〔註199〕劉文襄：《保甲長底基礎知識》，《北碚月刊》第 20 期，第 69 頁。

〔註200〕余井塘：《一年來之江蘇民政》，《江蘇民政》第 1 卷第 3、4 期合刊，中華民國二十四年十二月，第 3 頁。

5-3-2：江蘇省保甲長的受訓情況

縣別	鄉鎮數	保數	甲數	經費（元）	保甲長已受訓練狀況					
					鄉鎮長		保　長		甲　長	
					人數	占全體鄉鎮長%	人數	占全體鄉鎮長%	人數	占全體甲長%
總計	8066	68360	717786	2299581	──	──	68360	100	389183	54.21
鎮江	167	1077	12964	36979	──	──	1077	100	12964	100
句容	66	600	6145	18356	──	──	600	100	0	0
溧水	52	357	3867	15626	──	──	357	100	3867	100
高淳	69	481	5163	16583	──	──	481	100	5163	100
江浦	36	258	2966	16728	──	──	258	100	0	0
六合	101	649	6803	24011	──	──	649	100	6803	100
丹陽	159	1125	11734	46413	──	──	1125	100	11734	100
金壇	72	538	5714	23179	──	──	538	100	5714	100
溧陽	127	817	8246	35809	──	──	317	100	8246	100
揚中	53	344	3663	14086	──	──	344	100	3663	100
上海	42	260	2649	16615	──	──	260	100	2649	100
松江	135	815	9293	56464	──	──	815	100	0	0
南匯	111	1135	11587	34401	──	──	1135	100	11587	100
青浦	92	573	6319	44317	──	──	573	100	0	0
奉賢	81	478	5016	24739	──	──	476	100	5016	100
金山	63	365	3809	29998	──	──	365	100	3809	100
川沙	27	292	3047	13724	──	──	292	100	0	0
太倉	93	694	7363	32668	──	──	694	100	0	0
嘉定	76	574	5995	24402	──	──	574	100	0	0
寶山	55	368	3933	24426	──	──	368	100	0	0
崇明	89	956	9738	44706	──	──	956	100	0	0
啓東	64	593	5939	19228	──	──	593	100	0	0
海門	120	1255	12638	35404	──	──	1255	100	0	0
吳縣	279	1953	24267	85356	──	──	1953	100	0	0

常熟	259	2176	22323	109367	——	——	2176	100	23323	100
崑山	65	446	5359	62617	——	——	446	100	0	0
吳江	159	1098	11771	52000	——	——	1098	100	0	0
武進	188	2004	21958	63001	——	——	2004	100	0	0
無錫	200	2002	23426	68612	——	——	2002	100	23426	100
宜興	148	1197	12432	40088	——	——	1197	100	0	0
江陰	128	1498	15694	42010	——	——	1498	100	0	0
靖江	125	751	7681	35481	——	——	751	100	0	0
南通	327	2660	27051	61391	——	——	2660	100	0	0
如皋	282	3078	30891	71402	——	——	3078	100	0	0
泰興	199	1893	18580	34590	——	——	1893	100	18580	100
淮陰	75	759	8176	17446	——	——	759	100	0	0
淮安	208	1623	16364	46877	——	——	1623	100	16364	100
泗陽	142	1102	10800	23971	——	——	1102	100	10800	100
漣水	148	1093	11126	25367	——	——	1093	100	11126	100
阜寧	272	2158	21721	57018	——	——	2158	100	0	0
鹽城	265	2344	23861	79082	——	——	2344	100	23861	100
江都	244	2367	26062	54940	——	——	2367	100	26062	100
儀徵	64	415	4278	21852	——	——	415	100	0	0
東臺	187	2474	25139	47137	——	——	2474	100	25139	100
興化	164	1307	14081	41186	——	——	1307	100	14081	100
泰縣	272	2199	23427	49930	——	——	2199	100	23427	100
高郵	105	1286	13594	36662	——	——	1286	100	13594	100
寶應	143	931	9908	42104	——	——	931	100	9908	100
銅山	203	2029	21214	56455	——	——	2039	100	0	0
豐縣	89	673	6551	31192	——	——	673	100	6551	100
沛縣	69	748	7723	23209	——	——	748	100	7723	100
蕭縣	108	1095	10828	56994	——	——	1095	100	0	0
碭山	69	704	7287	17052	——	——	704	100	7287	100
邳縣	118	1190	11788	23633	——	——	1190	100	11788	100
宿遷	156	1374	14248	30747	——	——	1374	100	14248	100
睢寧	116	1017	10740	29221	——	——	1017	100	10740	100
東海	114	951	10140	18148	——	——	951	100	0	0

灌雲	143	1057	10940	26930	——	——	1057	100	10940	100
沭陽	161	1250	12956	40580	——	——	1250	100	0	0
贛榆	122	856	8810	27171	——	——	856	100	0	0
江寧	——	——	——	——	——	——	——	——	——	——

資料來源：民政廳江蘇省保甲總報告：廿五年四月出版。江寧原係辦理自治，未編保
　　　　　甲。該省除表列各縣外，尚有連雲市保甲數未據列報。

就全國範圍看，江蘇省保甲長的受訓比例高於全國平均水平，亦高於浙江、安徽、江西。就江蘇省內來看，江蘇省保長百分之百進行了訓練。江南甲長受訓者有 13 縣，未受訓者 17 縣；江北甲長受訓者 19 縣，未受訓者 11 縣（其中淮北 13 縣中，受訓者 8 縣，未受訓者 5 縣）。江北受訓比例明顯高於江南水平。此中原因大概是江北社會動蕩，江南社會秩序相對安定，政府可能把更充足的人力、物力投向江北地區。另外，江北起步較早亦是客觀原因。

第二，運用保甲制度。「保甲制度果能運用盡善，實為推行政令發揚民力重要機構。惟推行伊始，未能責以煩重工作，誠恐各級保甲人員組織甫成，力或未逮，任務殷繁，難期盡善。」〔註 201〕因此，經省政府委員會會議通過，決定暫以防治盜匪，禁煙禁毒，徵工濬河，強迫識字教育等四項作為 1935 年度保甲運用的範圍。其餘各項等基礎鞏固之後，再行酌量推進。

經實踐證明，收效最為顯著的是防治盜匪一項，「蘇北之徐淮海等地，匪風素熾，去年青紗帳起，閭閻均能安堵，尤以淮陰區自前次舉行剿匪後，地方安謐，實近年所僅見，保甲運用之效，於此可見其大端。」〔註 202〕1935 年 6 月 17 日，上海《字林西報》對淮陰治安好轉的情形發表評論說：

> 最近二三月來，此間情況，大有變更，頗足稱述，即前此土匪遍地人民夜遭擄贖之淮陰，今則四郊寧謐矣。考此次有些良好之現象，其資治方法，雖數年前已經採用，但以現當局運用得當，證明為一良法，殆無可疑。蓋今日政府只需極少廉介得力之官員，即可維持治安，縱有土匪橫行數年之區域，亦能使之平靖無事。上述資治方法，極為簡單，名曰保甲，其辦法將全縣劃為區及鄉鎮等等，

〔註 201〕余井塘：《一年來之江蘇民政》，《江蘇民政》第 1 卷第 3、4 期合刊，中華民
　　　　　國二十四年十二月，第 4 頁。

〔註 202〕余井塘：《一年來之江蘇民政》，《江蘇民政》第 1 卷第 3、4 期合刊，中華民
　　　　　國二十四年十二月，第 4 頁。

使類似昔日之保甲制，……本縣自此制度施行後，有大批土匪因而
捕獲處決，同時其他匪徒亦相繼鼠竄他方。保甲制度最良之成效，
在凡知有盜匪藏匿本地者，必立即通報官方，使難遁隱，故日來夜
夜不聞槍聲，與過去每夜必呈恐怖之情形迥異，各處街衢，皆通行
無阻，二十年來，地方平靖，未有逾於今日者也。〔註203〕

以武進縣為例，保甲制實施效果亦非常明顯。在治安方面，武進縣歷年以來，
每月必發生盜案數起，破壞甚多，且總不能消滅，引起民眾的極大不滿。但
軍警力量有限，防範難以周全。但自保甲完成後，情形明顯好轉，其表現如
下：（1）地方游民地痞無人肯保的，立向縣政府檢舉，傳訊之後或解回原籍，
或發交游民習藝所習藝。（2）人民深知聯保連坐的利害關係，外來生人，隨
時注意，如有可疑，即報告保甲長，因此有許多拐逃婦女和私售非法彩票及
其他不良行為者，到本縣境內不到一二天即被查獲。（3）從前做過兜手或盜
匪在逃未獲者潛回故里，保甲戶長會立時發覺報告。〔註204〕根據《1934年9
月〜1935年8月武進縣發生及破獲盜案統計表》（如下表）可以明顯看到，保
甲制實行之後，武進縣盜案發生的數量明顯遞減，以往積案亦相繼告破。

5-3-3：1934年9月〜1935年8月武進縣發生及破獲盜案統計表

年月別	發生盜案數	破獲盜案數	備　　　　註
二十三年九月	3	4	破獲盜案非僅本月所發生
二十三年十月	8	8	
二十三年十一月	2	3	
二十三年十二月	4	7	
二十四年一月	6	6	
二十四年二月	6	6	
二十四年三月	8	8	
二十四年四月	無	6	保甲係三月完成
二十四年五月	無	4	
二十四年六月	無	無	

〔註203〕辰侯：《蘇省保甲運用之檢討》，《江蘇保甲》半月刊第3卷第7期，1937年5
　　　　月1日，第4頁。
〔註204〕侯厚宗：《武進保甲之組織訓練與運用》，《江蘇民政》第1卷第3、4期合
　　　　刊，中華民國二十四年十二月十五日，第38頁。

二十四年七月	無	3	
二十四年八月	2	2	係隨即破獲

資料來源：侯厚宗：《武進保甲之組織訓練與運用》，《江蘇民政》，第一卷，第三、四期合刊，中華民國二十四年十二月十五日，第 38～39 頁。

其次，各縣辦理土地陳報及煙民查擠等，亦多依賴保甲制度的運用。〔註205〕如武進縣在查擠煙犯方面也取得不錯的成績（如下表），在禁絕煙毒的措施中，爲保障檢舉人，其實施秘密檢舉的方式；對於執行懈怠之保甲長處以罰金等，提高保甲長禁毒的積極性。

5-3-4：1935 年四月至七月底武進縣查緝煙犯毒犯統計表

類別	檢舉煙犯		檢舉毒犯		備　注
	起數	人數	起數	人數	
	721	747	158	193	
合計	721	747	158	193	煙毒犯總計 940 人，計 879 起

資料來源：侯厚宗：《武進保甲之組織訓練與運用》，《江蘇民政》，第一卷，第三、四期合刊，中華民國二十四年十二月十五日，第 40 頁。

再次，徵工濬河方面也取得不錯的效果。1935 度各縣徵工總數達 40 萬人。「即如築堤防黃，動輒集數萬人，而徵湖西堤一役，不崇朝即鳩合十餘萬工伕，於兩星期間築成百二十里之長堤。工程迅速，更可見保甲制度運用之效能。」〔註206〕武進縣徵工濬河方面成效亦比較顯著，各區徵工開濬，共 42 河，長 134.72 公里，共成土方數 520123.5 立方公尺，徵工 239135 人等。〔註207〕

但是，保甲制也不是時人所宣傳的那樣，是包治百病的靈藥。

第一、保甲制的實施嚴重影響地方自治的推行，其主要表現在以下幾個方面：

首先，挪用自治經費而阻礙地方自治的推行。保甲之經費分爲編查費、

〔註205〕余井塘：《一年來之江蘇民政》，《江蘇民政》第 1 卷第 3、4 期合刊，中華民國二十四年十二月，第 4 頁。
〔註206〕余井塘：《一年來之江蘇民政》，《江蘇民政》第 1 卷第 3、4 期合刊，中華民國二十四年十二月，第 4 頁。
〔註207〕侯厚宗：《武進保甲之組織訓練與運用》，《江蘇民政》第 1 卷第 3、4 期合刊，中華民國二十四年十二月十五日，第 40 頁。

訓練費、常年費。江蘇省保甲經費之籌劃擬不新增加人民負擔，於是挪用自治經費之全部用作保甲經費。省政府最初的想法是以區域重新劃分後，減少之若干區鄉鎮之自治經費充保甲經費。〔註208〕在江蘇籌辦保甲之始，省政府委員會決議：「辦理保甲各縣，移地方自治經費之全部，為辦理保甲之用」。各縣原有之自治經費，實際全年收入已經不敷使用，以之移辦保甲，更是不敷甚巨，如此則自治更是無從發展。

其次、自治與保甲本來就是性質截然相殊的兩個事物，推行保甲必然傷害自治。韓壽恒從六個方面論述了自治與保甲的區別：「（1）自治與保甲性質上之區別。自治是地方人民自己辦理本地事務而不需要政府之協助，其程序是由下而上的，保甲則是官督民治由上而下的。（2）自治與保甲主體上之區別。自治團體具有法律上的人格，得為權利義務的主體，在一定範圍內，可以依其一己的意志，處理一己的事務，而且地方公民都可依法表示他的意志，其方式乃注重會議制，是和平的；而保甲在法律上無獨立的人格，也不能為權利義務的主體，完全是政府行政之一部，他只能在政府的指揮監督之下，執行其所應做的任務，不注重會議制，而含有軍事化性質的。（3）自治與保甲任務之區別。自治團體以辦理自治達到民主政治，而保甲是以組織民眾，訓練民眾的方式推行庶政，以達到復興民族為目的，軍事上的作用較多與政治方面。（4）自治與保甲組織之區別。自治的組織是以公民個人為單位的，主張採取個人主義的，而保甲則以一戶為單位，採取集團主義。（5）自治與保甲運用之區別。自治的組織只有區鄉鎮閭鄰，名義上縱的一層一層的系統，而沒有縱橫密切的聯絡，組織泄沓，缺乏機能，不易運用，而保甲不但有縱的區鄉鎮保甲戶間密切的聯屬，尤重在橫的戶與戶的連鎖，並注重在共同擔保共同責任，運用很是靈活。（6）自治與保甲人員之區別。自治人員純粹由於公民開會票選，而保甲人員名義上雖然由於推選，但是最後的抉擇權，則完全操之於政府。」〔註209〕

由此可見，自治是為了實現民之選舉、創制、復決、罷免之四權，而保甲恰恰是對民權的扼殺。以保甲促進自治，結果往往是喧賓奪主，自治反而被置於邊緣。在內政部的調查中如此評論：「近年以來，各省市對於地方自治

〔註208〕陸占亞：《江蘇省保甲推行之實況》，《時事月報》，民國二十五年十月號，第296頁。

〔註209〕韓壽恒：《江蘇省民政廳概況及各種行政》，南京圖書館編《二十世紀三十年代國情調查報告》，第 18 卷，鳳凰出版社出版，出版日期不詳，第 70～72頁。

工作，或因辦理保甲，不暇顧及，或擬俟縣市自治法公佈後，再事積極推進，以免紛更。就大體言之，固無特殊進展之可言」。〔註210〕另外，保甲制對於民生也產生不小的消極影響，嚴密的網絡式控制導致基層社會流動性明顯減弱，妨礙了鄉村商品經濟的發展。

第二，保甲制的推行還遭遇種種困難，這導致其效果遠遠低於國民政府的預期。如南通縣在籌辦、推行保甲制時，就屢陷困境。當保甲籌備期間，因改劃鄉鎮區域而時起爭端，「鄉鎮長及地方頑固有力分子，每囿於畛域之見，或為權利之爭，捏詞控告，分別請願，致劃並問題，遷延不決，影響保甲進行。」在區鄉鎮勉強劃並後，又常因爭奪公所駐址而發生糾紛。在新鄉鎮長產生之前，「原有各鄉鎮長，每多藉詞推諉，對於奉辦案件，不願力行，編組時即發生影響。」〔註211〕在保甲辦理過程中，問題更加複雜，因為甲長多為有閒階級，向來獨善其身，地方觀念極為淡薄，常常是尸位素餐；而辦事幹練者，本身多有職務，因而無暇辦理保甲；且鄉區甲長，除少數能辦事者外，大都智識幼稚，甚至目不識丁，工作無從表現；保長中能辦事者，較甲長為多，但亦不免有上列情弊發生。既然保甲長多不負責任，鄉鎮長之責任遂覺太重，加上鄉鎮長多有職務，勢必雇員辦理，在經費毫無，籌墊困難的情況下，保甲工作進展緩慢。更有甚者，部分鄉區不良分子因求為鄉鎮保甲長而不能如願，遂破壞或阻撓保甲要政，等等。〔註212〕南通一縣就出現如此眾多的問題，其他各縣更是五花八門。時人如此記載，「各地甲長有因憚於事繁，竟願出代價將甲長賣給別人者；有一甲之內無人願充甲長，全甲按戶出錢雇甲長者；有感覺事繁，不勝其任，棄職遠逃者；亦有怕負責任，以老幼殘疾或無智識的頂名冒替者。凡此種種，雖經當局多方制止，未讓實行，然即此可知對於保甲長沒有深切的認識；對於保甲的地位也沒有充分的信念。保甲基礎既然這樣不穩固，在事實上當亦難期有效。」〔註213〕並致「地方土劣痞棍，乘機而起，百計鑽營；或推諉到一般目不識丁的農民身上，致

〔註210〕秦孝儀編：《抗戰前國家建設史料——內政方面》，革命文獻，第七十一輯，中國國民黨、中央委員會黨史委員會，1977年版，第334頁。
〔註211〕南通縣教育局編：《南通縣各小學保甲周實驗報告》，南通縣墨林印書局中華民國二十四年版，第12頁。
〔註212〕南通縣教育局編：《南通縣各小學保甲周實驗報告》，南通縣墨林印書局中華民國二十四年版，第15頁。
〔註213〕蘇農：《訓練甲長的觀感》，《江蘇保甲》半月刊第2卷第5期，第4頁。

糾紛迭出，弊竇層見。」〔註214〕

人們之所以逃避擔任保甲長，原因不外以下幾種：

第一，職權不分導致保甲長任務過於繁重。就當時人們的一般心理觀之，其都認為保甲是推行政令的工具，因此，不管是哪個機關的責任，一齊都推到保甲身上，結果導致甲長務繁責重；而甲長能力有限，又都是義務職，日常生計已經自顧不暇，哪裏還有專心從公的可能。〔註215〕就江蘇省來看，「保甲運用之原則與範圍，當局原有極詳明之規定，當事者苟能循此而進，至少可減妄用濫用之弊。但考諸實際，其能恪遵此項原則與範圍循序漸進者為數恐不多見。甚至政府有一政令，鄉鎮保甲長即有一種工作，直認保甲為一種萬能之工具。據熟諳實際情形者言，即聯保連坐一端，有多至五六種者，如除毋為盜匪之聯保外，尚有毋吸售煙毒之聯保，毋隱報土地之聯保，禁賭之聯保，檢查煙毒犯之聯保，……當事者果能認真執行，鄉鎮保甲長及一般民眾動輒得咎。以現時政令之繁，隨在均委之於無權無給之鄉鎮保甲長，直使鄉鎮保甲長無法應付。馴至善良之輩唯恐出任鄉鎮保甲長，而好事熱中之徒則趨之如鶩。其結果不僅將召百廢俱興一事無成之譏，保甲之機能與效用亦必因之而罷廢。此情此景，雖非各地一般之現象，從知蘇省保甲運用之事的問題，固不因當局有原則與範圍之確定而稍減其嚴重性也。至於現時保甲本省組織，尚欠健全，亦為運用過程中之一大阻梗。」〔註216〕這勢必出現大部分正直之士紛紛逃避的現象。

第二，保甲長的地位過於低微。民國時期的保甲長雖然不是舊時的地保總甲，但人們總將其視為征役呈差的頭目，潔身自好或稍具德望才幹的人士，皆不願擔任。「更有教甲長酸心者，凡遇到公事，責令甲長如何負責，奔走如奴隸一般，稍有差錯，則施以打罰，因之惹起各戶藐視甲長地位，視甲長如玩物，甲長遭此多方刺激，不要說怎樣認真做事，恐怕連敷衍都談不到，簡直說就是置若罔聞。這樣繼續下去，保甲是不是成了虛偽的？裝潢的？空有保甲之名，而無保甲之實，收效恐怕微乎其微吧！」〔註217〕結果導致「賢者避而遠之，不肖者趨而近之」的局面。〔註218〕因此有人建議，要想取得較好

〔註214〕黃強：《中國保甲實驗新編》，正中書局1935年版，第247頁。

〔註215〕蘇農：《訓練甲長的觀感》，《江蘇保甲》半月刊第2卷第5期，第4頁。

〔註216〕辰侯：《蘇省保甲運用之檢討（續）》，《江蘇保甲》半月刊第3卷第8期，1937年5月，第2～3頁。

〔註217〕《江蘇保甲》半月刊，第2卷第5期，第4頁。

〔註218〕程清舫：《保甲運用的檢討》，《是非公論》第42期，第10頁。

的效果，必須做到兩點：樹立保甲長的權威，進行嚴格的訓練。〔註219〕

第三，保甲經費支絀。根據保甲法令規定，江蘇各縣鄉鎮公所每月辦公費六元至十元不等，保長辦公費每月僅二元。然而，在南京國民政府時期，僅江蘇省就有 8066 鄉鎮，68380 保，717786 甲。〔註220〕其需用仍然是浩大的，所以，省府經費支絀的情況下，既便如此少量之經費，亦常常捉襟見肘，最終結果是嚴重影響保甲的正常推行。〔註221〕杜贊奇在對二三十年代的國民政府的縣級政權進行研究之後，指出，「縣政府不是利用不斷增加的稅收來鞏固和提高已有設施和機關的辦事效率，而是在省政府的命令下，不斷地創立機構，增加『近代化』職能，」結果導致「機構重疊，使有限的財源更顯緊張。」〔註222〕辰侯則進一步指出，保甲經費支絀是當局最頭痛的問題，以蘇省而論，其將保甲融入自治，保甲經費係來源於自治經費，自治經費原本有限，保甲經費亦難充沛。「無米之炊，雖巧婦亦難為，夠經費為推進事業之原動力，保甲制度施行而後，區鄉鎮保甲長之任務既繁，而最少限度之經費且不敷，得人固難，推進事業尤不易，欲收保甲運用之實效，豈不難能！」〔註223〕

第四，鄉鎮保甲長的智識與道德水準問題。張梓安認為推行保甲的障礙主要在於鄉鎮保甲長的智識水準過低、保甲經費支絀。〔註224〕陸占亞亦指出，保甲長程度不高是無可諱言的事情。〔註225〕金半歐則批評說，保甲長大都不識字，對於保甲章程，保甲規約等一概不懂，而有知識的人往往還不如沒有受過教育的人熱心。〔註226〕保甲制實施以後，鄉鎮、保甲長的成分更加複雜：

〔註219〕金半歐：《自治與自衛的一種觀察》，《地方自治》1935 年第 3 期，第 4 頁。

〔註220〕《江蘇省各縣區鄉鎮保甲戶口總統計表》，《江蘇保甲》半月刊第 2 卷第 6、7 期合刊。

〔註221〕莊繼曾：《我國歷代之戶口編審及保甲制度評述》，《國衡半月刊》1935 年第 4 期，第 41 頁。

〔註222〕美杜贊奇著，王福明譯：《文化、權力與國家：1900～1942 年的華北農村》，南京：江蘇人民出版社 2010 年版，第 56 頁。

〔註223〕辰侯：《蘇省保甲運用之檢討（續）》，《江蘇保甲半》月刊第 3 卷第 8 期，1937 年 5 月，第 2 頁。

〔註224〕張梓安：《推行保甲聲中之政教合一觀》，《江蘇保甲》半月刊第 2 卷第 3 期，第 1 頁。

〔註225〕陸占亞：《江蘇省保甲推行之實況》，《時事月報》二十五年十月號，第 300 頁。

〔註226〕金半歐：《自治與自衛的一種觀察》，《地方自治》1935 年第 3 期，第 2 頁。

「考察各地之鄉鎮保長，固不乏其人，而人選欠當者，亦比比皆是：消極者則不負責任，怠忽其職務；積極者則從而操縱，惹起地方之糾爭。保甲運用之效率，遂因之而微薄。至若甲長職微權小，人數眾多，人才難得，更無論矣。雖有鄉鎮保甲長訓練之實施，而人眾品殊，短期之教育（訓練期間均僅三星期），收效甚微，遑論不識字之鄉鎮保甲長亦大有人在也！又若一般民眾智識之低下（尤以鄉村民眾為最），亦為保甲運用之極大阻力。各地民眾對於保甲運用固不知所以，即令其確報人口數目年齡等等，亦每多隱瞞，其他可以想見。」〔註227〕

　　另外，人們對於保甲制的各種各樣的誤解亦是保甲推行中的一大障礙。如辦理聯保連坐切結時要求每個人在名下捺指印，但是很多人認為只有犯罪之人才會如此，以為捺指印為不祥，因而產生牴觸情緒。〔註228〕江蘇省還有更為特殊的情況，「在匪患未靖之區疾痛已深，易與樂成，地方較安之處，好逸惡勞，難以圖始。」因而出現蘇北推行保甲總體上優於蘇南的情形。〔註229〕

　　總之，江蘇省保甲制推行的過程中，有成績亦有不少弊病，其成績主要在社會治安、查擠煙毒、公共建設方面，而消極方面則是嚴重阻礙了地方自治的推行。這與國民政府變被動為主動的目標相差甚遠。並且，因為諸多因素，保甲制亦未能很好地貫徹推行，這是南京國民政府滲透基層社會的又一失敗。

第四節　地方自治的質變與第三領域的國家化

一、縣級政權權力結構分析

　　欲透視國民政府控制整合基層社會的意圖，則有必要對國民政府統治下縣級政權權力結構進行簡單剖析。民國成立之後，縣級政權權力結構的變化主要體現在局、科設置以及兩者之間關係的調整上，〔註230〕對此，有人曾進

〔註227〕辰侯：《蘇省保甲運用之檢討（續）》，《江蘇保甲》半月刊第 3 卷第 8 期，1937 年 5 月，第 2 頁。

〔註228〕徐英吾：《年半來從事保甲工作之回顧》，《江蘇保甲》半月刊第 2 卷第 3 期，第 27 頁。

〔註229〕胡棘園：《蘇省舉辦保甲之由來》，《江蘇保甲》半月刊第 2 卷第 5 期，第 2 頁。

〔註230〕「縣之局為縣政府外部之行政組織，縣之科為縣政府內部之行政組織，二者似不可並為一談。」錢端升等著：《民國政制史（下）》，上海：上海書店 1989

行比較細緻的梳理：1921 年以前多設某所，1921 年以後開始設局，可稱之爲「局之萌始時期」；國民政府成立後，於 1928 年頒佈縣組織法，各省多依規定而分科設局，可稱之爲「局科分設時期」；1932 年後，因第二次內政會議有裁局並科的提議，加之水災困難的影響，地方經費支絀等因素，各省之縣，或合署辦公，或裁局並科，可稱之爲「局科合併開始時期」；1934 年後，因受南昌行營頒佈剿匪省份裁局改科辦法大綱的影響，各省開始由裁局並科進而爲裁局改科，進入「裁局改科開始時期」；至 1937 年 6 月，行政院公佈縣政府裁局改科暫行規程，裁局改科的原則正式確定。〔註231〕以下則以南京國民政府時期局、科關係的嬗變爲主線來分析江蘇基層政權的權力結構問題。

（一）裁局改科之前的縣級權力結構

孔充認爲，「國民黨的政制主張，既不是中央集權，又不是地方分權，乃是均權。換言之，既不是國府集權，也不是省府縣府合攏以分權，乃是均權；均權的一方面爲國府，另一方面爲省府縣府。」〔註232〕並進一步指出，均權的結果是上層權力重心在國府，下層權力重心在縣府，省在中間起聯絡作用。而在實際生活中，這種均權模式並未實現。最爲明顯例子則是縣政府在南京國民政府成立之初所處的尷尬地位。

根據《縣組織法》，財務局、公安局、教育局、建設局是縣政府的四個直屬機關。但各局局長的任命權卻不在縣政府，其或由廳直接委任，或由縣長推薦三人，由上級主管機關選任。各局的科長亦有此種情形，或者由局長逕直委任，或者由局長呈請上級主管機關（省廳）委任，或者呈請縣政府核准後轉上級主管機關委任。結果導致局長要對縣府及省廳同時負責的現象。孔充批評之爲：「一媳而事二姑」。〔註233〕在現實生活中，局長之「應獎應懲，亦大都惟主管廳之命令是從」，〔註234〕在權衡利弊之後，局長一般選擇直接負責於省廳，往往視縣政府如無物。在縣政推行過程中，這種縣局關係勢必導致相互掣肘的局面。王維墉在調查吳縣縣政時，即明確指出：各局局長產生

年，第 198 頁。

〔註231〕錢端升等著：《民國政制史（下）》，上海：上海書店 1989 年版，第 198 頁。

〔註232〕孔充：《「縣爲自治單位」與江蘇之縣的行政系統》，《蘇政》半月刊第 4 號，1930 年 6 月，第 4 頁。

〔註233〕孔充：《「縣爲自治單位」與江蘇之縣的行政系統》，《蘇政》半月刊第 4 號，1930 年 6 月，第 9 頁。

〔註234〕蕭繼宗主編：《十年教訓》，中國國民黨中央委員會 1976 版，第 197 頁。

於各主管廳，受主管廳與縣長兩方面之指揮監督，且不得隨縣長爲進退，是以各局長有時與縣長意見相左，各自爲政，加之平日公文往還，多由廳局直來直往，致縣長責大權小，縣政無法推進。〔註235〕蔣介石在贛鄂督師剿匪時，對當時縣政弊端亦進行極爲嚴厲的批評：「比年以來，縣政廢弛，成績莫觀，多歸咎於縣長不得其人，此雖爲原因之一端，然縣政府權責不能集中，組織尚不完善，實有以致之。蓋現制縣組織法，縣政府謹設兩科，其下分設公安、財政、教育、建設四局，各局局長，多由主管各廳指派，自成系統，各樹壁壘，對下則逕發局令，對上則逕報本廳，縣長高臨其上，既非自辟之掾屬，復多顧慮其背景，自無從充分行使監督指揮之權，既甲局與乙局之間，亦只圖個別之發展，缺乏統一之意志，縣之工作中心，無從確定，且各局即立，規模擴張，更不能不分科設課，濫置職員，以裝潢門面，於是地方經費，悉撥之以養此各局之冗官，尚虞不足，致各縣預算中，只有機關而無事業費之可言，既有賢吏，何能奏績。」〔註236〕縣政之改革，勢在必行。

局之下是區一級，江蘇各地區公所是 1929 年成立的，其多是從過去之行政局變相改造而來。根據《縣組織法》，區長實行民選之前，由民政廳就訓練考試合格人員委任之。即區長的任命仍然繞過縣政府，這導致縣政府對區長指揮往往不靈。並且區長大多數是本地人，與縣長多不能融洽相處。因此「縣長之不能絕對的指揮區長，已爲推想中之當然事實。誠然，也有不肖的縣長，不督促之事務，而利用其工作不完整之所在，向上峰作畢命的攻擊。區縣風潮，常常有者，其事態雖殊，其本源或則一也。」〔註237〕「文武」認爲，縣長不易爲，其最主要的原因在於局長、區長之不易指揮。「局長以爲大吏所委，應局直接行文。縣政府一呈啓處而已，無足置輕重。」「區長者亦自命小紳士，假自治息訟之美名，往來於官府，百姓，民刑，原被之間，皇皇然不能終日。……各自目空一切，誰敢說區長之分毫？」〔註238〕

按照《縣組織法》規定，在鄉鎮公所之鄉鎮長副實施民選之前，縣長對鄉鎮長副有部分擇任權與罷免權，但是這種權力仍受區公所及民政廳的鉗

〔註235〕王維墉：《吳縣縣政》，南京圖書館藏（手抄本）。

〔註236〕徐幼川：《黨員怎樣協助推進地方自治》，正中書局，中華民國三十三年版，第 17 頁。

〔註237〕孔充：《「縣爲自治單位」與江蘇之縣的行政系統》，《蘇政》半月刊第 4 號，1930 年 6 月，第 12～13 頁。

〔註238〕文武：《或問》，《蘇政》半月刊第七 7 號，1930 年 8 月，第 43 頁。

制。閭鄰長基本由選舉產生，縣政府也只剩下備案之權了。由此可見縣政府地位之尷尬。另外，因局與各區之間的關係並無明文之規定，尚能相安無事，「區長之於各局，區長雖有擴大區的建設教育等事業的欲念，但限於財力，一時自認爲不可實現；局長方面，則絲毫無想指揮區長的信念，只要區經費不按月向局長緊迫催索，則已大幸矣，故縣行政系統當中，厥惟區局，能比較的相安無事。」〔註239〕

為了解決當前縣級政權所面臨的難題，孔充建議：廳局直接行文絕對禁止；民政廳對於區公所的政務，除任用區長由民廳主持外，餘悉放任於縣政府依法處理之；各局監督指揮區公所的決定迅於考慮以實行等。〔註240〕

1932 年，受本年大水災影響，加之地方經費困難，因有第二次內政會議各縣實施裁局並科的提議，但並非取消各局，真正的裁局改科是在 1934 年底之後。

（二）裁局改科之後的縣級權力結構

1934 年 12 月，南昌行營相繼頒佈《剿匪省份各縣政府裁局改科辦法大綱》、《剿匪省份各縣分區設署辦法大綱》及《剿匪區內各縣編查保甲戶口條例》。〔註241〕

根據《剿匪省份各縣政府裁局改科辦法大綱》之規定，其目的在於「為謀縣政府權力責任之集中並充實其組織，以增進縣政府效率」等。〔註242〕裁局改科後，原局所屬重要職員，如警佐、技士、督學等地位得到提高，直接承縣長之命，輔助主管科長辦理公安、建設、教育等事項。〔註243〕此舉得到很多人的支持，持這種意見的人，其理由主要有二：第一、縣局分立，則事權不能集中，因而指揮監督不靈，公文往來周折，工作步驟難以一致，行政效率比較低下；第二、改局為科，則可以節省經費，在現在地方財政困難時

〔註239〕孔充：《「縣為自治單位」與江蘇之縣的行政系統》，《蘇政》半月刊第 4 號，1930 年 6 月，第 12～13 頁。

〔註240〕孔充：《「縣為自治單位」與江蘇之縣的行政系統》，《蘇政》半月刊第 4 號，1930 年 6 月，第 22～23 頁。

〔註241〕徐幼川：《黨員怎樣協助推進地方自治》，正中書局，中華民國三十三年版，第 17 頁。

〔註242〕蔡鴻源主編：《民國法規集成》，合肥：黃山書社 1999 年版，第 39 冊，第 78 頁。

〔註243〕錢端升等著：《民國政制史（下）》，上海：上海書店 1989 年版，第 210 頁。

期，不失爲節流的一種方法。而問題的根本，則是要提高縣長的權限。〔註 244〕

　　在江蘇，較早進行裁局並科的是江寧自治實驗縣，實驗縣設立之初，便把裁局並科視爲行政上的必要措施，因此，其首先裁併財政、教育、建設、公安、土地各局；另設民政、財政、教育、建設、公安、土地六科。改科之目的有三：集中縣長權力、節省經費、增加行政效率。〔註 245〕科長由縣政府任免，加強了縣長的權威。在陳光國的調查中，江寧自治實驗縣中縣長的地位及職權都有了極大的提高：「縣長之權比設局之縣爲高，因爲設局之縣，局長對於主管事業有最後決定之權，縣長僅爲監督之義。而在改局設科之後，凡縣府中所有事務，不問性質屬於何科，概須縣長之核准，方能實施，亦必以縣長名義行之。……縣長之地位，在行政系統中，最爲重要，江寧自治實驗縣之設立，其目的在改善縣政，推進縣治，縣長所負之使命，更爲重大。」縣長的職權則包括：處理全縣行政，監督地方自治，發佈縣令並得制定縣單行規則，縣長以下一切公務員之任免，縣政府會議爲主席等。〔註 246〕「二十三年後因受南昌行營剿匪省份裁局改科辦法大綱之影響，各省之縣除公安局有存者外，其餘各局一律裁撤。」〔註 247〕事實證明，此舉對於縣政的推行有極大的好處，因在江蘇及其他省份大力推廣。

　　裁局改科的同時，是分區設署。在《剿匪省份各縣分區設署辦法大綱》中，其明確規定，分區設署之目的，在於「充實縣組織，俾確能協助縣長增進縣政效率」，區長之任務則在於「承縣長之命」，辦理區內各項事務。區長之任免權實質上皆決定於縣長。〔註 248〕如此，區署則正式成爲縣政府的垂直機構。至此，區的性質發生質的變化，其不再是一級自治單位，而是縣政府的派出機構，在縣政府與鄉鎮之間起聯絡之效用。區之性質發生變化，亦可以從其經費來源上加以辨別：自治區之經費來源於各縣之自治費項下，而區署之經費則明確規定，「不得就地籌措，應先就各該縣政府裁撤各局之經費，

〔註 244〕侯厚宗：《縣政改革問題》，江蘇民政廳編：《江蘇民政》第 1 卷第 2 期，中華民國二十四年六月，第 16 頁。

〔註 245〕吳椿著：《江寧自治縣政實驗》燕京大學政治學叢刊，第 29 號，第 14～15頁。

〔註 246〕陳光國：《江寧自治實驗縣縣實習總報告》，南京圖書館藏（手抄本）。

〔註 247〕錢端升等著：《民國政制史（下）》，上海：上海書店 1989 年版，第 199 頁。

〔註 248〕蔡鴻源主編：《民國法規集成》，第 39 冊，合肥：黃山書社 1999 年版，第 75頁。

及原有區公所辦公費，支配抵補，不敷之數，由省庫補助之。」〔註249〕區自治層級之取消，還與國民政府對自治系統的改革有關，當時不少人認為，「以前縣市自治組織，分區坊鄉鎮閭鄰等數級，層級過多轉為自治之障礙，改進地方自治原則，規定市採一級制縣採二級制。」〔註250〕江蘇省比較特殊，並未遵令廢除區公所，而是對區政進行兩大改革，一為「劃並區自治區域」，一為設立「農民教育館長兼任區長實驗區」。劃並之後的自治區，比先前「減少一百五十個，此於『集中人力財力以舉辦事業』之義，不無裨補也。」農民教育館長兼任區長實驗區則體現了政教合一的精神：區長有民教兩廳委任並由兩廳監督；區組織分為行政股、教導股兩股，另設立設計委員會等；確定區政事業總為政教兩端。〔註251〕此一政教結合的精神是對近代以來政教分離的再次整合，具有以教興政的意味。

《剿匪區內各縣編查保甲戶口條例》則開始了以保甲代替鄉鎮閭鄰的過程，這是對自治層級的再一次修正。保甲制內部的權力關係為，「各戶戶長除保甲公約及聯保連坐切結內規定各項義務外，於戶口上之異動。對甲長負報告之責，甲長承保長之指揮監督，負維持甲內安寧秩序之責，及其他規定職務，保長承區長之指揮監督，負維持保內安寧秩序之責，及其他規定職務，區長直接受縣長之指揮監督，執行職務對縣長負責。」〔註252〕江蘇仍然具有本身的特色，其保留了鄉鎮自治組織，僅僅以保甲取代了閭鄰，但碩果僅存的也只剩下鄉鎮自治組織的名號而已。可以說，縣政改革是縣各級機關權力的再次分割，其同時也將自治壓縮到了最小的範圍。因為基層社會的各種權力將集中於縣政府，最終形成 「縣長專制」的局面。

二、地方自治的黨化與軍事化

對於黨治，人們往往帶著有色眼鏡去審視，國民黨的黨治，更是常常遭到時人及後人的詬病。時人之所以貶低之，主要是因為部分黨員素質低下，

〔註249〕蔡鴻源主編：《民國法規集成》，第 41 冊，合肥：黃山書社 1999 年版，第 65 頁。

〔註250〕秦孝儀編：《抗戰前國家建設史料 —— 內政方面》，革命文獻，第七十一輯，中國國民黨、中央委員會黨史委員會 1977 年版，第 236 頁。

〔註251〕羅志淵：《區政改革檢討》，《江蘇民政》第 1 卷第 3、4 期合刊，中華民國二十四年十二月，第 44～46 頁。

〔註252〕《各省市保甲組織及編查保甲戶口辦法概要》，《內政統計季刊》1936 年第 1 期，第 268 頁。

損公肥私所致；後人之所以詬病之，往往是因為受當時主流意識形態的影響。對此，羅昂夫曾對黨治進行正名說：「我國自國民黨掌握政權以來，迄今亦已五年矣。然而國事日非，每況愈下，近且黨綱失墜，國本動搖，此又何說也？曰：此無他，假黨治之名而行軍治之實也。年來軍閥橫行，違背黨紀，已達極點！而平日以黨治號令天下者，不特不能刻苦耐勞，躬身實踐，反而貪污勒索，賄賂公行。以如此少經試驗之三民主義，盡付諸彼寡廉鮮恥賣國求榮之輩，黨基安得不毀，國事又安得而不壞！？然此猶僅就其已入黨者言之也。至若未曾入黨之官吏員司，亦皆以政府限令入黨之故，相率混入黨內；政府以黨籍為評陟人才之標準，官吏則藉黨為護符，以行其萬惡之私，由是公職人員，無惡不作，而民生塗炭矣！是故以黨專政數年，黨治之功能未著，而『天下許多罪惡，反先假汝之名以行之』矣；民治之目的未達，而人民嚮之自由平等不曾為前清帝國剝奪者，僅則被黨國摧毀淨盡矣！國人不察，遂皆歸咎於黨治，夫豈黨治本身之過歟？」﹝註253﹞所以說，黨治不是民治的天敵，一黨專制才是扼殺民主的罪惡淵藪。

劉瑞恒認為，「吾國政體，從帝制變為民主，又從民主變為黨治」。﹝註254﹞這是對我國近代政體變革的一個高度概括。在此一過程中，民主為人民所呼吁，但卻不能一蹴而就，因而不得不以黨治來作為實現民主的中介。這與孫中山「以黨建國」、「以黨治國」的指導思想是相契合的。在江蘇省地方自治推行的過程中，亦有黨化不斷加強的傾向。其主要表現在以下幾個方面：

第一，在江蘇省地方自治籌備期間，國民黨是自治政策及法令的主要制訂者；且在江蘇省分區進行地方自治實驗時，國民政府又成為自治實驗的主導者。這在前文已經論及，此處不再贅述。

第二，江蘇省縣級及縣級以下行政人員的成分同樣表明，黨的力量在基層行政機構中不斷加強。首先，就縣長的成分來看，其絕大多數都是黨員。據江蘇民政廳統計，在1935年9月的六十一位現任縣長中，有五十位是黨員，僅十一人為非黨員，其顯示出國民政府縣級政權中的黨治精神。﹝註255﹞于右任就非常強調縣長要明瞭黨義，認真貫徹執行黨的政策，「茲先就訓政

﹝註253﹞羅昂夫：《以黨治達到民治》，《民治評論》第1卷第3期，1932年6月18日，第8頁。

﹝註254﹞《劉瑞恒先生題詞》，《蘇政》半月刊第7號，1930年8月。

﹝註255﹞《江蘇民政》第1卷第3、4期合刊，1935年12月15日。

時期之縣長而言，第一要明瞭黨的訓政政策，及其實施步驟；其次要有堅決忠實的意志能深入民眾，補助地方自治之實行。再就軍事未了的地方之縣長而言，其難更信於進入訓政時期的地方。總理說『信仰生力量』，我說縣長如明於黨義，任事必眞，做事必勇，所有惡勢力必易排除。總而言之，縣政之良好，即本黨政治深入民眾之成功，反之，即本黨基本政治工作之失敗。所以全國政治的基本建設在縣，而其擔任重要工作之一者縣長」，「我之論縣長關於訓政，因更聯想到『三民主義下的官吏』。三民主義的官吏，即國民政府下的官吏，而國民政府下的官吏，不盡爲本黨黨員，但是三民主義是本黨建國治國的最高原則，所以官吏要黨員化，衙署要黨部化，而訓政始能成功。」〔註 256〕其次，就自治實驗區的區長來看，江蘇省政府曾明確規定各縣自治實驗區的區長，由省黨部在本省黨員內遴選年滿二十五歲者任用之。〔註 257〕另外，國民政府還強調對於區以下組織機構的黨化滲透。徐幼川就明確提出：「以國家社會而言，鄉村爲基層組織，過去本黨組織，僅偏重城市，而忽略鄉村，致廣大之農民群眾，易爲異說所乘。今後亟應以鄉村爲發展組織與宣傳之重要對象，與鄉村社會中，深植本黨之勢力。」〔註 258〕

　　第三、在區鄉鎮保甲長的訓練過程中，黨義皆被作爲必修科目。如在區長培訓課程中，其把國民黨黨義放在最重要的位置，所謂黨義包括即三民主義，建國方略，建國大綱，五權憲法，中國國民黨組織及訓練，中國國民黨政綱及宣言，中國革命史，帝國主義侵略中國史等。〔註 259〕在《江蘇省各縣鄉鎮長副訓練課程綱要》中，「黨義綱要」同樣被擺在首要的位置。〔註 260〕保甲長的訓練也同樣反映了這個問題，江蘇各縣保甲編組完成後，民政廳即以訓練保甲人員相督促。其訓練課程除黨義、公民常識、保甲須知、新生活須知外，又增加了不少的其他科目。〔註 261〕也就是說，區鄉鎮保甲長既使不

〔註256〕于右任：《縣長與主義》，《蘇政》半月刊第 10 號，1931 年 3 月，第 5 頁。
〔註257〕《江蘇省鑒》，成文出版社有限公司 1983 年版，第 60 頁。
〔註258〕徐幼川：《黨員怎樣協助推進地方自治》，正中書局中華民國三十三年版，第 44 頁。
〔註259〕吳笠夫：《江蘇地方自治之進行》，《區政導報》第 7 期，論著，第 2～3 頁。
〔註260〕《江蘇省各縣鄉鎮長副訓練課程綱要》，《區政導報》第 2 期，政令，第 2 頁。
〔註261〕陸占亞：《江蘇省保甲推行之實況》，《時事月報》民國二十五年十月號，第

是黨員，也要明白黨義，並進而強化、遵循、貫徹。

另外，自治成績亦受各級黨部的監督與考覈，部分自治經費需要各級黨部來籌撥。在江蘇各縣創辦自治實驗區時，其明確規定，「實驗區自治成績，由省黨部分別考覈。」「實驗區之經費，除以本省原有之自治經費外，另由省政府及該縣黨部縣政府每月各撥助三百元」。〔註262〕這些都表明，地方自治與黨治發生密切的關係。

1931 年，正在與南京國民政府鬧分裂的汪精衛曾對訓政時期的自治與黨治有所論及，他主張中央政府、省政府仍然在黨的指導之下從事政治的活動，主張黨的決議交由政府執行，反對由黨直接命令一切政治的活動；地方自治的推行，也應該由黨指揮同志，領導人民積極從事。〔註263〕汪氏主張有兩層涵義：第一，反對一黨專制，第二，地方自治應該在黨的領導之下。除去政治上的爭權奪利，其中實不乏眞知灼見。其進一步揭露了南京國民政府以黨治滲透自治的本質。總之，以黨治推行地方自治含有另外一個方面的含義，即通過黨的系統來加強國民政府對基層社會的滲透。

但是國民政府推行黨化自治的效果亦不好，推其原因，大概有如下幾點：

首先，縣級行政人員與傳統地方勢力關係曖昧，難以消除舊勢力對基層社會的影響。在國民政府建立之初，縣級幹部往往「依附地方巨室，暗樹聲援，仍不外官紳相結，苟求無事，而於民眾多數之趨向，表面上雖似接近，實際上並未能交融，各縣設施，亦無何項足以表視國民政府統治下之政治，其於本黨主張民治之精神，實有未洽」。〔註264〕國民政府的對策則是明令申誡，申明黨義，以鞏固黨基，以弘揚民治精神。

第二、黨員難以深入基層社會，黨的主義自然停留在宣傳的表層。據相關統計，我們可以看到，從縣長到保甲長，黨員所佔比例呈不斷下降趨勢，如 1935 年 9 月江蘇省六十一位縣長中，有 81.97%為國民黨黨員；而至區長，黨員的成分大為減少，曾從事黨務工作的區長僅占 8.69%。〔註265〕保甲長中的黨員則更少，以 1936 年的南通縣為統計對象，黨員身份的保甲長不足總數

298 頁。

〔註262〕《江蘇省鑒》，成文出版社有限公司 1983 年版，第 58 頁。

〔註263〕汪精衛：《地方自治與黨治》，《中央導報》第 7 期，第 2 頁。

〔註264〕《省政府力圖實現黨的政治》，《江蘇省政府公報》1927 年第 15 期，第 4 頁。

〔註265〕《江蘇民政》，第 1 卷第 3、4 期合刊，1935 年十二月十五日。

的 0.26%，黨的勢力在基層極度弱化。〔註266〕這種黨員迅速遞減的情況必然嚴重影響國民黨政府對基層社會的整合與滲透。

第三、對自治保甲人員訓練及宣傳的效果令人懷疑。雖然在區鄉鎮保甲長的訓練中加強了對黨義的宣傳，但是在民眾智識不高，訓練時間短促的情況下，能否達到效果確實令人懷疑。民政廳認為，「以一二兩屆訓練之區長，考覈方法既未嚴密，訓練時期又甚短促，以致一部分知識幼稚能力薄弱行為失當者，亦摻入其間。」因此採取重新審核、補習的方式進行彌補。〔註267〕如果這些所謂的地方自治主導力量都不能明晰黨義，又怎麼能寄希望於他們通過宣傳明示黨義於大眾呢？

由此可以得出結論，國民政府對基層社會的滲透難以達到它的預期目的。從地方自治的推行來看，以黨治指導、輔助自治，最終實現憲政民主，包含著嚴格的邏輯關係。根據國民政府所面臨的實際情況論，以黨治促進自治不失為一種良策。因為過去幾千年專制主義的影響，廣大民眾很難在短時間內進入到自治的角色，其需要有組織、有主義的政黨的指導。但蔣介石政府把自治視為實現黨治的基礎，實有本末倒置之嫌。在黨政訓練班第一期開學訓辭中，蔣介石如是說：「我們過去十幾年來，因為沒有實行地方自治，所以黨治沒有基礎，主義莫由實行，形成既非黨治，又非民治的怪現象」。〔註268〕因此，南京國民政府不是把黨治作為實現自治的工具，反而是把自治視為通向黨治的路徑，這一指導思想的改變使地方自治最終淪為國民黨一黨專政的工具。但是因為黨的勢力在基層社會的弱化，導致國民政府對地方自治黨化的力度進一步降低。

黨化的同時，江蘇地方自治又出現了另外一個特色──軍事化傾向，軍事化源於江蘇省保甲制與地方自治的融合。以軍事色彩強烈的保甲制融入地方自治，其必然導致地方自治團體變成以自衛為主的軍事化組織。對於自治與保甲融合之後的弊端，國民政府是有深刻認識的，在《調整地方自治與自衛制度案》中，其認為：

〔註266〕金宗華：《一年來之南通保甲（續）》，《生力月刊》1936 年第 5 期，120～121頁。

〔註267〕《江蘇省保甲總報告》，鎮江江南印書館中華民國二十五年版，第 24 頁。

〔註268〕徐幼川：《黨員怎樣協助推進地方自治》，正中書局中華民國三十三年版，第38 頁。

　　　　近自剿匪以還，鑒於自治之流於形式，更頒行地方自衛制
度，施行保甲以強固地方基礎。三年以來，各地政治下層結構日
形鞏固，目前清剿匪共，固有絕對把握，即本黨主義政策可運用，
地方組織，逐步推行。顧本黨辦理地方自治，其主要目的，蓋在
樹立民治基礎。其所以強固地方組織，僅屬地方自治之初步工作。
而目前各地施政，狃於現行自衛組織之成效，有專辦自衛之趨勢。
對於急須完成之自治工作，及所運行之制度，反疲弱而無統緒。
馴至地方組織重疊，閭鄰與保甲，存廢不定，權責不清：有以自
治制度兼辦保甲，或以保甲組織辦理自治；意義不明，或以保甲
之舉辦誇自治之成功，或目自治為地方政府之胥役。地方勢力離
散而歸於無力，政令重疊而多浪費，人民紛紜無所適從，自治流
於官治，民治無從扶植。〔註269〕

　　地方自治與保甲制融合的結果導致保甲制的喧賓奪主，這勢必導致地方
自治的軍事化傾向更加明顯。而地方自治的軍事化本身則是對地方自治的一
個反動。因為地方自治最大的特點是地方團體之獨立人格的體現，而保甲制
則完全消滅此種獨立人格，使保甲長成為政府滲透基層社會的工具。

　　總之，南京國民政府所推行的地方自治出現嚴重的黨化與軍事化傾向。
在黨政並行的政治雙軌體制之下，〔註270〕自治黨化本身就是自治官治化的一
種表現；而以保甲代替閭鄰的做法雖然是自治組織末梢的軍事化，卻將導致
整個基層自治組織的質變。理論上講，地方自治的黨化與軍事化會在一定階
段內促進黨國體制的穩固，但因諸多因素影響，國民政府並未實現對基層社
會的有效控制。國民政府監察委員高一涵對江蘇省各縣的自治機關如此評
價：「僅到縣為止。區以下之鄉鎮公所，多未設立完備，即呈報設立，亦不過
為紙上空文。」〔註271〕保甲制在安定社會秩序的同時，又產生了嚴重的副面
反應，效果適得其反。地方自治黨化與軍事化在事實上消弱了國民政府的統
治基礎，也傷害了黨國體制賴以存在的根基。

〔註269〕《調整地方自治與自衛制度案》，《地方自治》1935 年第 3 期，第 437～438
頁。

〔註270〕王奇生：《戰前中國的區鄉行政：以江蘇省為中心》，《民國檔案》2006 年第
1 期。

〔註271〕戴建彪：《改進地方自治之根本問題》，《地方自治》創刊號，1936 年版。

二、新、舊地方精英在基層政權中的此消彼長

（一）自治、保甲人員的產生及其成分分析

1、縣　長

孫中山指出，在訓政時期，縣長仍應由民政廳委任或經考試選拔。〔註272〕根據《縣組織法》，縣長在民選之前，「由民政廳提出合格人員二人至三人，經省政府議決任用之。」〔註273〕但在江蘇省淪陷之前，縣長始終未實現民選。也就是說，在此一階段，其基本上延用了縣長由上級任命的方式。

5-4-1：江蘇省現任縣長學歷暨黨籍統計圖

圖片資料來源：《江蘇民政》，1935年十二月十五日，第一卷第三、四期合刊。

〔註272〕曉平：《地方自治與民權政治》，《平等雜誌》1931年第1卷第3期，第12頁。

〔註273〕王均安編：《地方自治施行法釋義》，世界書局中華民國十九年版，第123～124頁。

5-4-2：江蘇省現任縣長年齡分配圖

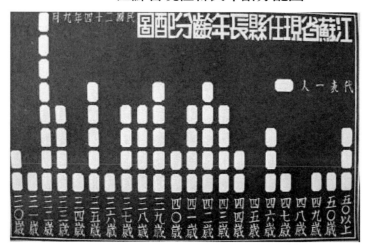

圖片資料來源：《江蘇民政》第一卷第三、四期合刊，1935年十二月十五日。

據《江蘇省現任縣長學歷及黨籍統計圖》可知，1935年9月，在江蘇61位現任縣長中，以有大學文憑者爲最多，有28位；留學者次之，有18位；專門學校8位，畢警學校4位，其他3位。據此可以斷言，在江蘇省，縣長的文化水平並不低，其大部分接受過新式教育，傳統地方精英或純粹的舊式士紳所佔比例極小。在61位縣長中，黨員有50人，占總數的81.97%，可以看到國民政府力圖通過黨化控制縣級政權的意圖。

而《江蘇省現任縣長年齡分配圖》顯示，在61位縣長中，30～39歲之間的縣長有35位，占絕對多數；在40～49歲之間的縣長有22人；50及以上者僅有4人。根據年齡統計來看，這部分人主要出生於1885～1905年之間，其中1885～1894年出生的占總人數的36.07%，這部分人成長於傳統教育風雨飄搖的時代，在科舉廢除時最多20歲，雖曾受傳統教育影響，但卻很容易接受新知識；而1895～1905年出生的占總人數的57.38%，這部分人在科舉廢除時最大的僅十歲，其受傳統教育的影響不明顯，基本是在新式教育滋潤下成長起來的新式人物，這就大大地降低了傳統地方士紳在縣長中所佔比例。總之，在南京國民政府時期，縣長一職主要由接受過新式教育的地方精英擔任，傳統地方精英不占主導地位。

對這樣一個知識水平較高的群體，人們的評價並不高，有人把其稱之爲「玄色染缸」：「江蘇歷來的縣長，也有外國的博士，也有中國的舉人；也有

考取的，也有薦任的；也有著西洋裝的，也有帶紅帽頂的；也有老的，也有
少的。誰落得一個循吏的下場？豈凡人皆壞歟，縣制不完整使然歟？抑民氣
囂張，民風刁狡，社會只知小我之利害，不計大公之是非歟？但不管由於哪
一種，縣長階級，似乎已成為一個玄色染缸了。任何顏色進去，總是說他帶
著黑的出來！」〔註274〕這種評價之產生，原因大概有三：其一是因為縣長任
期短、交替頻繁，結果產生「三日京兆」之心，而少有政績可言；其二是在
南京國民政府建立初期縣級政權的設計中，縣長是省廳與下級各局之間的傳
聲筒，並無實權，因而產生敷衍的心態；另外，則是因為縣長以下之區長應
付公事，鄉鎮長則由地方權勢人物把持，政令不通等因素。

2、區　長

根據縣組織法及區自治施行法之規定，在民選之前，區長由民政廳就訓
練考試合格人員中委任；區長違法失職時，由縣長呈請省政府罷免。〔註275〕
在民選之後，區長由區民選任並由縣政府呈報民政廳備案。〔註276〕因此，區
長是通過考試與委任相結合的方式產生的。在江蘇省淪陷之前，區長亦未實
現民選。如郭培師能夠到鎮江做第三區的區長乃是「幸得師友的同情，允許
給我一個實驗區政的機會。」〔註277〕這很能說明問題。

5-4-3：江蘇省各縣現任區長學歷比較圖

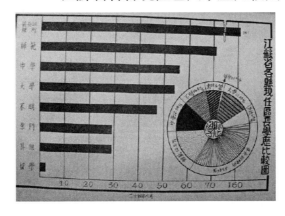

圖片資料來源：《江蘇民政》第一卷第三、四期合刊，1935年十二月十五日。

〔註274〕《縣長階級是玄色染缸》，《蘇政之言》，《蘇政》半月刊第7號，1930年8
　　　　月，第1頁。
〔註275〕王均安編：《地方自治施行法釋義》，世界書局中華民國十九年版，第157頁。
〔註276〕王均安編：《地方自治施行法釋義》，世界書局中華民國十九年版，第154頁。
〔註277〕郭培師：《如何做區長》，《服務》1939年第1期，第25頁。

5-4-4：江蘇省各縣現任區長年齡統計圖

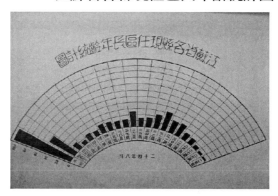

圖片資料來源：《江蘇民政》第一卷第三、四期合刊，1935 年十二月十五日。

5-4-5：江蘇省各縣現任區長經歷比較圖

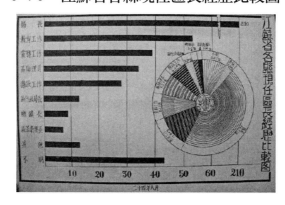

圖片資料來源：《江蘇民政》第一卷第三、四期合刊，1935 年十二月十五日。

根據以上幾個圖表可以看到：在 1935 年江蘇省所有的區長中，出身區長訓練所者最多，占 35.86%，如吳縣各區區長基本都是由江蘇省區長訓練所畢業人員充任的；〔註 278〕其他依次爲師範，占 15.81%；中學，占 12.74%；大學，占 12.03%；專門 6.46%；留學 0.44%；其他 6.46%；不明者占 10.4%。與縣長的學歷背景相比，區長明顯降低。但曾受新式教育的地方精英仍然佔據重要的地位；區長訓練所雖然不是正規的新式教育，但因爲其來自行政官廳所設之訓練所，亦具備了新式地方精英的基本條件（即通過訓練使其產生與行政官廳的親和力，並把執行政令視爲當然）。

〔註 278〕王維墉：《吳縣縣政》，南京圖書館藏（手抄本）。

從年齡段分佈來看，除了年齡不詳者外，區長其主要集中於 30～45 歲之間，25～29 歲也占比例較小的一部分。可見區長年齡平均要比縣長年輕的多，這表明，區長中的傳統士紳必然不占大的比重。但是年輕造成大部分區長「年力甚低，經驗不富，初未能獲得地方之信任，即分派各縣充任區長，故少數有能盡職者」。〔註279〕這種情形表明新式地方精英在基層社會中往往因缺乏威望而無所作爲。最終，國民政府不得不進一步改善地方自治人才的羅致辦法，對「區鄉鎮長等領袖人才，就地方鄉望素孚，或有正當職業而能熱心任事者物色之，並加訓練。」〔註280〕這實際上爲傳統地方士紳提供了復出的機會。

在現任區長中，曾經擔任過區長的占絕大多數，占 46.77%；曾從事教育工作的次之，占 11.80%；曾從事黨務工作者占 8.69%；其餘依次爲區助理員7.57%，縣政工作者 6.24%，區行政局長 2.90%，鄉鎮長 2.00%，區保衛團長1.56%，其他 2.90%，不明者 9.57%。可見現任區長往往是由平級調動或縣級佐治人員調任爲主，由區級以下之自治保甲人員陞遷者絕少，這是造成基層自治職員工作積極性不高的原因之一。在陞遷無望的情況下，人們很容易陷入應付公事的狀態。另外，「區長即以賢能者任充，亦每因人力財力之不敷支配，嘗集中力量辦理甲項工作，而乙項工作之毫無成績，至消極辭職，或受處分而去職。社會上一般資望較著，薄具才能之士，亦多以區政繁難，而懷有戒心，終至區長一職，演變爲低能的失業者競逐之標的。」〔註281〕另外，區級行政人員常借機加捐、以權謀私的行爲，必然增加人們的不滿，如銅山縣，「各區區公所經費自去春（1934 年春）起，亦大大增加，往往臨時派款，超過原定數額，甚至所中差役，3 年以來均購置田產至 30～40 畝左

〔註279〕趙如珩：《地方自治之實施的研究》，《復興月刊》1933 年第 1 卷第 11 期，第 17 頁。在《推進地方自治案》中對此有更加詳細說明：「蓋今之區長，青年居多，學識既無素養，世情尤所未諳，雖經短時間之訓練，對於自治並非有深切之認識，一旦使之蒞事，不諳條例方法，以致動輒齟齬，其有沾染腐化者，則儼然官僚習氣，深居簡出，絕少與民眾相接近，二者之弊，過猶不及，要之皆不能深入民眾，以引起同情而得其助力，民眾對之信仰亦爲薄張。」蕭繼宗主編：《十年教訓》，中國國民黨中央委員會 1976 版，第 198 頁。

〔註280〕秦孝儀編：《抗戰前國家建設史料——内政方面》，革命文獻，第七十一輯，中國國民黨、中央委員會黨史委員會，1977 年版，第 236 頁。

〔註281〕王其用：《一年來從事區政的感想》，《江蘇保甲》半月刊第 2 卷第 16 期，第 6 頁。

右。」又有捐稅，純係「區長鄉長巧立名目，以飽私囊」，被農民稱爲「平地起撅」。〔註282〕最終導致區政難以取得預期的成績。

3、鄉鎮長

根據縣組織法及鄉鎮自治施行法規定，鄉鎮長由鄉鎮民大會選舉產生，但是在區長民選之前，鄉鎮長、副鄉鎮長採取加倍選舉由區公所轉請縣長擇任的方式。〔註283〕因爲區長在抗戰前未實現民選，鄉鎮長副則無由進行民選。在實際操作中亦有突破成規的情形，如吳縣，在縣組織完成之前，「各區之鄉鎮長，由區長遴選數人，呈請縣長擇任，並由縣長彙報民政廳備案。」1931 年 12 月底，吳縣完成縣組織，雖然區長並未民選，「各區之鄉鎮長，除城廂三區及第二十區未由民遴外，其餘均由宣誓登記之公民選舉，重新組織鄉鎮公所，並監察委員三人或五人，組織監察委員監督各該鄉鎮財政及鄉鎮長副違法失職等事。」〔註284〕

有人對 1935 年度江蘇省各縣鄉鎮長的教育程度進行統計，在六十一縣鄉鎮長八千餘人中，不識字者 130 人，受私塾教育者 3946 人，受小學教育者 1284 人，受中等教育者 2026 人，受大學教育者 185 人。〔註285〕與區長相比，鄉鎮長的教育程度進一步降低，且以受私塾教育者爲主，這將決定鄉鎮長副群體的保守性，此一點亦可以從 1933 年無錫縣六個區 235 名鄉鎮長副的身份統計中得到證明：

5-4-6：無錫六個區的鄉鎮長副的性質（1933）統計表

項　目	總戶數	地　主	%	富　農	%	中　農	%
鄉鎮長	119	107	89.9	8	6.7	4	3.4
鄉鎮副	116	77	66.4	24	20.7	15	12.9
合計	235	184	78.3	32	13.6	19	8.1

資料來源：李衍：《中國農村政治結構的研究》，《中國農村》第 1 卷第 10 期，1935 年 7 月。轉引自李德芳：《民國鄉村自治問題研究》，人民出版社 2001 年

〔註282〕李惠風：《江蘇銅山縣的農民生活》，《中國農村》1935 年第 1 期，第 76 頁。
〔註283〕王均安編：《地方自治施行法釋義》，世界書局中華民國十九年版，第 161～163 頁。
〔註284〕王維墉：《吳縣縣政》（手抄本），南京圖書館藏。
〔註285〕程方：《論保甲教育》，《是非公論》，第 45、46 期，第 18 頁；《江蘇省保甲總報告》，鎮江江南印書館，中華民國二十五年四月版，第 212～215 頁。

12 月版，第 168 頁。

　　在 235 名鄉鎮長副中，地主明顯佔據著主導地位，其表明在南京國民政府成立之後，鄉鎮一級的統治權仍然掌握在地主土豪的手中。

5-4-7：1935 年江蘇省各縣鄉鎮長年齡統計表

項　　目	20～29 歲	30～39 歲	40～49 歲	50～59 歲	60 歲以上	備　　註
總計	1045	2810	2524	1236	451	共 8066 名

資料來源：《江蘇省保甲總報告》，鎮江江南印書館，中華民國二十五年四月版，第 75～77 頁。

5-4-8：1935 年江蘇省各縣鄉鎮長職業統計表

項　　目	農	工	商	學	公　務	自由職業	其　他	備　　註
總計	4225	60	1655	1316	314	236	260	共 8066 名

資料來源：《江蘇省保甲總報告》，鎮江江南印書館，中華民國二十五年四月版，第 77～79 頁。

　　根據《1935 年江蘇省各縣鄉鎮長年齡統計表》和《1935 年江蘇省各縣鄉鎮長職業統計表》可以看到，在江蘇省 8066 名鄉鎮長中，以 30～49 歲這個區間的人占主導地位，其他依次為 50～59 歲，20～29 歲，60 歲以上者占極少數。並且這些人中以務農者占絕對多數，其次為商、學等，這進一步證明鄉鎮政權仍然掌握在地主土豪手中的事實。

5-4-9：儀徵縣全縣鄉鎮長年齡統計圖表

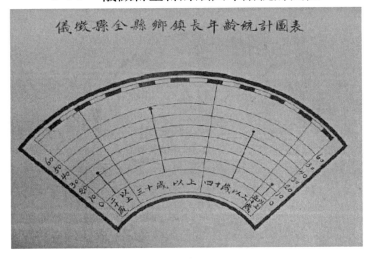

資料來源：《儀徵縣政府縣政會議統計表》，《蘇政》半月刊，第一號，1930 年 5 月。

5-4-10：儀徵縣全縣鄉鎮長資格統計圖表

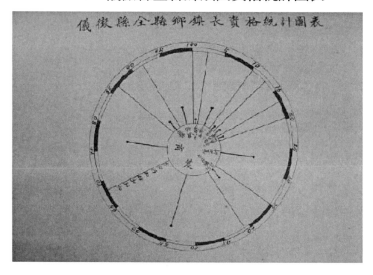

資料來源：《儀徵縣政府縣政會議統計表》，《蘇政》半月刊，第一號，1930 年 5 月。

　　另根據《儀徵縣全縣鄉鎮長年齡統計圖表》可以看出，其以 30 至 40 歲者占絕對多數，30 歲以下及 50 歲以上者占很少的一部分。另根據《儀徵縣全縣鄉鎮長資格統計圖表》，按比例從大到小排列，依次為：農、商、公正士紳、中學、自治講習所、醫、專門學校、小學教師、小學、大學等。這與江蘇全省的情況基本是一致的。與縣、區長成分相比較，鄉鎮長的成分要複雜的多。在這種複雜的結構中，公正士紳所佔比例已經相當小。有人對抗戰前江蘇區鄉鎮長這一群體進行考察，認為「在南京國民政府時期縣以下的地方基層政權建設過程中，中國鄉村中產生了一個新的社會精英階層——新鄉紳階層，其主體是為國民黨政權服務的區鄉鎮行政人員。」〔註 286〕這些新鄉紳主要是地主土豪，他們代表國家對基層社會進行管理，是國家滲透與整合基層社會的工具。

　　4、保甲長

　　保甲長之產生有公推、選舉、遴選等各有不同的方式，根據《內政部統計季刊》所說：「每戶設戶長，由該戶內之家長充任為原則，甲設甲長，由本

〔註286〕李巨瀾、忻平：《民國時期的中國新鄉紳階層研究——對抗戰前江蘇區鄉鎮長群體的考察》，見王先明、魏本權：「近五百年來中國社會結構變遷」國際學術討論會綜述》，《史學月刊》2006 年第 3 期，第 112～113 頁。

甲內各戶長公推，保設保長，由保內各甲長公推之。甲長之推定或變更，由甲內戶長聯名報告於保長，保長之推定或變更，由保內甲長聯名報告於區長、縣長，區長或原公推人對於推定人選，認為有更換之必要時，得依手續改推之，區長由縣長遴選，呈由行政督察專員或民政廳委任之。」〔註287〕

以 1935 年江蘇省各縣甲長為例：

5-4-11：1935 年江蘇省各縣甲長教育程度統計表

項 目	不識字	私 塾	小 學	中 學	大 學	其 他	備 註
合計	299357	341909	58699	6912	254	10655	共 717786 名

資料來源：《江蘇省保甲總報告》，鎮江江南印書館中華民國二十五年四月版，第 223 ～225 頁。

5-4-12：1935 年江蘇省各縣保長年齡統計表

項 目	20～29 歲	30～39 歲	40～49 歲	50～59 歲	60 歲以上	備 註
總計	10804	19766	19238	12100	6452	共 68360 名

資料來源：《江蘇省保甲總報告》，鎮江江南印書館中華民國二十五年四月版，第 80 ～82 頁。

5-4-13：1935 年江蘇省各縣甲長年齡統計表

項 目	20～29 歲	30～39 歲	40～49 歲	50～59 歲	60 歲以上	備 註
總計	97753	196383	209205	134827	79618	共 717786 名

資料來源：《江蘇省保甲總報告》，鎮江江南印書館中華民國二十五年四月版，第 84 ～87 頁。

5-4-14：1935 年江蘇省各縣保長職業統計表

項 目	農	工	商	學	公務	自由職業	其 他	備 註
總計	48535	1395	9668	5036	849	910	1940	共 68360 名

資料來源：《江蘇省保甲總報告》，鎮江江南印書館中華民國二十五年四月版，第 82 ～84 頁。

〔註287〕《各省市保甲組織及編查保甲戶口辦法概要》，《內政統計季刊》1936 年第 1 期，第 268 頁。

5-4-15：1935 年江蘇省各縣甲長職業統計表

項 目	農	工	商	學	公務	自由職業	其他	備註
總計	531560	47738	92769	18560	3602	7133	16424	共 717786 名

資料來源：《江蘇省保甲總報告》，鎮江江南印書館中華民國二十五年四月版，第 87
～90 頁。

　　就江蘇省整體情況來看，與縣區鄉鎮長相比，保甲長的教育程度明顯不
足，在江蘇 717786 名甲長中，不識字者佔據總數的 41.71%，大學畢業者已經
是鳳毛麟角。保長之教育程度，「類多幼稚」，〔註 288〕如在碭山縣各區受訓的
621 位保長中，不識字者有 240 人，可見保長教育程度亦十分低。〔註 289〕從
年齡分佈來看，從 20 歲到 60 歲，保甲長在每個年齡段都有相當的人數。從
保甲長職業上看，保長與甲長的成分都以務農者為主，其次保長為商、學、
工界人物；甲長為商、工、學界人物，這表明保甲長的成分更加複雜。
　　再以南通縣為例簡單分析保甲長的成分問題。在 1936 年南通縣保甲長訓
練中，有人對受訓保長的年齡、職業進行了統計：

5-4-16：南通受訓保長年齡統計表

區　別	受訓保長數	二十歲以上者	三十歲以上者	四十歲以上者	五十歲以上者	六十歲以上者	七十歲以上者	備註（未及受訓者）
第一區	310	33	77	105	65	24	6	
第二區	237	40	59	70	50	15	3	三人
第三區	177	30	41	48	40	16	2	
第四區	213	46	66	57	28	14	2	一人
第五區	54	20	19	11	3	1	0	
第六區	182	30	64	57	25	6	0	
第七區	268	44	66	72	53	30	3	一人
第八區	171	16	47	52	36	16	4	三人

〔註 288〕《江蘇省保甲總報告》，鎮江江南印書館中華民國二十五年版，第 215 頁。
〔註 289〕莊繼曾：《我國歷代之戶口編審及保甲制度評述》，《國衡半月刊》1935 年第 4
　　　　　期，第 41 頁。

第九區	156	25	60	37	23	11	0	
第十區	149	33	36	41	24	13	2	
十一區	223	24	64	73	39	20	3	
十二區	140	20	37	38	31	13	1	
十三區	53	3	16	20	10	3	1	一人
合計	2333	264	652	681	427	182	27	

資料來源：1、《生力月刊》，1936 年第 5 期，119～120 頁。2、其中第二區一新推鄉
長加入受訓，第九、第十區有兩鄉長因案免職加入受訓。

5-4-17：南通受訓保長職業統計表

區別	受訓保長數	農	工	商	學	黨	政	其他	備註（未及受訓者）
第一區	310	199	4	62	19	1	8	17	
第二區	237	178	11	35	11	2	0	2	三人
第三區	177	142	0	20	7	0	5	1	
第四區	213	186	0	21	3	2	2	1	一人
第五區	54	44	0	6	4	0	0	0	
第六區	182	146	1	23	4	0	1	7	
第七區	268	198	1	35	27	0	3	4	一人
第八區	171	132	2	20	12	0	0	5	三人
第九區	156	123	2	18	11	1	0	1	
第十區	149	125	0	16	4	0	0	4	
十一區	223	197	0	12	10	0	0	4	
十二區	140	119	1	8	5	0	1	6	
十三區	53	46	1	3	3	0	0	0	一人
合計	2333	1833	23	279	120	6	20	52	

資料來源：1、《生力月刊》，1936 年第 5 期，120～121 頁。

2、其中第二區一新推鄉長加入受訓，第九、第十區有兩鄉長因案免職加
入受訓。

　　通過上面兩個表格，容易得出以下結論，在受訓保長中，以 30 至 50 歲的人居多，共 1760 人，占總人數的 75.44%。從年齡段可以看到保長大部分是年富力強者。並且保長以務農人員占絕大多數，占總人數 78.57%，另外依次為商、學、工、政、黨等，黨員所佔比例已經極低，占總數的 0.26%，這表明南京國民政府之黨的系統在基層保甲組織中已呈極度衰弱之勢。

　　對於保甲長這一群體，有人評價說：「至鄉鎮保甲長，既為無給職，當難免枵腹從公。更加目前政治之嚴緊，鄉鎮保甲長，即置全力為公，亦有不迨。鄉鎮中之士紳階級，恒薄鄉鎮保甲長而不為，智識份子，當因生活問題，他往謀生，鄉鎮保甲長，除少數能為民眾景仰外，甚至為無賴所把持，籍以為攫奪利權的工具。」〔註290〕

　　綜上分析，從保甲長到縣長，實現真正民選的層級並不多，特別是縣、市、區長，「現係任用行政官吏」；〔註291〕至於鄉鎮長雖由選舉，但仍由行政官廳最後決定，「鄉鎮村長等由各鄉鎮村人民選舉三人，由縣市長擇一委任」。〔註292〕所以，從自治職員的產生來看，官廳控制顯示出從低級到高級逐漸增強的趨勢。保甲長比較特殊，並非自治職務，其產生雖然採取公推（並非民選）等多種方式，但行政官廳仍然能有效控制其人選，這充分表明國民政府希望通過控制基層社會管理者的任免權以加強對基層社會滲透的主觀願望。但事實上卻難以達到預期目的，原因主要有二：一個在於國民黨黨員在各級政權中所佔比例，呈現出從高層向低層迅速銳減的情形。另一個則是傳統地方精英在基層政權中仍然佔有一定的比例，如王維墉在提出改進吳縣縣政的辦法中，即有防止紳士之努力支配一條，〔註293〕這恰恰證明當時縣級政權中仍存在士紳把持的現象，對於國民政府的滲透與整合，這些人往往持不合作的態度。

（二）考試、培訓以及公民宣誓登記的意義

　　國民政府除了通過控制基層行政人員的任免權來加強對基層社會的控

〔註290〕王其用：《一年來從事區政的感想》，《江蘇保甲》半月刊第 2 卷第 16 期，第 6 頁。
〔註291〕秦孝儀編：《抗戰前國家建設史料——内政方面》，革命文獻，第七十一輯，中國國民黨、中央委員會黨史委員會，1977 年版，第 53 頁。
〔註292〕蔡鴻源主編：《民國法規集成》，第 39 冊，合肥：黃山書社 1999 年出版，第 141 頁。
〔註293〕王維墉：《吳縣縣政》，南京圖書館藏（手抄本）。

制外，還經常通過其他程序來強化這種滲透的效果，如考試、培訓、公民宣誓登記等。其中縣、區長採取考試加培訓的方式，鄉鎮保甲長則主要採取培訓的方式。國民政府的考試、培訓有提高行政人員素質的一面，同時也有在意識形態上強化黨與國家的意圖。而公民宣誓登記則把意識形態滲透的對象直接擴大到全體公民。

在縣長任用的過程中，國民政府把「依法受縣長考試及格者」視爲最主要的縣長人選，如果此類人等不敷使用，才會錄用其他取得相關資格者。在縣長訓練章程中，其把黨義列爲首位，即所謂「建國方略、建國大綱、三民主義、第一次全國代表大會宣言，及本黨政綱決議案宣言」等。〔註294〕

江蘇省各區區長一般是先參加區長資格考試，被錄取者參與培訓，然後再經畢業考試，合格者分配各地。江蘇省的區長培訓主要進行了兩期：第一期於1929年2月由民政廳著手籌備，3月3日、4日舉行區長資格考試、補考，共有696人被錄取，實到參與培訓者693人，4月1日開學，2日開課，於6月29日、7月1日舉行畢業考試，15日舉行畢業典禮。第二期於9月18日至20日舉行資格考試、補考，共錄取162人，實到155人，10月15日開學，16日開課。對於此項培訓，李懋曾認爲，「訓政工作，是一種建設的革命工作；這種艱巨的建設的革命工作，自然只有忠於革命的人物，才許擔荷，然而並不能說忠於革命的人物，即能擔荷。這因爲有能者未必忠實，而忠實者未必盡能；所以要想找到一批單純做政府的工具的區長易，兼民眾的保姆的區長便難，更兼黨的戰士的區長尤難。這就專爲健全區長的本身講，區長必須經過鍛鍊的理由。」國民政府所需要的區長，「不是三頭六臂全智全能的仙佛，而是一批意志統一，行動紀律化集體化的平凡的工人或士兵。」〔註295〕

江蘇省鄉鎮長之訓練，依行政督察區分區施行，規定每一行政區設立鄉鎮長訓練所一所，分兩批召集各該區所屬各縣之鄉鎮長實施訓練。〔註296〕在該省已設行政督察專員公署應行舉辦之鄉鎮長訓練中，南通、銅山二區所屬各縣訓練業已完畢；淮陰、東海、鹽城三區，在辦完第一批之後，因導淮

〔註294〕蔡鴻源主編：《民國法規集成》，第39冊，合肥：黃山書社1999年版，第115、126頁。
〔註295〕李懋曾：《區長訓練的意義》，《區政導報》第1期，第34～35頁。
〔註296〕內政部統計處編印：《保甲統計》，民國二十七年五月，第3頁。

徵工及其他事項關係，導致第二批訓練延未舉辦。後在江蘇民政廳的一再督促下，繼續召集第二批鄉鎮長進行訓練。至 1935 年 8 月一律辦竣。〔註 297〕在未設督察專員區之各縣所屬鄉鎮長的訓練中，由民政廳直接召集訓練。9月1日，民政廳將江南及江都區共三十三縣之第一批受訓鄉鎮長集中省會，予以訓練。共到一千九百餘人，計受訓三星期。第二批於 10 月 3 日集中，共到約二千人，亦受訓三星期，於 10 月 25 日全部訓練結束。〔註 298〕鄉鎮長訓練期為三星期。訓練科目，為黨義，保甲須知，公民常識，新生活須知，軍事訓練，及其他切合地方需要事項。〔註 299〕

在鄉鎮長的訓練中，也體現著此一思想。從句容縣鄉鎮長副訓練所的上課時間表中，我們可以看到如下情形（如下表）：

5-4-18：句容縣鄉鎮長副訓練所上課時間表（中華民國十八年十月一日訂）

時間\課別	月	火	水	木	金	土
8：00～8：50	紀念周	現行地方自治制度要義	同上	同上	同上	七項運動大要
9：00～9：50	黨義	同上	同上	同上	同上	統計常識
10：00～10：50	公民教育	同上	鄉鎮民四權行使之演習	同上	公民教育	現行地方自治制度要義
11：00～11：50	公共衛生要義	統計常識	公共衛生要義	職業教育	統計常識	職業教育
1：30～2：20	警衛須知	七項運動大要	警衛須知	七項運動大要	職業教育	警衛須知

〔註 297〕內政部統計處編印：《保甲統計》，民國二十七年五月，第 3 頁，第 3 頁。
〔註 298〕《民政廳行政工作概要》，《江蘇民政》第 1 卷第 3、4 期合刊，中華民國二十四年十二月，第 5 頁。
〔註 299〕內政部統計處編印：《保甲統計》，民國二十七年五月，第 3 頁。

| 2：30
～
3：30 | 軍事訓練 | 同上 | 同上 | 同上 | 同上 | 測量常識 |
| 3：30
～
4：20 | | | | | | 測量常識 |

資料來源：張佐辰：《句容縣第一屆訓練鄉鎮長之經過》，《蘇政》半月刊，第七號，
　　　　　1930 年 8 月，第 51～52 頁。

　　在此一課程表中，黨義佔據了一定的比例，這是鄉鎮長訓練過程中加強意識形態教育的主要體現。

　　對保甲人員亦是以訓練為主。「保甲在吾國本為古制，然制度之義，久已盡失，民間僅知有保甲之名，而不復知有保甲之實。故在今日欲以保甲築成人民自治之基，直與創行新制無異。然政以人舉，立法固不貴，而行法之人尤不可忽。則保甲制度之推行，應注意於保甲人員之訓練，殆可不言而喻。」〔註300〕江蘇省對保長之訓練，規定三種方法：（一）保甲長分區混合訓練，（二）保長分區集中訓練，（三）全縣保長集中城區訓練，由各縣縣長依照地方情形，擇定訓練方法，設所訓練。訓練時期及科目與鄉鎮長同。各縣保長訓練，大都採用第三種方法，分兩批或三批舉辦。自 1934 年 12 月起，至 1936年 6 月止，江蘇全省各縣保長，一律訓練完畢。甲長的訓練，設訓練所，多以自治區為單位。「甲長之訓練，較鄉鎮保長為難，以人數眾多，需費甚巨，知識低淺，施教不易」，因而不得不根據當地情形有所變化，其訓練方法，根據智識程度的高低，分甲乙兩組，識字者為甲組，不識字者為乙組。甲組遵照規定科目受訓，乙組除聽講外，還應受初步識字的訓練。甲長之訓練，在1935 年舉辦的，有啟東、海門、如皋、崇明、豐縣、碭山、淮陰、武進、南通、青浦等十縣，其餘各縣，都在 1936 年舉辦。〔註301〕截至 8 月份止，計有句容、武進等五十縣已經舉辦保長訓練；已舉辦甲長訓練者計如海門、如皋、崇明、淮陰等四縣。其餘凡未舉辦訓練者，民政廳則嚴令進行督促。〔註302〕

　　訓練完畢之後是考試，以考試合格者充任相應的行政人員。毫無疑問，

〔註300〕《民政廳行政工作概要》，《江蘇民政》第 1 卷第 3、4 期合刊，中華民國二十
　　　　四年十二月，第 4 頁。
〔註301〕內政部統計處編印：《保甲統計》，民國二十七年五月，第 3～4 頁。
〔註302〕《民政廳行政工作概要》，《江蘇民政》第 1 卷第 3、4 期合刊，中華民國二十
　　　　四年十二月，第 4 頁。

考試是選拔人才的方式之一，也是強化統治者意識形態的方式之一。同時，考試又在一定意義上是對基層統治機構中傳統精英的一次「清洗」，因爲不適應於新的知識結構，這些人難以在考場上與新式地方精英進行競爭。

在對行政人員進行考試、培訓的同時，國民政府在意識形態方面也加強對一般民眾的控制，其中最明顯的就是宣誓登記制度的推行。

根據時人的解釋，公民宣誓登記制度是推行地方自治，實現憲政國家的基本前提，是「爲取得公民資格之唯一條件」，〔註303〕「係確立公民之資格，亦自治實施之基礎」。〔註304〕

1929 年 9 月，在國民政府公佈《鄉鎮自治施行法》，其中第七、第八、第九條是關於公民宣誓登記的內容。第七條主要爲公民宣誓登記之資格限定，「中華民國人民，無論男女。在本鄉鎮區域內，居住一年，或有住所達兩年以上，年滿二十歲」；而有左列情事之一者，將不能宣誓登記爲公民：「一、有反革命行爲，經判決確定者，二、貪官，污吏，土豪，劣紳，經判決確定者，三、褫奪公權，尚未復權者，四、禁治產者，五、吸用鴉片，或其他代用品者。」第八條則是宣誓時的誓詞，如下：

> ○○○正心誠意，當眾宣誓：從此去舊更新，自立爲國民，盡忠竭力，擁護中華民國，實行三民主義，採用五權憲法，務使政治修明，人民安樂，措國基於永固，維世界之和平！此誓。中華民國○○年○○月○○日，○○○簽字　立誓。

宣誓完畢，鄉鎮公所將宣誓人登記爲鄉鎮公所公民，除將公民名冊呈報區公所，並將誓詞及公民名冊彙請區公所轉呈縣政府備案。〔註305〕

這是南京國民政府所頒佈的第一個規定公民宣誓登記的法律文件。對於此一文件，不少學者進行了積極的評價，認爲其具有劃時代的意義。〔註306〕

〔註303〕《廣東省政府公報》1932 年第 182 期，第 71 頁。

〔註304〕秦孝儀主編：《革命文獻 第九十三輯 抗戰前國家建設史料：首都建設（三）》，中國國民黨中央委員會黨史委員會 1982 年版，第 107 頁。

〔註305〕良常於定：《地方自治法規》，民國二十年青浦編印，第 22～23 頁。

〔註306〕孫同勛認爲：「因爲選舉清末諮議局，選民資格規定要有五千元以上的不動產，或中學以上資格；民初選舉國會及省議會，選民資格規定要有五百元以上的不動產，或小學以上資格。而且當是只有一定年齡以上的男子合於上述資格者，有選舉權，女子沒有選舉權。到北伐完成後實行地方自治，選舉縣市參議會，性別、財產、教育程度的限制都取消了，所以說國民黨的民權主義爲一般平民所共有。」（孫同勛等編著：《中國文化史》，大中國 1998 年版，

同年 12 月 20 日，內政部公佈《鄉鎮公民宣誓登記規則》，對《鄉鎮自治施行法》所規定之宣誓制度進行更加詳細的解釋，如「宣誓分左列兩種：一 定期宣誓，由鄉公所或鎮公所於每年開鄉民大會兩個月前調查資格，召集舉行；二 臨時宣誓，由人民隨時向鄉公所或鎮公所請求調查資格，召集舉行。前項臨時宣誓，鄉公所或鎮公所，得視人數多寡，擇期舉行；但人民因必要情形，須速宣誓時，應依其請求行之。」並規定宣誓儀式：「一 全體肅立，二 唱黨歌，三 向國旗黨旗及總理遺像三鞠躬禮，四 主席恭讀總理遺囑，五 主席領讀誓詞，人民均舉右手目行唱名循聲朗讀，六 主席訓詞，七 監視人訓詞，八 禮成」。誓詞內容與《鄉鎮自治施行法》中的相同。〔註307〕1930 年 9 月 25 日，內政部又公佈《市公民宣誓登記規則》，其基本程序與《鄉鎮公民宣誓登記規則》基本相同，只是其中的主角由鄉鎮居民變為市民，宣誓地點也從鄉鎮公所轉移到坊公所。〔註308〕可見，國民政府要把觸角伸向力所能及的城市與鄉村。

　　如此集中公佈有關公民宣誓登記的法令，足見國民政府對其重視之程度。而國民政府之所以這樣做，通過條文的分析即可窺得一斑：無論是誓詞還是儀式，強化的目標只有一個 —— 孫中山及其學說；而最終的目的也是一個 —— 擴大國民黨政權的統治基礎，樹立南京國民政府孫中山合法繼承人的正統地位。

　　當然，此一制度在以後還有多次修改，如 1936 年 6 月 27 日，國民政府發佈命令：廢止《鄉鎮公民宣誓登記規則》、《市公民宣誓登記規則》，而代之以《公民宣誓登記規則》〔註309〕，即將市公民及鄉鎮公民宣誓規則合併為一個文件。在內政部公佈的新的《公民宣誓登記規則》中，對不得進行公民宣誓登記的人做出了新的規定：「一、背叛國民政府，經判決確定，或尚在通緝中者；二、曾服公務而有貪污行為經判決確定，或尚在通緝中者；三、褫奪公權者；四、禁治產者；五、有精神病者；六、吸用鴉片，或其他代用品者。」該法令包括鄉鎮居民及市民，其各在所在地（鄉、鎮公所或坊公所）舉行公民宣誓登記，不再分別規定。〔註310〕這次條文的修正大概與國民政府統治基

　　　　第 213 頁。）
〔註307〕良常於定：《地方自治法規》，民國二十年青浦編印，第 60～61 頁。
〔註308〕廣州市市政府第一科編輯股：《廣州市市政公報》1930 年第 371 期。
〔註309〕內政部公報處：《內政公報》1936 年第 6 期。
〔註310〕湖南省政府秘書處公報室：《湖南省政府公報》1936 年第 484 期。

本穩固，革命勢力處於低潮，而統治階級內部卻進一步分裂的現實有關。

作爲南京國民政府首都所在地，江蘇省的行動是迅速的，當政府頒佈《鄉鎮公民宣誓登記規則》之後，「江蘇省擬通飭各縣縣長從速辦理公民宣誓登記。」〔註311〕據當時奉賢縣縣長回憶說：「自遵照內政部所頒《宣誓登記規則》，奉賢在前縣長任內，已開始辦理。我接任後，復嚴加督促，積極趕辦。至一九三〇年十一月，全縣公民宣誓登記完成。」〔註312〕再如溧陽縣，「自治系統，可稱完成，各區自治事務，若調查戶口，公民宣誓登記，土地註冊等，均已積極舉辦，具有相當成績。」〔註313〕南京市爲了趕辦公民宣誓登記，經市政府決定，酌給各區公所臨時費三十元，以使雇員趕辦。〔註314〕但是這次效果並不明顯，因爲諸多因素限制，致使很多人未取得公民資格。〔註315〕

1936年，國民政府宣佈召開國大，選舉國大代表。因爲不經宣誓就不能取得公民證，不是公民也就不能擁有選舉權與被選舉權，公民宣誓登記再次成爲必要的程序。「公民既非經宣誓不能取得公民證，享受公民權，則第一步應即爲公民宣誓典禮的舉行」。〔註316〕當新的《公民宣誓登記規則》公佈之後，江蘇省再次掀起公民宣誓登記的熱潮。南京作爲首都，提出要做全國公民宣誓登記的模範。〔註317〕根據《南京市公民宣誓辦法》「黨政軍警各機關工作人員，在原屬機關舉行宣誓典禮」之規定，〔註318〕可以看到公民宣誓登記是當時一次相當廣泛的政治運動。常熟縣曹師柳在《僞國大代表選舉的醜劇回憶》中記述到：「江蘇省僞選舉總監督余井塘就職之後，各縣即舉辦公民宣誓登記。常熟縣在一九三六年八月十二日，城廂十四鎮同時開始，鄉區於後一日

〔註311〕張玉法主編：《中國現代史論集·第八輯·十年建國》，聯經出版事業公司1982年版，第35頁。

〔註312〕《江蘇文史資料》編輯部：《江蘇文史資料 第112輯 耆年憶往》，南京：江蘇文史資料編輯部1998年版，第100頁。

〔註313〕中國人民政治協商會議江蘇省溧陽市委員會文史資料研究委員會編：《溧陽市文史資料第10輯》，溧陽市委員會文史資料研究委員會1993年版，第173頁。

〔註314〕《南京市政府公報》1932年第109期，第51頁。

〔註315〕《南京市政府公報》1936年第168期，第92頁。

〔註316〕阮毅成：《公民宣誓與公民法律訓練》，《時事月報》1936年第27期，第163頁。

〔註317〕《南京市政府公報》1936年第168期，第92頁。

〔註318〕《內政公報》1936年第7期，第74頁。

全部舉行。那時偽縣府以籌備工作時間較緊，頗為緊張，而一般公民，對選舉並不關心，很多不明真相的，不肯宣誓。偽縣府責令各鄉鎮長，分別督促偽保甲長及鎮丁等，挨戶宣傳，說明公民登記的意義，強調必須宣誓以後，才能取得公民資格，才能有選舉權和被選舉權，才能參加選舉。還官樣文章地規定吸食鴉片、受過刑事處分和褫奪公權者，不得宣誓。儘管大吹大擂，廣大人民還是託故規避。其實當時選舉人名冊，早經造就，有許多根本是張三李四胡亂填寫的。通過這個形式的『宣誓』，次日即宣佈城廂有三萬多人登記。這種情況，在舊社會裏，任何一屆選舉，都是如此，毫不奇怪的。」在此之後，無錫、吳縣等地，因為公民宣誓登記只有十之六七到場，地方政府不得不補行宣誓登記，如同兒戲一般。〔註319〕

　　抗戰全面爆發，江蘇很快淪陷，公民宣誓登記暫時中斷。從公民宣誓登記制度的內容來看，其代表的主要是國家的意志；而就具體的執行者來看，其主要是縣以下之市鄉鎮等基層單位。這些原本代表社會力量的基層單位向全民灌輸國家的意志，則正是社會國家化趨勢加強的表現。黃宗智認為：「晚清與民國時期近代社會整合與近代國家政權建設的雙重過程雖然與西方相比可能尚屬有限，但已導致國家與社會兩方面的相互滲透加劇，並使第三領域的活動日漸增多。」〔註320〕以此而論，公民宣誓登記制度成為國家向基層社會滲透的有力工具。但是，因為宣誓過程的形式主義、行政經費嚴重支絀等諸多社會因素的影響，公民宣誓登記制度未能取得理想的效果。

　　除此之外，國民政府還通過壯丁訓練、建立國民補習學校、國民訓練學校，以及在小學實施保甲訓練、讓學生在暑假期間宣告、演講保甲〔註321〕等方式來加強對基層社會的控制。總之，不管是培訓、考試、公民宣誓登記，還是其他方式，國民政府都表現出對基層社會控制與整合的強烈欲望。

　　綜上所述，南京國民政府成立之初，擺出秉承國父遺教、力行地方自治的姿態。其接續大革命時期的思維，沿用黨政雙軌的國家治理模式，力圖通

〔註319〕中國人民政治協商會議江蘇省常熟市委員會文史資料研究委員會：《文史資料輯存　第5輯》，1980年版，第2～3頁。
〔註320〕黃宗智主編：《中國研究的範式問題討論》，北京：社會科學文獻出版社2003年2月版，第274頁。
〔註321〕《關於令各校利用暑假期內命學生宣告保甲工作並准列入假期作業為成立一科的訓令》，蘇州市檔案館藏，I05-001-0431-028。《關於令知凡學校學生在暑假期內協助講演保甲的訓令》，蘇州市檔案館藏，I05-001-0431-030。

過國民黨的「保育」來完成新式民族國家的建設大業。服務於此一目標，地
方自治始終被置於行政官廳的嚴格控制之下，使其成爲國民政府滲透與整合
基層社會的有力工具，正如王維壙所言，訓政時期與憲政時期地方自治有很
大的不同，「訓政時期之地方政府及其他下級自治團體之組織，不能由下而
上，由人民選舉負責之人員組織機關，必須由上而下組織之。」〔註322〕與南
京國民政府步調一致，江蘇省積極制訂各項自治法規，並制訂在五年內完成
縣自治的日程表，顯示出一定的決心。但在自治人才缺乏、自治經費支絀、
縣級政權權限重疊、社會秩序動蕩不安等各種因素的影響下，江蘇地方自治
的推行並不理想。與江蘇省縣區自治實驗、推行保甲制同時進行的是國民政
府對縣級政權的改革：裁局改科、分區設署、屬行保甲等，這些措施的賡續
推出，使地方上逐漸形成「縣長專制」、區級自治官治化、地方自治軍事化等
現象。江蘇雖然保留了鄉鎮自治組織，但在「上不著天，下不著地」的情況
下，其不免成爲名副其實的幌子。從理論上講，地方自治的質變導致地方精
英進一步傾向於國家，第三領域的國家化傾向更加明顯，從而形成國家對民
間社會的直接滲透與控制的趨勢。以黨治代替政治，以官治代替自治成爲國
民政府執政的基本取向，一黨專政國家的形成有其必然性。

〔註322〕王維壙：《吳縣縣政》，南京圖書館藏（手抄本）。

第六章 地方自治與近代中國政制轉型關係之檢討

　　二十世紀的前三十年是近代中國重要的政制轉型期，王朝體制在內憂外患中陷入重重危機，建設民主憲政成爲國人熱烈追求的政治理想之一。地方自治作爲憲政之始基，其必然被國人奉爲圭臬。清末之地方自治的試辦，以及清政府對地方自治主導權的爭取，表明國家與地方精英對地方自治都產生了極其濃厚的興趣。隨著清王朝的覆滅，「數千年相傳之政治制度也頓然隨之俱廢，全社會乃驟失其維繫作用」，〔註1〕時代的過渡性更加明顯。如何建立新的社會秩序成爲當務之急！但此後之中國很快便被捲入軍閥割據，社會動蕩不安的漩渦，對社會秩序的整理亦進入一個挑戰與機遇並存的時代，中央政府、地方軍閥、地方精英，都想在此一過渡時期抓住歷史的機遇，但又往往經受不住嚴峻的考驗而紛紛成爲歷史的陳跡。國民黨以革命的精神摧毀舊式地方精英勢力，並以新式黨員幹部取而代之，導致基層社會的黨化傾向。這種傾向在南京國民政府成立之後進一步加強，並最終形成國民黨一黨專政的局面。近代國家的轉型從一種專制走向另一種專制，其轉型似乎並不成功！〔註2〕一黨專政的建立是否有其必然性？通過國家對基層社會的滲透

〔註1〕 梁漱溟：《鄉村建設理論》，上海：上海世紀出版集團 2006 年版，第 15 頁。
〔註2〕 這種不同類型的專制的轉變類似於學術界所討論的「自治型治理」與「控制型的治理」的問題。「自治型治理，是以一定社區或群體爲對象而相對獨立地組織起來的公共權力管理方式。」「控制型治理，是一種自上而下的單向度的政治統治方式。就其權力關係而言，是一種科層制。」（王聖誦：《近代鄉村自治研究》，中國政法大學 2005 年未刊博士畢業論文，第 80 頁。）這兩種方

而建立起來的社會結構是否穩定？應如何促進國家與社會的良性互動？這一系列的問題都值得我們深刻反思！

第一節　近代中國政制轉型的動力因素分析

一、國家的干預與滲透

在近代地方自治推行的過程中，國家作為控制主體，其地位逐漸被強化。此論可以從三個方面來看：

首先，從自治法規制訂的主體來看，地方自治法令過於強調整齊劃一。最初江蘇各地試辦地方自治時，自治章程基本是由各地自行制訂，交由行政官廳審議，然後公布施行，這一過程尚能顧及各地的實際情況。至清政府公佈《城鎮鄉地方自治章程》與《府廳州縣地方自治章程》，則對各省之自治法規的制訂有了嚴格的限制。中央統一之法令猶如地方自治法規之「憲法」，不得違背，此本為自治監督應有之義，但是，因為該法令過於細密，導致在此基礎之上所制訂之地方自治法規陷入僵化的圉圈。民初江蘇省自行公佈《暫行縣市鄉制》，無論從制訂主體，還是從實質內容，都具有時代的進步意義。但好景不長，兩年之後，其即遭袁世凱政府廢棄。不久，袁氏地方自治法令又以中央名義統一頒佈，其官治味道濃厚，自治精神基本消失殆盡，結果遭到江蘇地方精英的極力反對。袁世凱之後，北京政府又相繼公佈《縣自治法》、《市自治制》、《鄉自治制》等法令，其仍是以中央政府名義統一公佈，結果亦不為江蘇地方精英所承認，人們熱衷的是恢復江蘇舊有之縣市鄉制。經過江蘇地方精英的不懈努力，江蘇自行恢復縣市鄉制。南京國民政府時期，中央政府仍然先統一制訂頒佈自治法令，然後再由各地根據此法令制訂地方自治法規。南京國民政府這種由中央政府統一公佈自治法的做法，仍然難逃自治法規僵化之譏。呂復曾言：「鄙見以為關於吾國之地方自治制度，國家為之立法未可過於詳密，似宜持其犖犖大端為原則之立法，而以其詳讓之於各省，因地制宜，求其至當。」〔註 3〕此言一語中的。

式的分別非常具有啟發意義，但就中國的實際情況看，古代傳統的紳治能否稱得上「自治型治理」尚值得商榷。

〔註 3〕呂復：《比較地方自治論》，商務印書館中華民國三十二年版，第 9 頁。

　　其次，從國家對地方自治的實際干預來看，地方自治推行的過程，亦是國家對民間社會控制不斷加強的過程。清末地方自治先由民間試辦，但不久即爲清政府所主導之地方自治取代，地方自治推行主體的轉變，顯示出國家力圖通過制度性機制加強對民間社會整合與控制的目的。王先明認爲，「清代鄉村社會的教化體系乃是一個二元同構性的組織系統，即以保甲制爲代表的官方教化組織和形式與以宗族、鄉約爲代表的非官方教化組織與形式同構而成。」〔註4〕但是因爲諸多因素，這種教化體系在晚清社會逐漸解體，清政府不得不求助於制度性機制來加強對基層社會的控制與整合。北京政府時期，袁世凱對地方自治並無好感，他容忍對清末地方自治的繼承與發展，有打著自治旗號以強化政權合法性的意圖，而實際態度卻是取消地方自治，加強中央集權。此一目的主要體現在袁氏自治制上，這種以官治代替自治的行爲進一步反映了中央政府加強控制基層社會的意圖。袁世凱之後，全國各地陷入軍閥割據的漩渦，北京中央政府亦陷入「政令不出京畿」的尷尬，其不能有效控制地方，更不願通過地方自治進一步分權，雖偶而頒佈自治法令，卻也看不出多少誠意。至南京國民政府，其先把自治層級延伸到閭鄰，後以保甲代替閭鄰，國家滲透基層社會的態勢進一步增強。有人如此評論：「數千年來的專制，僅僅使一般人認識政府的任務是收取糧稅，處理訴訟的兩件事，此外和政府不發生關係。……到了國民政府奠都南京之後，才把政府職務逐漸的擴大。……從前對於修橋補路認爲是一種慈善事業，現在政府要求來代庖或予以指導；從前對於倉儲，都是由地方士伸（紳）支配，現在政府要來干涉；從前各個人的不講衛生，悉能自由，現在政府要來干涉；從前各人的子弟，讀書不讀書，悉能自便，現在又要強迫；從前各個人是各個家庭的私人，現在要對地方或國家，服相當的義務勞役。總之，一切的一切，政府都有法規來指導或限制民眾。」〔註5〕其反映了南京國民政府時期國家對民間社會加強滲透的基本事實。

　　再次，從地方自治與行政官廳的關係來看，地方自治始終未獲得「獨立」的地位。清末之地方自治爲官治之補充，這是清政府預設的原則性問題，在清廷詔發憲政編查館的上諭中，其明確指出，「地方自治乃輔官治之所不及，

〔註4〕王先明、尤永斌：《略論晚清鄉村社會教化體系的歷史變遷》，《史學月刊》1999年第3期，第105頁。
〔註5〕金半歐：《自治與自衛的一種觀察》，《地方自治》1935年第3期，第3頁。

仍統於官治之內，並非離官治而獨立之詞」。〔註6〕北京政府時期，地方自治的法律地位有所提升，其不再被看作官治之補充，而成為與官治行政同時存在的基層行政制度，但在實際推行過程中往往名不副實。南京國民政府時期，因為國家的主觀意圖與社會的客觀環境，地方自治逐漸內化為官僚體制的一個低級部門。根據自治法規，其擁有廣泛職權，但是實際生活中，這些職權又同時為其他行政官廳所擁有，以致出現地方自治事務被行政官廳瓜分的情況。以吳縣為例，根據區自治施行法，區長的職務多至二十一項，在這二十一項中，基本是由區民大會決議交辦，但是因為區民大會尚未成立，所以吳縣將法令所規定之職務，凡屬於事務之性質者，如農田水利、森林培植等可歸建設局辦理；財政收支及公款公產之管理等可由財政局辦理。結果，區長執行的職務，僅僅包括戶口調查、人事登記、保衛、糧食儲存及調節、合作組織及指導，風俗改良，育幼養老、濟貧救災等設備，區自治公約制定等七項。〔註7〕當區成為行政官廳的正式層級之後，更毋庸論自治的問題。因此，所謂的自治事業往往是由行政官廳來執行，地方自治虛有其表而已。

　　總之，在近代地方自治推行的過程中，國家對基層社會的控制呈現出不斷加強的趨勢，這種國家的強勢滲透，決定了中央與地方之間難以適度分權，而只能是集權的事實。

二、士紳階層的分化與紳權功能的異化

　　在古代中國，士紳階層是國家與民間社會之間的緩衝力量，在《牧令書》中如此說：「為政不得罪於巨室，交以道，接以禮，固不可權勢相加。即士為齊民之首，朝廷法紀盡喻民，唯士與民親，易於取信。如有讀書敦品之士，正賴其轉相勸誡，俾官之教化得行，自當愛之重之。」〔註8〕這種力量的存在潤滑了官方與民間社會的關係，使整個國家秩序處於一種長期穩定狀態。但是，隨著近代士紳階層的急劇分化，中國傳統社會結構亦遭受嚴重衝擊。近代以來，士紳階層的變化主要體現在以下幾個方面：

〔註6〕《上諭》，《申報》，1909年1月25日。

〔註7〕胡瀚、何子競編述：《吳縣縣政》，民國廿一季一月，南京市圖書館藏（手抄本）。

〔註8〕王風生：《紳士》，載《牧令書》，第16卷，第26頁。轉引自張仲禮：《中國紳士──關於其在19世紀中國社會中的作用的研究》，上海：上海社會科學院出版社1991年版，第29頁。

第一、地方士紳身份的多元化。在近代社會發展的過程中，因應社會轉型中的各種新生因素，相繼出現了所謂之軍紳、商紳（或紳商）、學紳、權紳等新的士紳成分。在江蘇地方自治推行的過程中，不同成分因不同的歷史機遇而產生，其在地方自治推行過程中的作用亦不同。清政府自治章程頒佈之前，紳商是士紳階層中最具有時代精神的一部分，這部分人或由紳而商，或由商而紳，或亦紳亦商，但較爲一致的是，他們的社會威望與地位的取得多與平日關注大眾福祉、社會福利等有關，其與傳統正紳有著較爲密切的聯繫。隨著清末官廳主導之地方自治的出臺，地方自治組織被逐漸納入國家體制內，結果出現了一批依靠體制內強制力量的「權紳」，他們往往依靠體制強制力量，在地方上狐假虎威。權紳的出現，加快了整個士紳隊伍劣化的進程，因爲其依賴的權威資源是國家的體制強制力量，所以很容易喪失獨立性。這部分人最爲正紳所看不起，但卻是官辦地方自治推出的主體，是與行政官廳利益一體化的產物。學紳則主要是因爲新學興起而出現的一種比較特殊的群體，其組成隊伍相對年輕，有新式學堂學生，有留學生，但是這部分人並不是地方自治推行的主體，其主要分佈於政界與教育界，且大部分居於城市。如留學生，張朋園先生指出：「留學生歸國之後，按理應該回到他們的家鄉服務，但實際上並不如此。留學生回國，不入政界則從事教育，兩者的機會都以大城市爲方便。」〔註9〕這實際表明，新式知識分子對於地方自治的貢獻主要不在行動，而是自治思想的宣傳。但新式知識分子的流向加劇了近代知識分子城市化，鄉村社會知識荒漠化的趨勢。

第二、地方士紳功能的異化。與傳統正紳在國家與民間社會之間的緩衝功能不同，近代地方士紳身份的多元化導致了士紳階層功能的異化。在清末江蘇試辦地方自治之時，正紳、紳商尚能積極參與其間，這大概是因爲此時試辦的地方自治有更多的自主性，與傳統紳治更加相似。當由行政官廳來主導地方自治時，相當一部分正紳採取了退避的態度，正紳的退避給地方上地痞無賴的滲入提供了機會，這些人鑽營求取的結果，加劇了士紳隊伍的劣化。掌握權威資源的豪劣往往因私害公，或者純粹成爲國家執行政令的工具，其在國家與民間社會之間的緩衝功能逐漸消弱。北京政府初期，自治選舉中層

〔註9〕張朋園：《知識分子與近代中國的現代化》，南昌：百花洲文藝出版社2004年版，第13頁。

出不窮的不法與訴訟，表明士紳隊伍的劣化並未因共和制度的創設而有所改善，這也是袁世凱政府廢止地方自治時，並未引起人們普遍反感的原因。此後出現的恢復地方自治的呼籲和運動，應該分兩種情形：其一是因爲民氣上昇，地方精英對北京政府的不法行爲表示不滿，從而開始了與國家博弈的過程；另一種原因在於地方自治的廢除導致部分權紳喪失了在基層社會獲取權威資源的資本，其力圖通過恢復地方自治而重新進入體制內。大革命時期打倒土豪劣紳的擴大化，更加徹底地把傳統士紳從基層社會管理者的職位上踢開，國民政府以自己所派出的黨員幹部塡補基層社會的權力眞空，顯示出國家通過控制第三領域進一步滲透基層社會的意圖。但是，隨著國民黨的右轉，其對「土豪劣紳」的打擊程度大打折扣，也決定了其整合基層社會失敗的命運。南京國民政府成立之後，其限制並不絕對避免地方士紳參與對基層社會管理，但總體上是加快了基層社會管理者官僚化的進程。

第三、地方士紳地位的變化。清末民初，地方士紳在民間社會的地位一落千丈，從「四民之首」變成「無紳不劣」。王先明對此一天翻地覆的變化進行了很好的詮釋，其在強調鄉村社會──權力結構變動的同時，亦指出不同集體對傳統士紳迥異的「歷史記憶」不容忽視。〔註 10〕當以宗族、倫理爲遮蓋物的紳權被扯掉面紗後，剩下的多是在國家支撐下，紳權迅速擴張的事實。紳權的擴張導致一般民眾的利益受到直接的侵害，這必然導致紳民之間矛盾的不斷激化。同時，國家對士紳階層往往採取「用之則捧，不用則棄」的態度，因此又形成地方精英和國家之間若即若離的情形。這種與國家、民間社會關係的雙重緊張，導致士紳階層的緩衝作用不斷被削弱。當國家直接派遣的行政幹部進入基層社會後，地方士紳在基層社會的權威更是岌岌可危，要麼按照國家的意志行事以躋身於新一代的地方精英，要麼抗衡國家的滲透成爲國家整合民間社會的「絆腳石」。事實證明，士紳功能的異化導致地方士紳地位的逐漸下降和總體力量的不斷衰退。

總而言之，在近代國家轉型的過程中，士紳階層的成分及其功能都在發生重大的變化，這一變化的結果導致第三領域發生質變，國家與民間社會直面的機會增多，社會矛盾不斷激化。

〔註10〕王先明：《歷史記憶與社會重構──以清末民初「紳權」變異爲中心的考察》，《歷史研究》2010 年第 3 期。

三、民眾對地方自治的態度以及民智未開的現實

在近代地方自治推行的過程中，基層民眾的社會參與並不明顯，但其基本態度卻不容忽視，徐勇認爲，「沒有由一個個處於政治孤立封閉狀態的村社構成的基礎性政治社會，高度集權的君主專制主義政體就無從立足並凌駕社會之上進行自我更迭循環。而且，往往正是基礎性政治社會的狀況和特點才是影響社會發展的深層原因」。〔註11〕從國家、社會、第三領域的分層中，民間社會對近代國家的轉型無疑有著極爲重要的影響和意義。

清末地方自治推行過程中，民眾的基本態度是抵制，其集中表現則是此伏彼起的反自治民變。這種態度的產生，有諸多直接誘因，如老百姓認爲所謂的地方自治僅僅是摧毀神祇、增加捐稅而已，結果引起廣泛的不滿。但根源卻在於民智未開，人們對地方自治缺乏基本的認知。至民初北京政府時期，基層民眾對於地方自治基本持漠不關心的態度，之所以如此，在於民初地方自治的推行往往止於精英階層的行爲，與清末行政官廳、地方精英對自治的大肆宣傳相比，民初喚醒基層民眾的努力明顯不足。南京國民政府時期，民眾的反應多是敷衍了事。如吳縣在戶口調查時，雖然沒有發生民變，但仍然出現「因缺乏宣傳，人民不明調查登記爲何，往往怕被調查登記，加之鄉鎮長等，知識欠缺，不認眞辦理，故於所填之表，多不確實」〔註12〕的情況。這一方面說明民眾智識的缺乏，另一方面說明基層自治職員對地方自治的敷衍態度。

總體上來講，廣大基層民眾對地方自治採取的是抵制或者是漠不關心的態度。雖然在一定時期有行政官廳與地方精英的宣傳與動員，但是，就基層民眾受教育的程度來看，其仍然缺乏必要的接受機制。清末民初勿論，既使在南京國民政府時期，「我國不識字者，占全人口百分之八十，約爲三萬萬餘人，這是最近的調查，如果眞是實行地方自治起來，還不是讓這幾千所謂士的一階級的人來治理這三萬萬餘盲目的農工商人？在鄉間，亦不過受少數土豪劣紳的把持操縱？那能夠談到自己管理自己，適合地方人民的公意？！」〔註13〕亦有對 1935 年江蘇省人口的識字情況進行調查，結果表明，江蘇省識字者不及總人口的 15.21%，文盲則超過 84.79%（如下表），既使識文斷字，其

〔註11〕 徐勇：《非均衡的中國政治：城市與鄉村比較》，北京：中國廣播電視出版社 1992 年版，第 3 頁。
〔註12〕 王維墉：《吳縣縣政》，南京圖書館藏（手抄本）。
〔註13〕 鍾鼎銘：《地方自治與識字運動》，《中央導報》1931 年第 7 期，第 202 頁。

亦未必見得對地方自治有基本的認知，由此可以推知地方自治所遭遇的是極其糟糕的人文環境。

6-1-1：1935 年江蘇省各縣識字人口統計表

項　　目	識　　字		不　　識　　字		備　　註
性別	男	女	男	女	
人數	4722495	573308	13507041	16025219	共 34828063 人

資料來源：《江蘇省保甲總報告》，第 114～116 頁。

夢濤感慨到：「誠以中國之大，四萬萬人民之眾，類皆無能之阿斗。即千分之一之知識分子之中，除去思想腐化，與行動惡化者之外，能切實爲人民辦理自治者，實不多見，即有少數熱心之人士，恐亦於自治之精義，知之不深。」〔註 14〕在談到南京國民政府推行地方自治的困難時，甘乃光認爲「民眾教育尚未普及，對於自治運動，向無深切認識，加以革命政府幾經挫折，雖經極力宣傳提倡自治，人民仍未感覺興趣」。〔註 15〕最終結果，自治往往被紳治或者官治所代替，「我國民政府成立後，令行各省縣市所辦之地方自治，或被地方土豪劣紳操縱把持，致人民欲實行民權而不能。或地方多爲目不識丁之愚民，無能力行使民權。」〔註 16〕如江寧實驗縣，「不識字之人，占大多數，而婦女幾全數不識字，實行選舉，爲一大困難事，故鄉鎮長副之產生，由指導員操持之，村里長副，由鄉鎮長及少數村民決定之」。〔註 17〕所以說，民智未開是造成地方自治不能推行的根本原因，其同時增加了國民政府對基層社會滲透與整合的困難。

總之，從國家、地方精英、民間社會三個層面進行分析，可以看到，因爲國家的強勢滲透，因爲地方士紳隊伍的劣化與功能的異化，又因爲基層民眾對地方自治抵制或漠不關心的態度，最終導致近代地方自治淪爲國家滲透第三領域及基層社會的工具。而地方自治在基層社會推行的失敗，則是民主憲政國家理想之破產的深層原因。

〔註 14〕 夢濤：《地方自治實行法之解剖》，《村治月刊》1929 年第 1 卷第 10 期，第 4 頁。
〔註 15〕 甘乃光：《中國地方自治事業進行近況》，《大陸》第 1 卷第 5 期，第 5 頁。
〔註 16〕 戴建標：《地方自治與三流弊》，《地方自治》1935 年第 3 期，第 550 頁。
〔註 17〕 張德善：《江寧自治實驗縣地方自治調查摘要》，中國地方自治學會中華民國二十四年版，第 17 頁。

第二節　實現國家與社會關係良性互動的條件

　　歷史的車輪一旦啓動，便會產生巨大的慣性。以國家滲透基層社會的努力貫穿國民政府統治大陸的始終，但其最終亦未完成對基層社會的有效統治。與國民黨對基層社會的滲透相比，共產黨的整合取得了巨大的成功，其以農村包圍城市的中國式革命道路，成功地在中國大地上建立起一個嶄新的政權，但是，那種國家對基層社會強勢整合的態勢並未因新國家的建立而有所減弱，相反卻呈愈演愈烈之勢，並在新中國成立後的前三十年達到了登峰造極的地步：民眾個人的私生活橫遭國家干涉，民間社會在國家的強勢進攻下幾無容身之地。「整個社會組織的範圍急劇縮小，但正式國家機構的規模卻成倍增大，其結果是傳統第三領域大幅度的（借用哈貝馬斯的話來說）『國家化』。」〔註18〕改革開放之後，隨著經濟的發展，政治民主化改革也在不斷取得新的成果，回顧過去的歷史，也許能夠對今天有所啓示。

一、分權制衡是實現國家與社會良性互動的基本保障

　　從近代地方自治推行的過程來看，中央加強集權的過程與中國近代政制轉型的過程幾乎是同步的，無論結果如何，這種趨勢和意圖都是非常明顯的。有人從國費與地方費的分割上來論證民初實行集權而非分權的問題，很有啓發意義。

6-2-1：清末民初國家與地方費分割比較表

項　目	中　國		英　國		法　國		德　國	
	1912	1914	1916	1898	1913	1901	1913	1907
國費	642	357	471	108	189	3554	5067	7815
地方費	59	32	18	91	200	761	1651	2150
地方費對於國費之比例	9.2%	9%	4.1%	84%	105%	21%	32%	36%
附注	中國以百萬元爲單位，英國以百萬英鎊爲單位，法國以百萬法郎爲單位，德國以百萬馬克爲單位；表中材料來自民國財政史（賈士毅著）及財政學總論（陳啓修著）。							

材料來源：《縣地方經費之研究》，《財政經濟彙刊》，第一卷，第六號，第 3 頁。

〔註18〕鄧正來、J.亞歷山大編：《國家與社會：一種社會理論的研究路徑》，北京：中央編譯出版社 1999 版，第 421～443 頁。

根據表格內容，可以明顯看到，民初中國之地方經費所佔比例極少，財政的分割在很大程度上反映了政治權利的分割，這是中國實行中央集權的一個事實。因此，其所推行的地方自治必然成為「集權的自治」。〔註19〕

南京國民政府時期，雖然也有國家費與地方費的劃分，「但是省與縣，縣與鄉鎮的分配的標準，尚未確定，以致組成的鄉鎮無款維持，未成的鄉鎮，藉端延遲。現在僅不過從縣政府撥少許的款項，作為區長的生活費，籍以苟延殘喘。」〔註20〕經費無著落，地方事業勢必不能發達，事事仰賴於行政官廳，必然加重地方對國家的依賴心理，以這種弱勢的地位來抗衡國家的強勢干預，無異於癡人說夢！

因此，欲實現國家與民間社會的良性互動，很重要的一項原則就是分權制衡。所謂分權，從縱向上來講，是將集中於國家的權力適當分諸於地方；從橫向上來講，是各級組織外部與內部的分權，如地方自治，首先強調自治機關與地方行政官廳之間的分權，其次必須強調自治機關之議事與執行部門之間的分權。所謂制衡，則是分權各部分對於自身權利的維護，並能對於相關之部分的不法行為做出有效地反應與制止。只有分權才能制衡，只有制衡才能將國家與社會置於對等的地位。

當前，我國部分地實現了國家行政機關內部的分權制衡，但是，因為民間社會的弱勢地位，難以形成對國家行政機關的有效監督，最終使這種「分權制衡」淪為缺乏外在監督的集權。以當前最基層的村自治來看，議決與執行基本是同一套班子，村兩委作為國家在基層社會的代理人，其最大的功能是執行上級行政官廳的意志，而不是尋求區域內的自治。于建嶸認為，在近代鄉村現代化的過程中，「只有將鄉村社會納入到國家的體制之中實現全社會的有機整合，才能獲得國家現代化的經濟和政治資源。」〔註21〕筆者認為，這種過度強調國家主導地位的觀點不是來自對歷史事實的反思，而是無條件的全盤認同。其合理性在於歷史的必然性，其解釋不通的地方在於為什麼經過半個多世紀之後，中國的政治民主化改革仍然處於比較落後的狀態！

因此，在對歷史反思的過程中，我們應該進一步認識到分權制衡的實際

〔註19〕《縣地方經費之研究》，《財政經濟彙刊》第 1 卷第 6 號，第 4 頁。

〔註20〕趙如衍：《地方自治之實施的研究（續）》，《復興月刊》1933 年第 1 卷第 12 期，第 14 頁。

〔註21〕于建嶸：《轉型期中國鄉村政治結構的變遷：以岳村為表述對象的實證研究》，華中師範大學 2001 年未刊博士畢業論文，第 223 頁。

價值。當然，分權制衡並不是國家與社會的絕對對立，其與矛盾無處不在的道理一樣，迴避只能導致矛盾激化，只有直面矛盾才能解決問題，實現矛盾雙方的良性轉化，並達到眞正的統一，而這種統一才是實現國家與社會和諧共處的有效路徑。

二、培養中間階層是實現國家與社會良性互動的必要之舉

古代中國因有士紳階層的緩衝作用而形成比較穩定的社會結構，自士紳階層被國家所派出的科層幹部逐步取代之後，國家與民間社會之間便形成一種直接的控制與被控制的關係。國家愈強勢，民間社會則愈衰弱。這在新中國成立之後的前三十年最爲明顯。在一定時間段，國家與民間社會的這種控制與被控制的關係，對於大規模的建設事業起到了積極的作用，但其最終趨勢卻是不斷走向僵化。如何改善國家與民間社會的關係，防止由僵化走向惡化。構建一個新的中間階層成爲必要之舉。

改革開放之後，隨著社會經濟的發展，出現了一個新的中間階層，此一階層不同於傳統意義上的國家與民間社會的緩衝力量，而是要逐漸成長爲社會發展過程中的主力，並進而打造一個橄欖型社會的中間階層。有人對該階層進行更加細緻的分類：「（1）1978 年以後新生的私營企業家和鄉鎮企業家。（2）1978 年以後與私營企業家和鄉鎮企業家有連帶關係的黨政幹部和知識分子，以及國營企業的領導人。（3）與黨和國家機構有連帶關係的黨政幹部和知識分子，以及國營企業的領導人。（4）因外資引進而產生的『外企白領』，包括在外資企業工作中的中方管理階層和高級員工。（5）大批企業和社會組織的管理者。隨著社會需求的高漲，高等學校 MBA 和 MPA 的培養規模也越來越大，這是中國中產階級成長最快的一個部分。（6）因高技術的產生和新行業的出現而產生的高收入群體，如留學回國的創業者、建築師、律師、會計師、房地產評估師、營銷人員、影視製作人、股票經營者以及其他類型的自由職業者。」〔註 22〕非常明顯，人們對中間階層的界定主要是以經濟實力爲衡量標準，另外兼及職業及教育水平等。至於這些部分人的道德自律意識、政治參與熱情，以及對公平公正、社會公益事業的關心程度，則很少給予關注。所以，這種所謂的中間階層是有缺憾的，最多也只能稱之爲殘缺不全的中間階層。那麼，我們所需要的中間階層應該是一個什麼樣的階層呢？

〔註 22〕何玲璐：《中間階層還是中產階級？—— 對中國中間階層的一些思考》，《天府新論》2007 年 6 月，第 33 頁。

首先，其應該是一個有社會責任感的階層。傳統士人因「治國平天下」的崇高理想與人生信條，形成一個有較高社會責任感的階層。而今天在理想淡化、道德失範的情況下，中間階層的社會責任感亦呈江河日下之勢。雖然大部分學者贊同中產階層是社會的穩定器，〔註23〕但是，如果僅僅靠通過增加收入來擴大中產階層的隊伍，也只能建立一個貌似「橄欖型」的社會。就目前實際情況看，中間階層大部分人的政治參與是以自身利益的最大化為出發點，其缺乏對公平公正、社會公益事業的關心，這些特點決定了其對社會結構的穩定是有限的、被動的。

其次，其應該是一個能夠道德自律的階層。傳統紳士因有著嚴格的道德自律而在民間社會形成崇高的威望，是近代士紳隊伍的分化與功能的異化導致其從「四民之首」轉向「無紳不劣」。今天中國所謂的中間階層亦面臨著同樣的問題，因為過於強調經濟因素，結果把那些投機倒把的「暴發戶」、以黨和國家權力為後盾獲取資源的「權貴」一併劃入，這部分人與基層民眾之間的關係基本是對立的，他們的摻入，使整個中產階層的形象遭到了破壞。因此，純潔中間階層的隊伍，強化中間階層的道德自律意識與共同的榮譽感、認同感是非常重要的。

再次，其應該是一個有實力的階層。這種實力不但包括經濟實力，也應包括政治實力。中間階層必須是一個有經濟實力的階層，在任何時代，沒有經濟實力就難以維繫較高的社會威望，難以發出強有力的聲音。特別是在市場經濟日新月異的今天，衡量一個成功人士的主要標準仍然是以經濟實力為主。同時，其還必須擁有政治實力，政治實力的取得需要國家適當分權給社會，放寬對民間組織設立的限制，允許第三種聲音的存在，在體制之外形成一種有力的監督機制。陳方南主張培育並推動鄉村社會非政府組織的發展，不乏有此種意味。〔註24〕

〔註23〕 他們的理由是「第一，中產階層是我國改革開放的受益者，對於自己所處的社會地位、經濟狀況具有強烈的認同感和歸屬感，他們渴望穩定，反對激進，希望通過溫和保守的方式來實現社會的發展和更替。第二，中產階層的壯大能夠有效緩解社會各階層之間的矛盾，由於中產階層是社會上層和下層間聯繫的中間通道，從而可以起到緩衝調適矛盾的作用。」趙潔：《近年來我國學者關於中產階層的研究綜述》，《福州黨校學報》2009年第6期，第59頁。

〔註24〕 陳方南：《中國鄉村治理問題研究的方法論考察——「國家—社會」理論是否適用》，《江海學刊》2011年第1期，第123頁。

　　所以，就我國當前的實際狀況來看，欲把中間階層打造成社會發展的主力，首先要把中間階層打造成一個有社會責任心、能道德自律、有實力的精英階層。王聖誦不贊成「中國傳統社會轉型一味依靠法律移植或立法、精英推進的觀點」。〔註 25〕此亦為筆者所贊同，但中國自古以來就是一個精英社會，基層社會特別是廣大農村地方精英的缺乏，勢必導致另外一種缺失。在基層民眾維權意識不強的情況下，其自身權益得不到有力的維護，即如最近的強行拆遷問題，非常明顯，在強勢的行政官廳面前，基層民眾往往只能成為被犧牲的弱勢群體，其難以找到一個為自己辯護的真正的代理人，既使部分有責任心的律師為弱勢群體提供免費咨詢與服務，但與強勢的行政官廳相比，這種力量實在太渺小了，不足以抵制來自行政官廳的強制力量。〔註 26〕總之，積極培養中間階層的力量，建設橄欖型的社會是我們的長遠目標，但階段性的目標卻是先培養一個有社會責任感、能道德自律、有實力的地方精英階層，促進國家與民間社會的良性互動。

三、以民主教育開啓民智是實現國家與社會良性互動的根本之策

　　中間階層主要存在於中國的城鎮，〔註 27〕對於廣大農村來講，很少有人被劃入到此一領域。從理論上講，隨著市場經濟的發展，基層社會民眾的政治參與熱情會逐步提高，但我國廣大鄉村的實際情況卻是對經濟利益的追求與對政治參與的冷淡同時並存。

　　金太軍從利益視角、經濟、制度和心理視角等方面分析了當前我國村民政治參與熱情不高的原因：在計劃經濟體制下，國家利益至上導致村民惟國家利益是從的局面；在市場經濟體制下，因片面追求經濟利益、鄉鎮政府以國家利益至上，村委會利益目標迷失等原因，導致其政治參與不是高漲而是陷入低谷。再加上農村村民經濟地位不獨立、農村基層民主不完善、傳統政治文化的深刻影響等諸多因素，決定了基層民眾對自身政治權利的態度。因為村民政治參與熱情不高而產生的負面效應是非常明顯的：影響了村內決策

〔註 25〕王聖誦：《近代鄉村自治研究》，中國政法大學 2005 年未刊博士畢業論文，第 19 頁。

〔註 26〕互聯網為中間階層提供了一個有力的輿論和監督工具，但是這種政治參與往往是事後諸葛亮，難以起到防患於未然的效果。

〔註 27〕李路路、王宇：《當代中國中間階層的社會存在：階層認知與政治意識》，《社會科學戰線》2008 年第 10 期。

的科學性，成為村委會成員腐敗的誘因，遲滯了村民自治的進程，阻礙了村民向參與型公民的轉化，對國家的治理政策與和諧社會的形成也起到反面效應。鑑於利益在村民政治參與中的重要角色，金認為，要改變農民對政治參與的態度，「就需要加大宣傳村民自治對實現農民自身利益的意義，增強其對政治的認知，樹立正確的政治判斷力。」〔註28〕這種通過利益宣傳加以誘導的方式不失為一個好的方法，但如果要從根本上解決問題，仍應該通過教育加強廣大民眾對民主政治的基本認知。

新中國成立之後，在強大的國家政權之下，掃盲與識字運動產生了極為明顯的效果。改革開放之後，電視、因特網等現代傳媒不斷湧入大眾生活，極大地豐富著民眾的精神世界，人們開始關注自身之外的國家與社會等問題。可以說，廣大民眾並不缺乏一般知識，其最缺乏的是對民主政治的認知。因此，我們有必要是通過各種形式的教育來強化民眾的民主意識，激發其對社會參與的熱情。只有廣大民眾都有了維護自身權利的自覺性，其才能夠在法律的範圍內正確維護其正當權益，而不是通過非制度化政治參與〔註29〕來表達自己的聲音。于建嶸認為，「隨著國家對鄉村經濟依賴性的減弱，城市政治對鄉村的掠奪也會相應地減少，並在不斷地改變著方式。……國家的行政權力也就逐漸會退出鄉村政治社會。」〔註30〕如果這種預測是未來發展大勢，那麼加強對基層民眾的政治民主教育，更是當務之急！

〔註28〕 參考金太軍、張勁松：《鄉村改革與發展》，廣州：廣東人民出版社 2008 年版，第 309～329 頁。

〔註29〕 金太軍、張勁松：《鄉村改革與發展》，廣州：廣東人民出版社 2008 年版。

〔註30〕 于建嶸：《轉型期中國鄉村政治結構的變遷：以岳村為表述對象的實證研究》，華中師範大學 2001 年未刊博士畢業論文，第 225 頁。

參考文獻

一、未刊、已刊檔案

（一）未刊檔案

1. 江蘇省檔案館藏：
   江蘇省政府秘書處檔案　全宗號 1001
   江蘇省民政廳檔案　全宗號 1002
   江蘇省財政廳檔案　全宗號 1003
   江蘇省建設廳檔案　全宗號 1004
   江蘇省社會處檔案　全宗號 1009

2. 蘇州市檔案館藏：蘇州市商會（民國）檔案　全宗號 I14

（二）已刊檔案

1. 故宮博物院明清檔案部編：《清末籌備立憲檔案史料》，中華書局出版 1979 年版。

2. 故宮博物院明清檔案部編：《義和團檔案史料》，中華書局 1959 年版。

3. 蘇州市檔案局編：《蘇州市民公社檔案資料選編》，內部資料。

4. 中國第二歷史檔案館編：《中華民國檔案資料彙編》，第二輯政治（一）、（二），江蘇古籍出版社 1991 年版。

二、資料彙編、文集

1. 蔡鴻源主編：《民國法規集成》，黃山書社出版 1992 年版。

2. 《地方自治全書（區）》，1930 年由國民政府公佈，上海公民書局印行。

3. 《地方自治全書（鄉）》，1930 年由國民政府公佈，上海公民書局印行。

4. 《地方自治全書（鎮）》，1930 年由國民政府公佈，上海公民書局印行。

5. 《地方自治全書（縣）》，1930 年由國民政府公佈，上海公民書局印行。

6. 復旦大學歷史系研究所、中國社科院上海歷史研究所籌備委員會編：《（民國）大事史料長編》，北京圖書館出版社 1960 年版。

7. 廣東省社會科學院歷史研究室等編：《孫中山全集》，中華書局 1981 年版。

8. 河北省縣政建設研究院：《定縣地方自治概況調查報告書》，出版信息不詳。

9. 胡次威：《地方自治實施方案法規彙編》，大東書局印行。

10. 江蘇省屬地方自治籌辦處編：《江蘇自治公報類編》（宣統三年）卷一至卷三，近代中國史料叢刊三編，第五十三輯，文海出版社 1989 年 10 月版。

11. 江寧自治實驗縣縣政府秘書室編印：《江寧縣政概況》，1934 年版。

12. 中國國民黨中央委員會黨史委員會：《抗戰前國建建設史料（內政部分）》，第十一輯，1977 年 3 月版。

13. 李宗黃：《考察青島江寧定縣鄒平紀實》，正中書局 1935 年版。

14. 劉錦藻撰、王雲五主編：《清朝續文獻通考（第四冊)》，商務印書館民國 25 年發行。

15. 嶺南文庫編輯委員會，廣東中華民族文化促進會合編：《孫中山文萃》（上、下卷），廣東人民出版社 1996 年版。

16. 內政部編纂，柯琴輯：《總理對地方自治遺教輯要》，商務印書館印行中華民國三十三年版。

17. 內政部第一期民政會議秘書處編：《內政部第一期民政會議紀要》，近代中國史料叢刊三編，第五十三輯，文海出版社 1989 年 10 月版。

18. 張品興主編：《梁啓超全集》，北京出版社 1999 年版。

19. 上海法學編譯社：《地方自治法規彙編》，會文堂新記書局民國二十五年版。

20. 商務印館編譯所：《中華民國現行地方自治法令》，商務印館中華民國十二年版。

21. 沈雲龍主編：《光緒政要》，近代中國史料叢刊第三十五輯，文海出版社 1976 年印行。

22. 沈雲龍主編：《張文襄公（之洞）全集（奏議)》，近代中國史料叢刊第四十六輯，文海出版社印行 1979 年 3 月版。

23. 臺灣省行政長官公署秘書處編輯室編印：《國父遺教輯要》，民國三十五年版。

24. 吳椿：《江寧自治縣政實驗》，燕京大學政治學叢刊第 29 號，1936 年版。

25. 行政院農村復興委員會編：《江蘇省農村調查》，近代中國史料叢刊三編

第 88 輯，文海出版社 1999 年版。

26. 徐秀麗：《中國近代鄉村自治法規選編》，中華書局 2004 年版。

27. 行政院縣政計劃委員會：《總裁地方自治言論》，正中書局民國三十一年版。

28. 楊立強等編：《張謇存稿》，上海人民出版社 1987 年 4 月版。

29. 張謇研究中心等編：《張謇全集》，江蘇古籍出版社 1994 年版。

30. 張怡祖編：《張季子（謇）九錄，教育錄慈善錄自治錄》，近代中國史料叢刊續編第九十七輯，文海出版社 1983 年出版。

三、報紙與期刊

《南洋官報》　　　　　　　　《清議報》

《江蘇》　　　　　　　　　　《蘇民新聞》

《生報》　　　　　　　　　　《吳江》

《吳聲》　　　　　　　　　　《中報》

《大吳語》　　　　　　　　　《江蘇教育》

《申報》　　　　　　　　　　《大公報》

《東方雜誌》　　　　　　　　《政府公報》

《中央日報》　　　　　　　　《江蘇保甲》

《江蘇月報》　　　　　　　　《江蘇民政》

《蘇政》　　　　　　　　　　《江蘇民政》

《平等雜誌》　　　　　　　　《民治評論》

《民主政治》　　　　　　　　《民立周刊》

《民眾運動月刊》　　　　　　《民聲周報》

《自治》　　　　　　　　　　《地方自治半月刊社》

《省縣自治通則討論專號》　　《南京市政府公報》

《地方自治專刊》　　　　　　《地方自治》（中國地方自治學會）

《地方自治》
（地方自治編輯委員會）　　　《地方自治半月刊》
　　　　　　　　　　　　　　（中國地方自治學會）

《地方自治半月刊》
（中央地方自治計劃委員會）　《縣政研究》

《縣政月刊》　　　　　　　　　　《地方行政》

《區政導報》　　　　　　　　　　《時事月刊》

《淮安黨史資料》　　　　　　　　《人人周報》

《文友》　　　　　　　　　　　　《再生》

《中國評論》　　　　　　　　　　《機聯會刊》

《文摘》　　　　　　　　　　　　《三民主義月刊》

《三民半月刊》　　　　　　　　　《建設季刊》

《農村經濟》　　　　　　　　　　《通訊》

《現代郵政》　　　　　　　　　　《農行月刊》

《新上海》　　　　　　　　　　　《進步》

《新國民》　　　　　　　　　　　《庸言》

《安徽白話報》　　　　　　　　　《半月評論》

《北辰雜誌》　　　　　　　　　　《播音教育月刊》

《財政經濟彙刊》　　　　　　　　《村治月刊》

《大陸》　　　　　　　　　　　　《大學》

《法令周》　　　　　　　　　　　《法令周刊》

《法律周刊》　　　　　　　　　　《立法院公報》

《立法專刊》　　　　　　　　　　《復興月刊》

《工作月刊》　　　　　　　　　　《廣播周刊》

《國風報》　　　　　　　　　　　《國立中央大學半月刊》

《國立中央研究院院務月報》　　　《國聞周報》

《河北省政府公報》　　　　　　　《黃埔》

《教育與民眾》　　　　　　　　　《警高月刊》

《勵志季》　　　　　　　　　　　《民眾教育季刊》

《民族》　　　　　　　　　　　　《內務公報》

《內政消息》　　　　　　　　　　《農聲》

《青年旬刊》　　　　　　　　　　《青年》

《認識》

《社會科學雜誌》

《市政評論》

《是非公論》

《湘聲》

《新中國》

《學生文藝叢刊》

《學藝》

《政治成績統計》

《中央黨務月刊》

《中央民眾訓練部公報》

《東南論述》

《民大月刊》

《太平洋雜誌》

《戰士》

《河南》

《民意周刊》

《北碚》

《國衡半月刊》

《農村合作月報》

《生力月刊》

《小學教師》

《中華法學雜誌》

《南方報》等

《山東民眾教育月刊》

《時事月報》

《市政月刊》

《首都市政公報》

《新亞細亞》

《行政院公報》

《學生文藝彙編》

《政論》

《中華法學雜誌》

《中央導報》

《獨立周報》

《覺悟》

《時代公報》

《嚮導》

《服務》

《新湖北》

《自覺》

《半月評論》

《內政統計季刊》

《人言周刊》

《文化建設》

《團務月刊》

《中外日報》

四、地方志與文史資料

1. 曹餘濂編著：《民國江蘇權力機關史略》，江蘇文史資料第 67 輯，《江蘇文史資料》編輯部 1994 年版。

2. 曹幸穗等編著：《民國時期的農業》，江蘇文史資料第 51 輯，《江蘇文史

資料》編輯部 1993 年版。

3. 黃蘊深編：《吳縣城區附刊》，成文出版社有限公司 1983 年版。

4. 江蘇省政協文史資料委員會編：《江蘇省文史資料：江蘇文史資料集萃》，第 85 輯，政治卷，南京《文史資料》編輯部 1995 年版。

5. 江蘇省地方志編纂委員會：《江蘇省志‧議會 人民代表大會志》，江蘇人民出版社 1999 年版。

6. 南京師範學院地理系江蘇地理研究室編：《江蘇城市歷史地理》，江蘇科學技術出版社 1982 年版。

7. 繆荃孫等編：《江蘇省通志稿（3）》，江蘇古籍出版社 2001 年版。

8. 《銅山縣志》，據民國十五年刊本影印，成文出版社有限公司 1970 年印行。

9. 吳秀之等修，曹允源等纂：《吳縣志》，成文出版社有限公司 1970 年版。

10. 中國人民政治協商會議江蘇省委員會文史資料委員會編《民國江蘇的督軍和省長（1911 年～1949 年）》，江蘇文史資料第四十九輯，《江蘇文史資料》編輯部 1993 年版。

11. 中國人民政治協商會議江蘇省崑山市委員會文史征集委員會編：《崑山文史》（第六輯），中國人民政治協商會議江蘇省崑山市委員會文史征集委員會 1984 年版。

12. 政協蘇州市委員會文史資料研究委員會編著：《蘇州文史資料選輯》（十五），江蘇省蘇州市委員會文史資料研究委員會 1981 年版。

13. 政協江蘇省銅山縣委員會編：《銅山文史資料》（第七輯），政協江蘇省銅山縣委員會 1983 年版。

五、專　著

1. 〔法〕盧梭：《社會契約論》，商務印書館 1982 年版。

2. 〔奧〕凱爾森：《法與國家的一般理論》，中國大百科全書出版社 1996 年版。

3. 〔法〕孟德斯鳩：《論法的精神》，商務印書館 1961 年版。

4. 〔英〕約翰‧洛克：《政府論》，光明日報出版社 2009 年版。

5. 〔美〕杜贊奇：《文化、權力與國家：1900～1942 年的華北農村》，江蘇社會出版社 2003 年版。

6. 〔英〕詹姆斯‧布賴斯：《現代民治政體》，吉林人民出版社 2001 年版。

7. 〔美〕塞繆爾‧P.亨廷頓：《變化社會中的政治秩序》，上海世紀出版集團 2008 年版。

8. 〔德〕哈貝馬斯：《公共領域的結構轉型》，學林出版社 1999 年版。

9. 〔美〕斯塔夫里阿諾斯《全球通史第七版（下)》，北京大學出版社 2006 年版。

10. 〔美〕馬庫金・拉斯金：《民主與文化的反思》，新華出版社 2001 年版。

11. 〔法〕G.Montagu Harris，王檢譯：《各國地方自治大綱》，上海大東書局 1930 年版。

12. 〔美〕孔飛力：《民國時期的地方自治政府：關於控制、自治和動員問題》，伯克利和洛杉磯：加州大學出版社 1975 年版。Frederic Wakeman and Carolyn Grant: Conflict and Control in Late Imperial China.

13. 〔美〕孔飛力：《中華帝國晚期的叛亂及其敵人（1796～1864)》，中國社會科學出版社 1990 版。

14. 鄧正來、J.亞歷山大編：《國家與社會：一種社會理論的研究路徑》，中央編譯出版社 1999 版。

15. 〔日〕和田清：《中國地方自治發展史》，東京汲古書院 1975 年版。

16. 〔法〕馬克斯・韋伯：《經濟與社會》，商務印書館 1997 年版。

17. John H. Fincher： Chinese Democracy, the Self-government Movement in Local Provincial and National Political, 1905-1914, John H. Fincher, ST. Martin's Press, New York, 1995.

18. Roger R. Thompson：China's Local Council in the Age of Constitutional Reform, 1898-1911, Published by the Council on East Studies, Harvard University, and distributed by Harvard University Press, Cambridge and London 1995.

19. 黃宗智：《華北小農經濟與社會變遷》，中華書局 2000 年版。

20. 黃宗智：《長江三角洲的小農家庭與鄉村發展》，中華書局 1991 年版。

21. 黃宗智主編：《中國鄉村研究》，商務印書館 2003 年 9 月版。

22. 黃宗智主編：《中國研究的範式問題討論》，社會科學文獻出版社 2003 年版。

23. 〔美〕費正清主編：《劍橋中國晚清史 1800～1911 年》，中國社會科學出版社 1985 年版。

24. 〔美〕費正清主編：《劍橋中華民國史》第一部，上海人民出版社 1991 年版。

25. 〔美〕費正清主編：《劍橋中華民國史》第二部，上海人民出版社 1992 年版。

26. 〔美〕張信：《二十世紀初期中國社會之演變 —— 國家與河南地方精英 1900～1937》，中華書局 2004 年版。

27. 〔美〕吉伯特・羅茲曼主編：《中國的現代化》，江蘇人民出版社 1998 年版。

28. 〔美〕韓起瀾：《蘇北人在上海，1850～1980》，上海古籍出版社、上海遠東出版社 2004 年版。

29. 〔美〕任達著：《新政革命與日本：中國，1898～1912》，江蘇人民出版社 2006 年版。

30. 〔清〕李圭：《環遊地球新錄》，《走向世界叢書》，嶽麓書社 1985 年版。

31. 〔清〕王錫棋輯：《小方壺齋輿地叢鈔續編》第十一帙，光緒 17、20、23 年上海著易堂印本，杭州古籍店 1985 影印本。

32. 〔清〕鄭觀應：《盛世危言》，卷三。

33. 單樹模等編：《江蘇地理》，江蘇人民出版社 1980 年版。

34. 江蘇省氣象局《江蘇氣候》編寫組：《江蘇氣候》，氣象出版社 1991 年版。

35. 王長俊主編：《江蘇文化史論》，南京師範大學出版社 1999 年版。

36. 柳肇嘉：《江蘇人文地理》，大東書局民國十九年版。

37. 張森才、馬礫：《江蘇區域文化研究》，江蘇古籍出版社 2002 年版。

38. 金煦主編：《江蘇民俗》，甘肅人民出版社 2003 年版。

39. 周信華：《江北人》，保祿印書館民國三十年版。

40. 張乃格：《江蘇民性研究》，江蘇人民出版社 2004 年版。

41. 段本洛：《蘇南近代社會經濟史》，中國商業出版社 1997 年版。

42. 張華、楊休、季士家：《清代江蘇史概》，南京大學出版社 1990 年版。

43. 吳晗、費孝通：《皇權與紳權》，天津人民出版社 1988 年版。

44. 費孝通：《中國紳士》，中國社會科學出版社 2006 年版。

45. 余英時：《士與中國文化》，上海人民出版社 1988 年版。

46. 陳旭麓：《陳旭麓文集》第 4 卷，華東師範大學出版社 1997 年版。

47. 徐茂明：《江南士紳與江南社會（1368～1911 年）》，商務印書館 2004 年版。

48. 張憲文主編：《中華民國史》，南京大學出版社 2005 年版。

49. 陳旭麓：《近代中國社會的新陳代謝》，上海人民出版社 1992 年版。

50. 王樹槐：《中國現代化的區域研究：江蘇省，1860～1916》，中央研究院近代史研究所 1984 年版。

51. 胡春惠：《民初的地方主義與聯省自治》，中國科學出版社 2001 年版。

52. 李劍農：《中國近百年政治史》，復旦大學出版社 2002 年版。

53. 陳志讓：《軍紳政權——近代中國的軍閥時期》，廣西師範大學出版社 2008 年版。

54. 梁漱溟：《中國之地方自治問題》，山東鄉村建設研究院出版，日期不詳。

55. 王雲五主編，黎文輝編著：《中國地方自治之實際與理論》，商務印書館中華民國二十五年版。

56. 陳顧遠：《地方自治通論》，上海泰東圖書局中華民國十八年版。

57. 王均安：《現行地方自治施行法釋義》，世界書局中華民國十九年版。

58. 董修甲編著：《中國地方自治問題》，商務印書館中華民國二十六年版。

59. 孫倬章：《地方自治》，成都民力日報社民國十七年八月版。

60. 〔僞〕行政院新聞局：《地方自治》，出版信息不詳。

61. 梁行泰：《地方自治》，國防部新聞局中華民國三十五年版。

62. 行政院新聞局編：《地方自治》，行政院新聞局中華民國三十六年版。

63. 黃永偉：《地方自治之理論與實施》，南京拔提書店 1934 年版。

64. 李宗黃：《地方自治工作人員手冊》，青年出版社中華民國三十五年版。

65. 《訓練教程之八：地方自治》，中國國民黨中央執行委員會訓練委員會，日期不詳。

66. 呂復：《增訂比較地方自治論》，商務印書館民國三十六年版。

67. 徐幼川：《黨員怎樣協助推進地方自治》，正中書局中華民國三十三年版。

68. 薛伯康、竺允迪：《地方自治與自衛》，獨立出版社出版，日期不詳。

69. 洪先之：《村制須知地方自治合編》，上海書局中華民國十八年版。

70. 文公直：《區鄉鎮自治叢書（自治組織、財政警衛、農村教育)》，時遠書局民國廿二年版。

71. 文公直：《區鄉鎮自治叢書（長副須知)》，時遠書局民國廿二年版。

72. 文公直：《區鄉鎮自治叢書（自治法規區自治施行法釋義)》，時遠書局民國廿二年版。

73. 文公值：《區鄉鎮自治叢書（行政淺說)》，東南新書局民國廿二年版。

74. 聞均天：《保甲制度》，商務印書館 1935 年版。

75. 章伯鋒、李宗一主編：《北洋軍閥》，武漢出版社 1990 年版。

76. 教育部主編：《中華民國建國史》，國立編譯館 1987 年版。

77. 李達嘉著：《民國初年的聯省自治運動》，弘文館出版社 1986 年版。

78. 崔之清：《國民黨政治與社會結構之演變（1905～1949）（全三冊)》，社會科學文獻出版社 2007 年版。

79. 魏光奇：《官治與自治——20 世紀上半期的中國縣制》，商務印書館 2004 年版。

80. 李澤厚：《中國近代思想史論》，人民出版社 1979 年 7 月版。

81. 田芳：《地方自治：法律制度研究》，法律出版社 2008 年 8 月版。

82. 侯宜傑：《二十世紀中國政治改革風潮》，人民出版社 1993 年版。

83. 卞修全：《清末思潮與清末法制改革》，中國社會科學出版社 2003 年版。

84. 杜恂誠：《民族資本主義與舊中國政府（1840～1937）》，上海社會科學院出版社 1991 年版。

85. 馬敏：《官商之間——社會劇變中的近代紳商》，天津人民出版社 1995 年版。

86. 王先明：《近代紳士：一個封建階層的歷史命運》，天津人民出版社 1997 年版。

87. 蘇力：《元代地方精英與基層社會——以江南地區為中心》，天津古籍出版社 2009 年版。

88. 商衍鎏：《清代科舉考試述錄》，生活讀書新知三聯書店 1958 年版。

89. 蔡尚思等著：《論清末民初中國社會》，復旦大學出版社 1983 年版。

90. 陳明明主編：《權利、責任與國家》，上海人民出版社 2006 年版。

91. 王建勳編：《自治二十講》，天津人民出版社 2008 年版。

92. 劉軍寧編：《民主二十講》，中國青年出版社 2008 年版。

93. 蕭功秦：《蕭功秦集》，黑龍江教育出版社 1995 年版。

94. 吳琦：《明清地方力量與地方社會》，中國社會科學出版社 2009 年版。

95. 黃基泉：《西方憲政思想史略》，山東人民出版社 2004 年版。

96. 小田：《江南鄉鎮社會的近代轉型》，中國商業出版社 1997 年版。

六、學位論文

1. 崔道峰：《清末江蘇地方自治述論》，揚州大學 2005 年的碩士學位論文。

2. 馮向暉：《浙江清末地方自治運動研究》，浙江大學 2009 年碩士學位論文。

3. 豐簫：《1945～1949 年浙江省嘉興鄉鎮自治研究》，復旦大學 2006 年博士學位論文。

4. 馮小紅：《鄉村治理轉型期的縣財政研究（1928～1937）——以河北省為中心》，復旦大學 2005 年博士學位論文。

5. 李躍：《蘇民市民公社研究》，蘇州大學 2008 年的碩士學位論文。

6. 李奇：《清末江蘇地方自治中的縣鄉選舉（1909～1911）》，華中師範大學 2003 年的碩士學位論文。

7. 李浩賢：《地方自治的主張與實踐——晚清上海和天津的比較研究》，復旦大學 2003 年博士學位論文。

8. 隆奕：《試論南京國民政府地方自治立法》，西南政法大學 2004 年碩士學位論文。

9. 李樹芬：《南京國民政府時期省縣行政制度與權力研究（1927～1937）》，四川大學 2007 年碩士學位論文。

10. 孟富國：《重構中的鄉村政權——20 世紀二三十年代山西村政的轉型》，山西大學 2003 年碩士學位論文。

11. 田治勇：《民國初期議會制度探析》，山東大學 2006 年碩士學位論文。

12. 汪太賢：《晚清地方自治思想的萌生與演變——從鴉片戰爭至預備立憲前夕》，武漢大學 2004 年博士學位論文。

13. 王聖誦：《近代鄉村自治研究——户政法文化詮釋》，中國政法大學 2005 年博士學位論文。

14. 王科：《控制與發展：南京國民政府建立初期的鄉村治理變革——以江寧自治實驗縣爲中心（1933～1937）》，南京大學 2008 年博士學位論文。

15. 王飛：《國民政府「新縣制」下的鄉鎮體制》，首都師範大學 2007 年碩士學位論文。

16. 楊煥鵬：《國家視野中的江南基層政治（1927～1949）——以杭、嘉、湖地區爲中心》，復旦大學 2005 年博士學位論文。

17. 于建嶸：《轉型期中國鄉村政治結構的變遷——以岳村爲表述對象的實證研究》，華中師範大學 2001 年博士學位論文。

18. 閆婷婷：《論民國的地方自治》，西北大學 2007 年碩士學位論文。

19. 程郁華：《二十世鄉己三四十年代鄉保行政人員貪污與暴力現象研究——以桐鄉、新昌兩縣 30 件案件爲例》，華東師範大學 2004 年碩士學位論文。

20. 楊文娟：《清末地方自治中自治區域的劃分問題——以蘇州地區爲例》，復旦大學 2008 年碩士論文。

21. 葉利軍：《民國北京政府時期選舉制度研究》，湖南師範大學 2004 年博士學位論文。

22. 祖秋紅：《「山西村治」：國家行政與鄉村自治的整合（1917～1928）》，首都師範大學 2007 年博士學位論文。

23. 張欽朋：《試論孫中山地方自治思想》，吉林大學 2007 年碩士學位論文。

24. 周玉玲：《新縣制下縣各級民意機關研究》，蘇州大學 2002 年碩士學位論文。

25. 張晶：《民國初期省憲思想研究》，山東大學 2006 年碩士學位論文。

26. 張翠萍：《晚清地方自治研究》，安徽師範大學 2007 年碩士學位論文。